U0009920

沒有媽媽的超市

蜜雪兒・桑娜
Michelle Zauner——著
韓絜光——譯

Crying in H Mart

A Memoir

給中文版讀者的話

希望你們會喜歡這本書《沒有媽媽的超市》，
它關於失去、悲傷、母女關係，
以及我學習做韓國菜的過程，
祝福大家閱讀愉快。

——蜜雪兒・桑娜

推薦序　孤女的災後重建之書

洪愛珠／作家

任何陪伴病人的經驗，終致兩種結果。幸運的一種，患者於治療後康復，皆大歡喜。倘若病人不幸亡故，遺族如至親或伴侶，歷經病程中的百般折騰，與直面至愛之死的哀慟逾恆，難免板塊重組。可見或不可見的裂隙或深或淺，餘震或長或短，生命都會產生質變，用本書作者蜜雪兒．桑娜（Michelle Zauner）的話來說，是「跨越到另一岸」。從今往後，再難是同一人了。

《沒有媽媽的超市》這本回憶錄，其中譯書名已昭示，媽媽曾經存在，後來沒有了。原文書名《Crying in H Mart》，直譯為「在韓亞龍超市哭泣」，則示意了一個淚水滔滔的開場。我自己也是亞洲母親的女兒，除了經歷喪母的過程諸多雷同，且同為母後開始寫作的新進作者。閱讀本書同時，一面為其中的既視細節感到驚心動魄，又對作者的精神力道深感佩服。

蜜雪兒寫下身為美國長大，白人父親與韓國母親的獨生女，陪伴罹癌母親走向生命終點的故事。情節血肉，融接亞洲式管教中，母女間常見的相愛相殺、自我身分的指認與重建。另外，本書中不可忽視的部分，是穿插許多韓國飲食的描寫。食物成為家庭、種族的情感紐帶，隨情節轉折，有時代表歡樂童年的物質證物、親情關懷的沉默宣示，乃至權力關係的諷刺。然多數時候，食物是作者蜜雪兒跌宕遭遇中，最終極的安慰。

以親情為題材的作品一向不乏，而這本書依然獨特而非凡。作者的混血身分，使本書處處是東西文化差異的參照，其中描寫韓國母親的段落尤其深刻立體，如濃烈的母愛與等量的控制。母親一方面對女兒的外貌、人生選擇，嚴厲挑剔與諸多貶抑，另一面則在飲食上無盡溺愛。同在亞洲的台灣讀者，若非多少有親身經驗，也見過一二。書中描寫母女關係中的羈絆、矛盾、相互傷害，同時也有體恤、歡快與深情。有一情節我老是記得，作者的母親，即使正與青春期女兒劍拔弩張，仍會穿上預備送給女兒的新鞋，在家來回踱步，企圖將堅硬皮革穿軟，不至磨傷愛女的腳跟。此類反差，除了反映親子情感的深沉複雜，也造就文字中迷人的黏性。

本書另一關鍵元素，是大量的韓國飲食描寫。除了國人或也熟悉的韓式辣湯鍋、烤五花肉、石鍋拌飯、涼拌豆芽、海苔飯捲、雪濃湯等，還有連蜜雪兒都不算熟悉的豆漿冷麵、藥食和松子粥。作者自陳：「她（媽媽）確實在我身上養出韓國人特有的胃口，這代表我除了崇尚美食，也有用吃來發洩情緒的傾向。」作者的母親在女兒酣暢大啖韓國料理時則說：「看你吃得這麼香，我就知道你是真正的韓國人。」此句弔詭之處，在於真實血緣、混血容貌和彆腳母語都不足以驗明正身，唯味蕾確認身分，比較靠近母親這一端的身分。

書中有的食物是家的味道，在不同場景出現，如作者母親用芝麻油、蜜汁醬和汽水醃過再煎香的軟嫩牛小排，能使破爛的租屋處瞬間飄散家的氣味；有的食物，則是身分認同的挑戰，如松子粥。作者母親病中，請來舊識的韓國阿姨凱伊作伴，凱伊為病人熬製矜貴的松子粥，卻不願意教授給蜜雪兒，此事與作者母親病重時忘記以英語溝通，與凱伊頻以韓語對談，一樣使蜜雪兒發怒且沮喪不已。

摯愛的至親之死，可能是個人最接近末日的經驗，是終生也未必癒合的撕裂傷。因

此閱讀《沒有媽媽的超市》，我視之為孤女的災後重建之書。作者曾在濃度過量的母愛裡掙扎，後又在母親的日漸衰弱中練習獨立，最後在母親離開後，心靈的斷垣殘壁中重組人生。以傳承自母親的烹飪技能。以愛的餘溫。及，以書寫的形式。

書中一段描述韓國泡菜的製作過程如是說：「我曾經把發酵想成抑制死亡。一顆大白菜頭被留在角落，發霉腐爛，漸漸被細菌分解，不再能夠食用。但若浸泡在鹽水裡儲藏起來，它腐壞的進程就會改變。醣類分解，生成乳酸，反過來抑制菜葉腐敗。釋出的二氧化碳使鹽水酸化。菜葉慢慢變老，顏色和質地發生變化，味道愈來愈酸、愈來愈辛辣。它變化了形體，進而存活下去。所以發酵其實不太算是抑制死亡，因為它同時也迎來了一個全新的生命。」

發酵是生之轉化，是全新階段開始前的艱難與跨越。《沒有媽媽的超市》見證一位青年的發酵與完成，不僅激勵遇喪親之痛者，還有遭遇各樣生命難關的讀者，是以推薦各位。

目次

獻給
媽媽（엄마）

1 沒有媽媽的超市

Cryining in H Mart

媽媽不在以後，我去H Mart老是會哭。

H Mart是專賣亞洲食品的連鎖超市，H是韓語「한아름」的縮寫，大概的意思是「雜貨拿得滿手都是」。對於隻身出國留學的「降落傘兒童」來說，H Mart是他們會為了找某一款能讓他們憶起家鄉味的泡麵，專程前來的地方。韓國家庭也在這裡買年糕，做放了牛肉的年糕湯來迎接新年。只有在這裡，你才買得到一大甕剝皮蒜仁，因為也只有這裡真正知道，你在烹煮你自己人吃的某一道菜時，應該放多少蒜頭。和普通生鮮超市相比，H Mart也截然不同。一般超市頂多只有一排走道被標示為「異國食材區」，但H Mart徹底擺脫了這種限制——在這裡，你不會看到Goya牌豆子罐頭被排在是拉差泰國辣椒醬旁邊。

在這樣一間超市，你倒是有可能在小菜冰櫃旁，撞見我淚流滿面，思念媽媽做的滷蛋和蘿蔔冷湯的滋味。或者你會在冷凍食品區看到我，手裡捧著一疊餃子皮，回想起從前和媽媽在廚房把豬絞肉和細香蔥包進薄皮裡的時光。又或者，你會在乾貨區附近看到我哽咽啜泣，默默地問自己：如果以後忘記家裡習慣買哪個牌子的海苔，也不能再打電話問誰了，那我還算是個韓國人嗎？

我從小在美國長大，爸爸是白人，媽媽是韓國人，一直以來都是透過媽媽接觸我們的韓國傳統。她從沒真正教過我做菜（韓國人往往排斥使用量匙，只會用謎語般的句子說明步驟，比如「灑點芝麻香油，不多不少，像媽媽做的味道就好」），但她確實在我身上養出了韓國人特有的胃口，這代表我除了崇尚美食，也有用吃來發洩情緒的傾向。我們挑剔飲食上的種種細節，例如：泡菜要酸得恰到好處，烤豬五花肉也要酥得正好；大醬湯上桌時必須滾燙冒泡，否則不吃也罷。事先備好一星期的晚餐——這個概念不僅荒謬，還冒犯了我們的生活習慣。我們全看當天想吃什麼才吃什麼。如果真的想連續三週都吃泡菜鍋，那我們就會盡情地吃，吃到新的欲望浮現為止。我們也配合時令和節慶而吃。

每當春天到來、天氣漸暖，我們會把露營用的烤爐端到戶外，坐在露臺上烤新鮮的豬五花肉條。我過生日的時候，我們家會吃海帶湯——溫暖的海帶湯富含營養，很適合婦女產後做月子吃，而韓國人傳統過生日時，也會吃海帶湯來感謝母親辛苦生育自己。

*

飲食，是我媽媽表達愛的方式。不管她表面看來有多刻薄、多不講情面，再三鞭策我滿足她那些頑固的期許，但每次打開她做的午餐便當，吃到她按照我的喜好烹煮的晚餐，我總是能感受到她流露的關愛。我其實說不了幾句韓語，但每次走進H Mart，我總會錯以為自己的韓語十分流利。我會輕撫商品標籤，低聲唸出上面的字——蜜香瓜、醃蘿蔔。我會抓起各種零食往手推車裡扔，它們光亮浮誇的外包裝上繪有熟悉的卡通圖案。我會想起媽媽教過我怎麼吃Jolly Pong甜麥仁——只要把袋子裡附的小塑膠片折成小湯匙，就可以不沾手地把裹滿焦糖的爆米香舀進嘴裡，但我每次吃還是會掉到衣服上，灑得車上到處都是。我想起媽媽說她小時候都吃這些零食，而一旁的我總會努力想像她在我這個年紀時是什麼樣子。小時候的我，想要愛上她做過的每一件事，想要徹底化身為她。

悲傷像浪潮一陣一陣襲來，觸發的原因往往捉摸不定。我可以面無表情地向你述說，在浴缸裡看到媽媽脫落的頭髮是什麼感覺，睡在醫院五個星期又有什麼感想。但在超市裡，只是看到小朋友兩手抓著塑膠袋裝的大包米餅跑過去，我的情緒就會突然湧上，我又會按捺不住鼻酸。那些酥脆的小圓米餅是我的童年，是我曾經快樂過的時光。那時媽媽還在，我們會在我放學後，一起嘎吱嘎吱嚼著發泡棉似的米餅，會把圓餅剝成像包裝用的泡泡粒一樣的小塊，接著放進嘴裡，讓糖在舌尖慢慢融化。

有一次，我在美食街看到有位韓國奶奶在吃海鮮湯麵。她把吃完的蝦頭和淡菜殼扔在女兒盛白飯的錫碗蓋子上，然後我就哭了。她花白的頭髮燙得捲捲的，兩頰顴骨突出，活像兩顆桃子，而紋繡過的眉毛因為墨水褪色，變成鐵鏽般的紅褐色。我見了就忍不住想，媽媽若活到七十歲會是什麼樣子，會不會也去燙成韓國每個婆婆媽媽都頂著的髮型，彷彿捲捲頭是我們這個民族演化必經的過程。我會想像我們手挽著手，一起搭電扶梯上二樓美食街，她嬌小的骨架依偎著我。我們兩個會穿得一身黑。「這叫紐約風啦。」她一定會這麼說。她對紐約的印象還深植在電影《第凡內早餐》（*Breakfast at Tiffany's*）那個年代。她手上會拎著她一直想要的、有著衍縫格紋的香奈兒真皮包包，而不是在梨泰院後街買的高仿贗品。她的手掌和臉頰會微微發黏，因為塗了QVC電視購物頻道買來的抗老化乳霜。她腳上會穿著怪裡怪氣的厚底增高運動鞋，我每次都嫌醜，但她會說：「蜜雪兒，你不懂，現在韓國每個明星都穿這種鞋子。」她會替我拔掉外套上的線頭，對我嘮叨：

不要老是垮著肩膀，你該換一雙新鞋了，你真的應該用我買給你的摩洛哥堅果油護髮——但那時，我們至少還在彼此身旁。

真要老實說吧，我心中有很多憤怒。我氣眼前那個素昧平生的韓國老太太，氣她可以活到這個歲數，我媽媽卻不能，彷彿是這個陌生人的存活導致我失去我媽媽。我氣有些人活到了我媽媽的年紀，他們的母親還依然健在。為什麼她可以在這裡咂嘴吸吮辣炒碼麵，我媽媽卻不能？一定也有其他人這麼想吧。人生真不公平，所以有時候蠻不講理地怨怪別人，心裡會好過一些。

失去媽媽的悲傷，有時讓我覺得自己像是被單獨留在一個沒有門的房間裡。每一次想到媽媽不在了，我就覺得自己被堵在一道不肯退讓的牆後，沒有出口，只有那道我一次又一次地撞上去的堅硬表面，再三提醒我那改變不了的事實：我再也見不到她了。

＊

H Mart大多開在市郊，順理成章地發展成亞洲雜貨店和餐館聚集的次中心商店街。這裡的餐館無一例外比市區的店家好吃——要知道，我說的韓國餐館，可是會用琳瑯滿目的小菜擺滿整個桌面，讓你不得不一邊吃飯，還得一邊忙著拿裝了拌炒鯷魚、小黃瓜泡菜和各色醃菜的十二個小碟子玩起平面疊疊樂，一盤接著一盤，吃得一乾二淨。這地方和你公司附近的亞洲小飯館可不一樣。那些飯館的拌飯會放甜椒，小菜的辣黃豆芽萎軟不振，你想再續一份小菜，店家還會賞你白眼。不一樣，這裡的餐廳賣的是真材實料。

要來這裡，你不用怕走錯方向，因為半路上會出現無數的招牌替你指路。隨著這條朝聖之路走得愈深，路邊遮雨棚上的文字也會逐漸變成你似懂非懂的符號。我那小學程度的韓語能力，往往在此時受到考驗——車流前進的速度下，我來不來得及認出那些母音？我花了六年多的時間，每個星期五都去韓國學校上課，如今這就是我展現實力的時候了。我讀得出教堂的標語、驗光師診所的招牌、銀行的看板。然後再過兩個路口，車子就會進入商店街中心。忽然間，你彷彿來到了異國，看到的每個人都是亞洲人。各種語言此起彼落，像看不見的電話線縱橫交錯，唯一能看到的英語單字只有「火鍋」和「酒」，而且都深埋在形形色色的象形字和聲符之下，一旁還總是畫有正在跳舞的卡通老虎或熱狗人偶。

H Mart的建築內，設有美食街、日用百貨賣場和一間藥局。這裡通常也會有美妝專櫃，可以買到韓國品牌彩妝和添加蝸牛黏液或魚子油的護膚產品，或是含糊宣稱添加了

「胎盤素」的面膜（用誰的胎盤？誰知道呢？）。此外，這裡通常還會有一間仿法式烘焙坊，會賣珍珠奶茶和味道很淡的咖啡，架上陳列著一排排油潤發光的酥皮點心，總是賣相大勝味道。

我近來常去的一家H Mart，位於費城東北方的艾金斯公園。我習慣週末開車去那裡吃頓午餐，採買一星期的日用品，然後回家用當天買到的新鮮戰利品做晚飯，有什麼靈感，就煮什麼。艾金斯公園的H Mart共有兩層樓，賣場在一樓，二樓是美食街。走上二樓，一排排販售各種不同食物的攤位便映入眼簾。這家專賣壽司，那家是中華料理。還有一家專賣傳統韓式辣湯鍋，沸騰的辣湯裝在傳統砂鍋裡，而這種砂鍋的功用就像迷你汽鍋，可以確保湯上桌過了十分鐘後依然滾燙冒泡。這裡也有一家攤位專賣韓國街頭小吃，菜單上有韓國拉麵（其實就是杯裝辛拉麵，再多打顆蛋進去）；有胖乎乎的蒸餃，厚餅似的麵皮裡填滿豬肉餡和冬粉；也有辣炒年糕，一口大小的圓柱狀年糕嚼勁十足，和魚板、紅辣椒、苦椒醬一起拌在湯汁裡熬煮，至於苦椒醬則是一種甜辣醬，是韓國菜的三種基底醬之一，幾乎每道菜都用得上。最後，還有我個人的最愛，那就是韓式中華料理——店家會做糖醋肉，炸排骨淋上酸甜橙汁，彷彿上了一層釉光，其他菜色還有海鮮湯麵、炒飯和韓式炸醬麵。

美食街是一邊吸吮鹹香油滑的炸醬麵，一邊觀察人群的好地方。我想起我們在韓國的親戚多還健在的時候，我和媽媽每次從美國搭乘十四小時飛機，終於抵達首爾後，第一餐吃的永遠是韓式中華料理。阿姨打電話訂餐後，不到二十分鐘，公寓門鈴就會響起電子音版的〈給愛麗絲〉，只見送餐小哥手上拎著巨大的不鏽鋼提箱，因為剛下摩托車就急著上樓梯，安全帽都沒脫。他會滑開提箱的拉門，端出層層疊疊的碗，裡面分別裝著麵條和濃厚醬汁在側的炸排骨，碗口的塑膠封膜被熱氣蒸得微微凹陷、結滿水珠。我們會撕開封膜，把料多味美的醇黑炸醬淋在麵上，再把黏黏稠稠、泛著玻璃釉光的半透明桔醬擠到排骨上，然後盤腿坐在涼爽的大理石地板上，時而吸吮麵條，時而伸筷子夾菜。媽媽、阿姨和外婆會嘰嘰呱呱用韓語話家常，我邊吃邊聽，聽得一頭霧水，三不五時煩媽媽替我翻譯。

不知道H Mart美食街裡的這些人，有多少人也思念家人。有多少人端著各攤位的托盤走向座位時，正想著自己的家人？他們是不是透過吃來感受牽絆，透過飲食來懷念那些人。有哪些人今年沒機會飛回家鄉探親，或者已經十年不曾返鄉？有哪些人和我一樣，想念的人已經從生命中永遠離去？

有一群年輕中國留學生圍坐一桌，看起來都是獨自來美求學，沒有家人陪伴。大家相約搭了四十五分鐘公車，來到這個陌生國家的市郊，就為了吃一碗湯餃。另一桌，坐著一家三代韓國女性，正在吃三種不同口味的湯飯，女兒、媽媽、外婆三人互相伸出湯匙到彼此的碗裡舀湯，或者伸長了筷子夾取對方托盤上不同口味的小菜，手臂不時擋到彼此的臉。她們誰也不曾在意所謂的私人空間，也很少多想這個概念。

有一個白人青年與家人同來，全家人對著菜單一邊嘗試發音，一邊咯咯發笑。兒子看來會一點韓語，正在向爸媽介紹剛才點的是什麼菜。他可能曾隨軍派駐首爾，或是曾在海外教過英語。他可能是全家唯一有護照的人。或許就在這一天，他的家人會決定出國看看，親自探索兒子介紹的新事物。

有一個亞洲男子在為女友介紹韓國飲食的吃法，新口味和新口感讓她像發現新大陸一般，聽得目瞪口呆。他向她說明朝鮮冷麵怎麼吃，這種冷湯麵加一點醋和熱芥末拌開，風味更佳。他聊到父母當初怎麼會來美國，他在家又是怎麼看著母親做這道菜——她做的冷麵啊，習慣放白蘿蔔代替櫛瓜。與此同時，有個老人蹣跚走向隔壁桌，點了一份人蔘雞湯粥，說不定他天天都來這裡吃上一碗。鈴聲此起彼落響起，提醒到號的客人取餐。攤位櫃檯後方戴遮陽帽的女店員，忙上忙下從沒停下來過。

這是一個美麗且神聖的空間。美食街滿是從世界各地離鄉背井來到陌生國度的人，每個人身上都有不同的故事。他們來自哪裡，旅行了多遠？為什麼都聚集到這裡來？是來找美國超市不會進貨的南薑，打算做父親愛吃的印尼風咖哩嗎？還是來買年糕回家祭祖，緬懷摯愛親人的忌日？又或者只是在下雨天被勾起回憶，想起從前深夜應酬酒後在明洞的路邊攤帳棚下吃到的熱騰騰小吃，所以忍不住來這裡吃上一份辣炒年糕一解嘴饞？

我們不會聊這些。一個心照不宣的眼神往往已經足夠。我們坐在這裡，各自默默吃著午餐。但我知道，大家來到這裡都有一個相同的原因。我們都是來這裡尋找家的感覺，或是尋找一部分的自己。我們在點的菜餚、選購的食材裡，尋找一種特別的滋味。然後我們分道揚鑣，各自帶著戰利品回到宿舍房間或郊區家中的廚房，重現沒走這一趟路就不可能做得出來的一道菜。我們想找的東西不會出現在喬氏超市（Trader Joe's）。只有在H Mart，與你相似的人能聚在同一個異香撲鼻的屋簷下，心中確信能在這裡尋得別處沒有的東西。

我想述說我母親的故事。為了幫故事尋找一個開頭，我來到H Mart的美食街，沒想到卻重新找到了自己。我坐在一對韓國母子的隔壁桌，他們恰好選了那張桌子，沒注意旁邊是老舊的水管線。兒子盡責地從櫃檯取了兩人份的餐具回來，擺在攤開在桌面的衛生紙上。他點了炒飯，他媽媽則點了牛骨熬成的雪濃湯。那兒子看上去起碼二十來歲，但他媽媽依然管東管西，教他怎麼吃飯，和我媽媽以前的樣子如出一轍。「洋蔥要蘸這個醬」、「苦椒醬別加太多，不然很鹹」、「你怎麼把綠豆挑出來不吃？」沒完沒了的嘮叨有時惹得我很煩。老太婆，讓我安靜吃個飯不行嗎！但很多時候，我知道那是一個韓國婦女所能表現的最大溫柔，所以我會珍惜那份關愛。我願意付出一切換回那份關愛。

年輕兒子的媽媽夾了幾片牛肉放到他的湯匙上。他很沉默，看起來很累，和她沒說幾句話。我很想過去告訴他，我好想念我媽媽。他應該對媽媽好一點，應該記住生命脆弱無常，她隨時可能就不在了。要記得叮嚀她去看醫生，確定她的體內不會也有一顆小腫瘤正在慢慢壯大。

我在五年內，接連因為癌症失去了阿姨和媽媽。所以，每次來H Mart，我不光是為了買烏賊和一美金三大把的青蔥而來，我也在這裡搜尋記憶。我在收集證據，以證明我那一半的韓國人身分並未隨她們一同死去。H Mart是一道橋樑，引導我揮別那些縈繞不去的記憶，忘記她們因化療掉光的頭髮、瘦骨如柴的身軀、每天記錄的氫可酮毫克數，重新回想起她們也曾經有過另一種樣貌，曾經美麗而充滿活力，曾經把三養牌蜂蜜餅乾當成戒圈，套在十指上扭動手指，曾經教我怎麼從韓國葡萄的果皮裡吮出果肉，吐出細籽。

2 眼淚收好

Save Your Tears

媽媽在二〇一四年十月十八日這天去世，但這個日期我老是記不得。我也不曉得究竟是為什麼，是因為我不想記住，還是因為與我們一同承受的漫長煎熬相比，這個特定的日期顯得一點也不重要。她去世時五十六歲，我二十五歲——多年來，媽媽再三向我保證，二十五歲會是個特別的年紀，因為她就是在這個年紀遇見爸爸的。他們在那一年結婚，她在那一年離開韓國，離開她的母親和兩個姊妹，開啟人生的重要篇章。二十五歲那一年，她建立了往後將定義她一生的家庭。而我二十五歲這一年，原本一切正要步上正軌，卻在同一年，她的生命結束了，我的人生跟著四分五裂。

記不住媽媽過世的日期有時候讓我很愧疚。每年秋天，我都得重新翻找一遍相簿，找出之前拍下的墓碑照片，確認墓碑上刻的日期，儘管從照片上看來，那數字被我五年來掃墓留下的繽紛花束給遮住了大半。或者，我會改為上網搜尋那篇我一度忘記要寫了的訃聞，好讓自己刻意去感受那些我始終不覺得應當感受的心情。

我爸爸對「日期」這種東西倒是特別執著。每當接近生日、忌日、節日、週年紀念日，他心中的某種生理時鐘就會嗡嗡作響，沒有一次不靈。每逢媽媽忌日將至的前一週，他就會不由自主地變得無精打采，隨後就會連發臉書訊息給我將我淹沒，控訴這一切有多不公平，說我永遠不會曉得失去最要好的朋友是什麼感覺。但忌日過後，他又會回普吉島，騎著他的摩托車四處快活晃蕩——媽媽去世一年後，他就退休搬到了普吉島，用陽光和煦的海灘、沿街擺賣的海鮮，以及連「problem」這個英語單字都拼不出來的年輕女孩，填補他內心的空虛。

*

只有媽媽愛吃的東西，我好像永遠忘不了。她是很多方面都堅持「老樣子」的人。一天的採買結束後，她一定會去陽台咖啡（Terrace Cafe）和我合點一份烤牛肉起司黑麥三明治附厚切薯條；飲料一定是無糖冰紅茶加半包代糖，同時堅稱除此之外，她不會把代糖用在其他地方。如果是到橄欖園餐廳（Olive Garden）喝義大利雜菜湯，她一定會要求湯多一些，而且一定要「燒燙燙」。如果是特殊節日，就到波特蘭市區的傑克小館（Jack's），點一盤六顆的剖半生蠔淋香檳葡萄酒醋，配「燒燙燙」的法式洋蔥湯。她可能也是全世界唯一在麥當勞得來速點餐，仍會認真向店員要求薯條必須要「燒燙燙」的人。在咖啡首爾（Cafe Seoul）她則一定吃蔬菜增量的辣海鮮炒碼麵，而且每次都習慣用她母語的句法，把店名倒唸成「首爾咖啡」。她冬天愛吃烤栗子，哪怕吃多了會讓她屁味嚇人。她也喜歡吃鹹花生配淡啤酒。她幾乎每天固定喝兩杯夏多內白葡萄酒，但喝到第三杯就會不舒服。她吃披薩一定要配辣泡椒。去墨西哥餐廳，她一定點切碎的墨西哥辣椒當配菜。她的醬汁要分開放，不能淋在菜上。她討厭香菜、酪梨、甜椒，吃芹菜會過敏。她很少吃甜食，頂多偶爾吃一小盒哈根達斯草莓冰淇淋，或是一袋橘子口味的雷根糖，耶誕節前後吃一兩顆時思松露巧克力，生日吃一塊藍莓起司蛋糕，如此而已。她很少吃零食，也不太吃早餐。人家是甜牙齒，她偏愛鹹食。

這些事我記得一清二楚，因為這也是我媽媽愛人的方式。她不會說善意的謊言，也不會把讚美掛在嘴邊，但是她會默默觀察什麼東西能讓你開心，然後悄悄記在心裡，把你照顧得無微不至，完全不會察覺她究竟做了什麼。她會記住你的辣湯鍋喜歡湯多或湯少，你怕不怕辣、討不討厭吃番茄、能不能吃海鮮、胃口大不大。她會記住你最先吃光哪一道小菜，等到下次你來家裡作客，那盤小菜她就會準備兩倍的量，並且連同其他你喜愛的料理，那些說明了你之所以是你的料理，一同上桌。

*

一九八三年，我爸爸應《費城詢問報》（*The Philadelphia Inquirer*）刊登的徵才廣告飛到了南韓。廣告裡只寫著「海外機會」，後來他才知道，所謂的機會原來是參與一項在首爾銷售中古車給美軍的培訓計畫。公司替他在龍山區的地標奈亞飯店（Naija Hotel）訂了房間，我媽媽正好是飯店櫃檯人員。所以這麼說起來，她應該是爸爸遇見的第一個韓國女子。

他們交往了三個月，培訓計畫結束時，爸爸開口向媽媽求婚。婚後，兩個人辛苦打拼，在八〇年代中期跑遍了三個國家，先後住在日本的三澤市、德國的海德堡，之後又回到首爾，在這裡生下了我。一年後，我爸爸的哥哥朗恩在他自己經營的貨車承運公司替爸爸找了一份工作。這個職位工作穩定，讓我們不必每隔兩年又得舉家搬到另一大洲，於是就在我才一歲大的時候，我們移民來到了美國。

我們搬到了俄勒岡州的小城尤金，美國西北太平洋岸的一座大學城。市區座落在威拉米特河的源頭附近，河流蜿蜒近兩百五十公里，從市郊外的卡拉波亞山脈一路向北流至哥倫比亞的出海口。東逢喀斯喀特山脈，西鄰俄勒岡海岸山脈，河水在群山之間左右穿鑿，開闢出豐饒的河谷——一切皆始於千萬年前的冰河時期，發源自密蘇拉湖的一連串洪水，經由這裡的河谷奔向華盛頓州東部，沿途帶來肥沃的沖積土壤和火山岩，層層堆疊出現今的沖積平原，很適合栽種各式各樣的農作物。

尤金城本身環抱河流兩岸，草木蓊鬱，範圍向上延展到俄勒岡州中部崎嶇的丘陵和針葉森林。一年四季，這裡的天氣大多溫和、灰濛，經常飄著毛毛細雨；但也因此，尤金就算進入夏天也綠意盎然，罕有毒辣的陽光。這裡的雨總是下個不停，但我認識的俄勒岡州人沒有一個會帶雨傘出門。

尤金的居民深以當地的物產為傲，早在天然、有機產品蔚為風潮之前，就熱愛使用在地當令的有機食材入菜。淡水水域經常可見垂釣客忙碌的身影，春天釣大鱗鮭魚、夏天釣虹鱒，河口則終年盛產鮮美的首長黃道蟹。地方農人每逢週六都會到市中心趕集，販售自家栽種的有機蔬果、蜂蜜，以及從森林採得的蕈菇和野莓。從各方面看來，這裡的居民像是會抗議連鎖超市、捍衛地方合作社的一群嬉皮，大家腳踩勃肯涼鞋，在露天市集販賣手工編織的髮帶，也會自己做堅果奶油醬。他們常把男孩取名為赫伯或瑞佛（Herb and River，即草藥和河流的意思），女生就叫芙蘿絲特和奧蘿拉（Forest and Aurora，意即森林和極光）。

我十歲那一年，我們搬到郊外林間的獨棟房屋，距離市區約十一公里，比耶誕樹農場和史賓塞比尤特公園的登山步道還要外圍。房子周圍的土地面積將近有兩公頃，被數千株美國黃松木環繞，成群的野火雞四處漫步，啄食草地裡的小昆蟲。在這裡，我爸要是願意，裸體開割草機除草都不要緊，因為方圓幾公里內沒有半個鄰居。屋後有一片空地，媽媽在那裡種杜鵑花，草坪也經常修剪得整整齊齊。再往後走，地勢逐漸變成緩斜坡，紅黏土地上遍生硬草。接著，會看到附近有一座人工池塘，池水泥濘，且池中滿是軟泥，有很多蠑螈和青蛙可以讓我追著玩，捉到了就再放走。這裡的黑莓樹叢肆意生長，每到初夏的計畫性焚林季節，我爸就會拿一把園藝大剪刀來收拾蔓生的樹叢，在樹林間清出新的環型路徑，讓他可以騎越野摩托車在山裡繞繞。每個月，他會點燃一次枝葉堆成的篝火，交給我從瓶中擠出打火機油到火堆基座上，然後我們會一邊讚嘆他的手藝，一邊看著近兩公尺高的篝火冉冉升起。

我很愛我們的新家，但久了也開始埋怨這個地方。四周沒有鄰居家的孩子能和我一起玩，腳踏車到得了的距離內，既沒有便利商店也沒有公園。我孤伶伶地困在這裡，身為家裡的獨生女，沒有人能說話或作伴，除了我媽媽。

只有母女兩人獨留在森林裡的狀況下，媽媽的時間和注意力全都投注在我身上。我後來才懂得，母親對子女的這種奉獻，對孩子而言既堪稱是幸福的待遇，卻也令人窒息。我媽媽是全心持家的家庭主婦。自從我出生以後，操持家務就是她全部的生活，但她雖然警戒心強、很保護孩子，對孩子卻稱不上寵溺。她不是那種我以前很羨慕周圍好多朋友都有的「媽咪型」媽媽。媽咪型媽媽，是不論孩子說什麼，就算她根本不在乎，還是會表現得很感興趣。只要你抱怨哪裡有小病小痛，她會飛也似地立刻帶你去看醫生。誰如果取笑你，她會安慰你並說：「他們只是嫉妒你。」你其實不漂亮，她還是會說：「你在我心目中永遠漂亮。」逢年過節，就算你只是送她不中用的小破爛，她也會高喊：「哇，我好喜歡！」

但我每一次受傷，媽媽只會放聲尖叫。可不是**替我**尖叫，是**對著我**尖叫。我真的不懂。我朋友受傷了，他們的媽媽會趕緊把孩子抱起來、安慰他們一切都會沒事，或者直接奔向醫院。白人不管出了什麼事都會去看醫生。但換作我受傷了，我媽媽只會火冒三丈，就像我蓄意破壞了她的財產一樣。

有一次，我在前院爬樹，踩著樹幹上的凹痕支撐身體往上爬，沒想到腳底一個踩空，整個人往下滑了六十公分。我慌張地想要重新踩穩，裸著的肚皮在粗糙的樹幹上摩擦，但最後還是從一百八十公分高的地方，以腳踝著地、摔在地上。我放聲大哭，腳踝扭傷了，上衣刮破了，肚皮也擦傷了，兩側傷口都在滲血。但我沒被媽媽摟進懷裡，趕去找醫生求助。她反而像一隻虎視眈眈的烏鴉，飛到上空、低頭瞪我。

「媽咪說過多少次了，叫你不要爬那棵樹？！」

「媽媽，我好像扭到腳踝了！」我哭喊著。「我好像應該去看醫生！」

她像是盤旋在我軟趴趴的身體上方，無情地罵個不停，任由我在枯葉堆裡痛苦扭動。

我敢發誓，她八成還順便踹了我幾腳。

「媽媽，我在流血！不要再罵我了！」

「你的傷口要永遠留疤了！唉，到底怎麼會搞成這樣？」

「對不起，可以了嗎？對不起！」

我反覆道歉，一邊激動地啜泣。我斷斷續續地抽噎，滾落的淚珠又大又圓。然後，我用手肘撐起身體，手指扒著地上的枯葉和冰冷的泥土，笨拙地拖著瘸腿，匍匐爬向家裡。

「哎唷，夠了！鬧夠了沒！」

她的愛比所謂嚴厲的愛更加嚴苛，如鋼鐵般剛強，簡直幾近於殘酷。那是一種強韌的愛，絲毫不肯向軟弱低頭。那種愛，是比你早十步看出怎麼做對你最好的愛，毫不在乎你在過程中會不會苦不堪言。每一次我受傷，她也切身感受到痛，彷彿那是她自己所受的苦。要說她有錯，她只錯在關心得太多。我是到現在回想起往事才明白這件事的。這世界上不會有人像媽媽一樣愛我，而她要我永遠不忘記這一點。

「不要哭了！眼淚收好，等你媽死了再哭吧。」

在我家常常能聽見這句名言。我媽媽自創了許多金句，代替她永遠沒學會的英文諺語。「只有媽咪會對你說實話，因為只有媽咪是真的愛你。」回憶小時候最早的一些記憶，依稀記得媽媽教我永遠要「保留一成的自己」。她的意思是，不管你自認為有多愛一個人，也不管你覺得對方有多愛你，永遠都不要交出全部的自己。保留一成下來，何時都不例外，要是遇到變故，總還有個依靠。「就算對你爸，我也是這樣。」她不忘補上一句。

＊

媽媽總是努力想把我雕琢成最完美的樣子。從我還是小嬰兒的時候，她就會三不五時捏捏我的鼻樑，擔心我的鼻子長得太扁。上了小學後，她擔心我長不高，所以每天早晨上學前都會要我手抓床頭板的木條，讓她拉著我的腳，想辦法把我的腿拉長一些。我要是皺眉頭或笑得太開懷，她會用手指推平我的額頭，提醒我：「不要老是擠出皺紋。」我如果走路駝著背、無精打采，她會用掌心抵在我的肩胛骨之間，命令我：「抬頭挺胸！」

她很著迷於維持容貌，每天花好幾個鐘頭看QVC電視購物頻道，然後撥電話過去訂購潔膚化妝水、特殊配方製成的美白牙膏，還有一罐又一罐含魚子油成分的去角質霜、精華露、保濕乳、化妝水、抗老化乳霜。她對QVC產品的信心不亞於陰謀論者的狂熱。你要是敢質疑某樣產品的功效，她會馬上開口反擊、為產品辯護。我媽媽是真的全心相信，超級微笑牙膏能讓牙齒白上五個色階，丹尼斯博士牌的美麗肌膚三步驟護膚套組能讓臉龐年輕十歲。她的浴室洗手檯面活像一座小島，站滿五顏六色的瓶瓶罐罐，而她每天都要沾、塗、抹、拍、推在臉上，近乎虔誠地遵守她的十步驟護膚流程，其中還包括使用微電流臉部美容棒，藉由電波來阻斷皺紋。每晚我在客廳，總能聽到她用手掌拍打臉頰，接著用美容儀左右來回推臉——脈衝電流發出嗡嗡聲響，據說可以緊緻毛孔。最後，她會再塗上一層又一層的保養品。

相較之下，我的抗痘化妝水則愈堆愈高，好幾瓶全都塞在我的浴室洗手槽下方的櫥櫃裡；科萊麗洗臉機因為多半放著不用，刷頭上的軟毛恆常乾爽。我實在沒耐心遵守媽媽希望我做的保養程序，哪一種都一樣，這也常常成為我們爭吵的原因之一，尤其在我步入青春期後，我們更是愈吵愈兇。

她要求的完美令人火大，她對細節的執著令人費解。她可以一件衣服買來十年，卻還像是從沒穿過。她的外套上從來不會有線頭，毛衣也不會起半個毛球，而亮面漆皮鞋上更是一道擦痕都沒有。反觀，我則一天到晚因為弄壞這個、搞丟那個而挨罵，甚至連自己最珍愛的物品，我也可以弄不見。

她也把同一套挑剔和講究用於打點家務上，家裡因而被打掃得一塵不染。她每天用吸塵器吸地板，每週一次要我用撢子掃遍每一個層板和家具表面，同時她則會在硬木地板上潑保養油，親手用抹布擦勻。跟我和爸爸一起生活，她一定覺得像是跟兩個只有身體長大的小寶寶住在一起，整天只會用各種方法摧毀她完美的世界。媽媽常會為了某處小小的髒亂暴跳如雷，但若我和爸一起朝那方向看去，往往兩人都看不出有哪裡不乾淨或沒擺整齊。萬一我倆之中有人打翻飲料在地毯上，媽媽的反應總是激烈到好像我們誰放火燒了房子。她會瞬間發出一聲悲鳴，衝向流理臺，拿出電視購物買來的地毯清潔噴霧，然後大手一揮把我們推開，唯恐我們會踩到那汙漬，讓髒汙範圍愈來愈大。我們只能尷尬地在她周圍打轉，像笨蛋一樣看她又噴又拍地補救我們的失誤。

後來，媽媽開始大量蒐集各種珍貴精巧的玩意兒，讓我們失誤的代價變得更高了。她的每套蒐藏品在家裡都有一個專門擺放的位置，展示得漂漂亮亮、整整齊齊：繪有瑪麗．恩格布雷特（Mary Engelbreit）插畫的袖珍彩繪茶壺，排在走廊的書架上；芭蕾舞孃瓷偶在玄關的書櫥上，其中數過去的第三尊少了兩根手指，每天看到都像是在提醒我笨手笨腳的後果；藍白相間的荷蘭小房子和琴酒一起排滿廚房窗檯，其中兩、三只酒瓶的軟木塞，被人在醉醺醺的狀態下胡亂挖了幾下便陷進去，昭告的是爸爸笨手笨腳的成果。施華洛世奇水晶雕刻的小動物，一隻隻立在客廳壁櫃內的玻璃層板上。每年生日和耶誕節過後，就會有新的一隻亮晶晶的天鵝、刺蝟或小烏龜，在架上找到牠的歸屬，讓清晨照入客廳的陽光折射出更多七彩虹光。

媽媽的規矩和期望雖然累人，但如果迴避她，我周圍就沒有其他人，只能全靠自己找樂趣了。所以童年的我始終被兩種截然不同的衝動牽引，不是聽從我心中男孩子氣的搞怪念頭，然後引來她的責罵，就是在她身邊跟前跟後，拼命想要取悅她。

有時候，當爸媽有事出門，留我自己和保姆在家，我會趁此機會把媽媽的那些小雕像逐一排列在托盤上並端到流理臺水槽邊，小心翼翼地用洗碗精清洗每隻動物，再用捲筒紙巾仔細擦乾。然後，我會撣去層架上的灰塵，用魔術靈擦亮玻璃板，再盡我所能地憑印象把雕像排回去，心裡期待媽媽回家以後會慈愛地稱讚我。

我不自覺養成這種強迫打掃的衝動，就像是一種保護儀式，每當我心裡冒出哪怕只是一丁點會被拋棄的感覺，我就會施行這個儀式。媽媽可能會不要我的這個念頭，折磨著我幼小的心靈。我晚上被噩夢纏身，害怕爸媽死掉的偏執妄想老是揮之不去。我會忍不住想像強盜闖入我們家，接著想像他們會用什麼手法殺害我爸媽，鉅細靡遺到令人毛骨悚然。爸媽要是晚上出門遲遲未歸，我就會覺得他們一定出車禍了。同一個夢境每晚反覆折磨著我。我一直夢到爸爸因為沒耐心等紅綠燈，鑽進小巷想走捷徑，結果反而走上錯路，害車子翻下渡輪街大橋，重重墜入威拉米特河裡。水壓堵住了車門，他們逃不出來，在車內活活淹死。

每星期撣完灰塵、擦完層板後，媽媽的心情總是特別好，我根據這點研判她要是回家發現家裡變得更乾淨了，應該會承諾永遠不再丟下我。這是我悲哀的嘗試，以為能贏得她的關愛。有一次，我們全家放假去賭城玩，爸媽留我自己待在飯店房間幾個鐘頭，他們去飯店附設的賭場試試手氣。結果，我把那整段時間都用來打掃房間，把爸媽的行李排放整齊，用擦手毛巾把所有東西的表面都擦過一遍。我巴不得他們趕快回來看到我的表現。我坐在附有滑輪的兒童床上，眼巴巴地盯著房門，期待看到他們推開門後的表情，忘了其實房務員隔天一早又會來打掃。沒想到，他們回來以後沒有察覺房間內的變化，反倒是我急不可待地跑過去拉著他們，一一指出我剛才多乖、做了哪些好事。

*

我一心期待還有其他類似的表現機會，於是常常特意尋找有利於我的實驗場合。我發現，我們對韓國飲食的共同愛好，不只能維繫母女感情，也讓我永遠能從中獲得她的肯定。我真正萌生這個想法，是有一年夏天和媽媽回首爾，我們一起去逛鷺梁津市場的時候。鷺梁津市場是一座水產批發市場，你可以在不同攤販的水缸裡挑選活魚海鮮，再請店家送上餐廳所在的二樓，現場烹煮出多種吃法的料理。除了我和媽媽，她的姊姊南怡（Nami）和妹妹恩美（Eunmi）也一同前來。她們挑了成堆的九孔、扇貝、海參、鰤魚、章魚、石蟹，打算有的切片生吃，有的煮成海鮮辣湯。

上到二樓，我們的桌位已經擺滿一桌小菜，圍著正中間煮湯用的瓦斯爐。第一道上的菜是活章魚，只見盤子上排滿長腕小章魚的灰白觸手，剛從頭部切下來還很新鮮，在我眼前不住扭動，且每個吸盤都還在一縮一放。媽媽夾起一條觸手，蘸了點苦椒醬和醋之後就送入嘴裡嚼了起來。見我看得目瞪口呆，她對著我笑了笑。

「吃吃看。」她說。

媽媽在許多方面可說是管教嚴厲，但在飲食方面，她的規矩卻顯得格外寬鬆。我不喜歡吃的東西，她從來不會強迫我吃；我要是只吃得下一半，她也不會逼我把剩下的另一半吃完。她認為飲食是一種享受，要是吃飽了還勉強再吃、把胃撐大，這才是真正的浪費。她只有一條規矩，就是每種東西至少要試過一次。

我想討好媽媽，也想讓阿姨對我留下好印象，於是不假思索便拿起筷子，夾起盤中最活跳跳的一條觸手，照著媽媽的吃法，先蘸蘸醬料，再讓食物滑進嘴裡。活章魚的味道酸鹹中帶點甜，蘸上醬料只多了細微的辣味，而且非常非常有嚼勁。我齜牙咧嘴地嚼著那條觸手，嚼到實在嚼不動了才敢吞下去，深怕吞嚥的途中，觸手會吸住我的扁桃腺不肯下去。

「帥喔，寶貝！」

「哎呦，漂亮！」阿姨用韓語驚呼出聲。這才是我們的小可愛！

聽到家人稱讚我勇敢，我藏不住得意，而那一瞬間發生的事似乎徹底改變了我的人生。我後來逐漸意識到，要我乖巧有點困難，但我輕而易舉就能表現得勇敢。我開始用我敏銳的味覺，令大人驚訝詫異，用我的天賦讓周圍味覺欠缺開發的同學感到嫌惡，我則從中發掘樂趣。我發現，味覺是大自然賜予我的最大餽贈。到了十歲，我已經學會赤手用一把胡桃鉗拆解整隻龍蝦。我敢大口吞吃韃靼生牛肉、肝醬、沙丁魚，以及蒜燒奶油烤蝸牛肉。我也吃過生海參、鮑魚和現剖生蠔。有些晚上，媽媽會在車庫用露營用的烤爐烤魷魚乾，配一碗花生米和辣椒醬拌美乃滋做成的蘸醬。爸爸會把烏賊乾撕成絲，我們一起邊吃邊看電視，嚼到嘴巴發痠。我會小口小口啜飲媽媽的可樂娜啤酒，配著烏賊絲一起吞下肚。

爸爸媽媽兩人都沒有大學畢業。從小到大，我們家裡沒有多少書籍或唱片。我既沒機會從小接觸美術，也不曾被帶去參觀博物館，或是去哪個文化展演場地看表演。我該讀的那些書，爸媽他們不認識作者是誰，我該看的電影，他們也不知道是哪一位外國導演拍的。我不像有的同學在步入青春期之前，收到一本《麥田捕手》舊書當禮物；我也沒有收過滾石樂團的黑膠唱片，或是任何一種從長輩那邊傳承下來、可能有助於提升我的文化涵養的學習材料。但我的父母見過世面，雖然是用他們自己的方式。他們去過全世界許多地方，嘗過那些地方端出的好滋味。對高雅文化的認識不足，他們憑著努力賺錢品嘗最極致的美食來彌補。我的童年從不欠缺豐富滋味——血腸、魚腸、魚子醬。他們熱愛美食，包含烹煮、尋覓和分享都算在內，而我，就是他們餐桌上的嘉賓。

3 雙眼皮

Double Lid

每隔一年的夏天，我們母女倆固定會回首爾一趟。爸爸要工作，必須留在俄勒岡州，所以我和媽媽會回她的娘家短住一個半月。

我很喜歡回韓國。我喜歡生活在大城市、住在公寓裡的感覺。我喜歡都市的潮濕氣味，雖然媽媽老笑我，說那是垃圾和空氣汙染的味道。我喜歡散步穿過外婆家公寓樓下的公園，聽幾千隻蟬在頭頂振翅飛行，蟬翅發出的嘰嘰響鳴與入夜後的交通噪音合而為一。

首爾在各方面都和尤金相反。在尤金，我困在距離城鎮十一公里的森林裡，能不能進城全得看媽媽的心情。而外婆家位於首爾江南區，漢江南岸忙碌活絡的商業區。穿過公園，對面就是一棟小型綜合建築，開著文具店、玩具店、麵包店和一間超市，我走路就能到，不必有人陪。

我從很小的年紀開始，就愛上了超市。我喜歡認識不同品牌，逐一端詳它們光鮮亮麗、擄人目光的外包裝。我喜歡把各種食材拿在手上掂量，想像它們數不完的烹調可能和組合方式。我甘願花上好幾個小時，調查那一座座排滿綿密哈密瓜冰磚和蜜紅豆冰棒的冷凍櫃，或是在一排排貨架通道之間閒逛，尋找塑膠軟袋裝的香蕉牛奶，我和表哥善永（Seong Young）每天早上都會喝一袋。

我和媽媽回首爾的時候，外婆家的三房公寓總共住了六個人，因此在家裡走沒幾步就會撞到人。善永表哥的房間在廚房旁邊——說是房間，但也就只有更衣室大小，只放得下一台小小的箱型電視和他的索尼PlayStation一代主機；裡頭也沒有衣櫥，所以衣服都是直接吊在掛衣架上，而正下方則鋪著他的小睡鋪，正好面對房門。他在門上貼了瑪麗亞·凱莉（Mariah Carey）的海報。

善永表哥是南怡阿姨的兒子，也是我唯一的表親。他剛出生不久，父母就協議離婚；由於南怡阿姨需要工作持家，所以在這個滿是女人的家裡，絕大多數時間都是外婆在照顧他。善永表哥比我大七歲，個子很高，身材健壯，但是走路總是垂頭喪氣的，有一種害羞柔弱的神態，與體格不太相符。正值青少年的他，非常敏感而侷促不安，除了被課業壓力壓得喘不過氣，還很擔心不久就要入伍當兵。在韓國，男性一律必須服滿兩年兵役。表哥的青春痘很嚴重，常常能看到他努力不懈，用五花八門的局部抗痘洗面乳和藥膏嘗試戰痘，甚至做到只用礦泉水洗臉的程度。

我很仰慕善永表哥，每次暑假回去，我一閒下來就跟前跟後地纏著他。他是個溫柔的少年，即使我老是抱住他的腿、攀上他的背，還吵著要他背我，他對我仍有無止盡的耐心。首爾的夏天又熱又濕悶，我卻央求他在外婆家二十三層樓的樓梯間陪我玩鬼抓人，他的臉上汗如雨下，把上衣都浸濕了，待我卻還是一樣親切。

南怡阿姨的房間在廚房的另一頭，鄰接俯瞰街道的小陽台。她有一座碧玉色的大梳妝檯，上面至少排列著一百瓶不同顏色的指甲油。每次抵達外婆家的頭幾天，她都會歡迎我挑一個顏色。等我好不容易做出慎重抉擇之後，她會細心地鋪一張報紙，在上面替我塗指甲，上色完成後再拿起噴霧罐，噴上一層特殊的快乾膠。膠液會先在我的皮膚表面結成泡沫，然後像噴在指尖的乾冰一樣消失不見。

南怡阿姨也是全世界最會念故事書的人。她和過世的外公一樣，工作是職業配音員，專為紀錄片或卡通動畫配音，而那些卡通我和善永表哥用錄影帶看過一遍又一遍。晚上吃過飯後，她會念韓文版的《美少女戰士》給我聽，邊念邊演出各種人物的聲音。她沒辦法把故事翻譯成英語，但那一點也不要緊，她的聲音收放自如，天衣無縫地在不同角色之間切換：上一秒才發出邪惡皇后的尖厲笑聲，下一秒又果敢地說出女主人公的登場名句，隨即又化身為敗陣在一旁的配角，顫抖著提醒主角小心，最後在瀟灑王子展現騎士風範的柔聲細語中結尾。

在我八歲左右，南怡阿姨認識了一位金先生，兩人結婚以後，我也改稱呼他為姨丈。姨丈的一頭黑髮被他梳成寬寬的龐畢度髮型，中間點綴著一綹白髮，看起來很像卡通人物臭鼬佩佩。他是一名中醫師，自己開業經營診所，風乾、調和、萃取天然藥材，熬製成漢方藥劑。姨丈加入我們家族以後，媽媽彷彿多了一項利器，能協助她將我改造成理想的樣子，為了這個目標，她沒有一天不與我攻防相對。每天早上，姨丈會走一趟外婆家，煮一壺幫助我發育的特調藥草茶，而在等待藥草浸泡的同時，他會在我頭頂施針灸，活絡腦部經脈，讓我在課業上表現得更好。

墨綠色的藥草茶湯，飄著甘草糖混萬金油的味道，喝起來活像水果皮泡在混濁的湖水裡，真的是我嘗過最苦的東西。每天我都會乖乖認分地捏著鼻子，把熱熱稠稠的茶湯盡量大口嚥下去，要是喝得慢了，就會忍不住乾嘔。許多年後，我在二十幾歲時，突然意識到那一碗藥草茶的味道，就和餐飲服務業最愛的義大利苦味開胃酒——菲內特草本酒——味道一模一樣。

恩美阿姨的房間在南怡阿姨對門。她是三姊妹裡的小妹，家中只有她上過大學。恩美阿姨主修英語，以全班第一名的成績畢業，所以每當媽媽只想放鬆說母語，懶得再替我翻譯的時候，就會改由恩美阿姨充當我的翻譯。她只比我媽媽小幾歲，但或許是因為沒有結婚，甚至從沒談過戀愛，我總感覺她不像長輩，比較像我們的玩伴。住在外婆家的時候，我多半都與她和善永表哥一起玩，翻看他們的CD收藏，或是央求他們陪我去逛文具店，店裡滿是當年韓國最新流行的卡通周邊商品，像是睡衣姊妹啦、藍熊啦，也有賤兔——那隻把馬桶吸把頂在頭上的頑皮小白兔。

到了晚上，我和媽媽在客廳背對玻璃拉門打地鋪睡覺。我向來討厭自己睡，在外婆家不必找任何藉口，就有機會就近睡在她身邊，我簡直是樂在其中。我們常因為時差，翻來覆去到了凌晨三點還睡不著，媽媽最後受不了，就會翻過身來悄悄對我說：「走，我們去看外婆冰箱裡有什麼好吃的。」平常在家裡，我如果晚上八點過後還在廚房探頭探腦、翻櫥櫃想找東西吃，一定會被數落一頓。但回到首爾，媽媽像是回到童年，歪主意都是她起的頭。我們倚著中島，把裝滿家常小菜的保鮮盒一個個打開，一起在潮濕的廚房裡就著昏暗燈光解饞。蜜汁煮黑豆、爽脆的豆芽菜拌青蔥芝麻油、酸辣多汁的小黃瓜泡菜，配上剛從電飯鍋舀出來的暖呼呼紫米飯，一湯匙一湯匙地大口扒進嘴裡。我們會一邊咯咯竊笑，一邊豎起手指叫對方小聲點，一手還忙著抓起醬油蟹，先吮走蟹殼裡鹹香黏稠的生蟹肉，用舌頭把殼縫裡的肉挑乾淨，再把蘸在指尖的醬汁舔得一乾二淨。猶記得媽媽總會嚼著一片焉軟的紫蘇葉，偶爾停下來說：「看你吃得這麼香，我就知道你是真正的韓國人。」

晚餐後到睡前這段時間，媽媽多半窩在外婆的房間裡。我不時會跑到房門口偷看她們在做什麼。只見地上鋪著大理石紋的床墊，媽媽斜躺在外婆身旁，靜靜看著電視播出的韓國遊戲節目，而外婆若不是香菸一根接著一根抽個不停，就是拿著一把大水果刀在削水梨皮。她把刀口朝著自己，慢慢轉動水梨，整顆梨子的皮就這樣給削了下來，長長一條沒在途中斷掉。外婆會小口小口啃著梨心，不浪費半點果肉，然後把削得漂漂亮亮的梨瓣都給媽媽吃，完全是媽媽在家削水果給我吃的翻版。我當時沒想到，媽媽是在盡力彌補移居美國多年來所錯失的相處時光。那個時候，我光是要認知眼前這個老太太是我媽媽的母親都很難了，又怎會想到她們的關係，將是我往後一生中母女感情的榜樣。

我很怕外婆。她說話又急促又大聲，認識的英語單字大概不超過十五個，在我眼中總是一副氣呼呼的樣子。她拍照時從來不笑，但平常大笑起來，笑聲也很粗啞難聽，笑到最後總像快喘不過氣似地大聲咳嗽。她的駝背很嚴重，背彎得像雨傘握把，每天在家都穿著同一套材質粗糙、閃亮的格紋睡衣褲。但我最怕的，還是她特別引以為傲的一樣武器——千年殺，韓語唸作ddongchim，意思就是戳屁股。她會把雙手合握、擺出一把槍的形狀，兩手食指貼合形成一根針，然後乘其不備戳向某人的肛門。總之，這一招把我嚇得半死。每次外婆鬼鬼祟祟地在附近走動，我都會死命躲到媽媽或善永表哥身後，或是屁股緊貼著牆壁偷偷摸摸溜走，深怕外婆又要拿食指捅我，故意看我面露驚恐，她自己則大笑出聲，笑到咳個不停。

外婆愛抽菸、愛喝酒，也愛賭博，尤其喜歡邀三個女兒一起打一局花牌。花牌是一疊只有火柴盒大小的塑膠小硬牌，背面是整片鮮豔的紅色，正面則繪有繽紛的動物、花鳥、草葉圖案。她們玩的牌戲稱作「五鳥」，也叫「Go-Stop」，目標是配對手中的牌與桌上翻開的牌，玫瑰配玫瑰，菊花配菊花，每一組牌都對應不同分數。集滿一組彩帶牌得一分，集滿三種鳥兒牌得五分。牌面上有紅色小圓圈和漢字「光」字的，叫做光牌，一共有五張，全部集滿可以一口氣拿下十五分。玩家每得三分，可以喊「Go」繼續翻牌，賭一賭能否賺到更多分數，但現有的積分也有機率被其他玩家搶走；或者也可以喊「Stop」，拿走目前的積分結束這一回合。

幾乎每個晚上，外婆都會鋪開綠色毛氈墊，掏出錢包，拿來菸灰缸，再抓幾瓶燒酒和啤酒，幾個女人就這樣席地打起花牌。其他類型的牌戲多少有安靜思考、分析局面、推敲心思等等需要冷靜用腦的時刻，但是五鳥不一樣，至少在我家不一樣。她們玩起來鬧哄哄的，出牌速度奇快，只見我的乾媽智敏把手高舉到半空中，像扔尪仔標似地，卯足力氣把牌摔出來，讓紅色塑膠牌面撞到地上散落的牌，發出響亮的啪一聲。每一次有人出牌或翻牌，就會聽到一眾女子此起彼落大喊：「粘牌（PPEOK）[1]！好啊（JOHTAH）！」銀亮的韓圓硬幣堆成小塔，推過來，推過去，隨著牌局進行或增或減，碰在一起叮噹作響，

她們玩花牌的時候，我就充當服務生。韓國人有個習慣，喝酒一定要配東西吃，這些下酒小菜統稱「按酒」。我會從外婆的廚房翻出一袋袋魷魚乾、花生米、鹹餅乾，成袋倒進盤子裡，再端給阿姨和乾媽。我也會拿更多啤酒過去或替她們斟滿燒酒杯，或是用韓國式按摩替她們馬上一節，不必揉捏肩膀，只要握拳用掌根替她們搥背就行了。牌局結束後，贏家通常會賞我分紅，我貪財的手指心滿意足地搓著一百韓圓硬幣上面雕刻的李舜臣[2]的鬍子；運氣更好的時候，說不定會拿到面額更大的五百韓圓硬幣，那我的手上搓的就是飛翔的仙鶴了。

*

每一次回韓國，我們都會與外公見上一面，固定都在同一家周榮祿中華餐廳。外公身材高瘦，國字臉，相貌柔和但很有男人味。早前年輕一些時，他會把黑髮一絲不苟地向後梳成龐畢度髮型，身穿剪裁合身的設計師外套，脖子圍著色彩繽紛的圍巾，整個人看上去修長俐落。他是知名配音員，廣為人知的代表作是在一齣熱門廣播劇裡飾演世宗大王。也因此，媽媽小的時候，家境很優渥。她們是街坊鄰居中第一戶擁有彩色電視機的人家，鄰居家的小孩常聚在她們家後院的籬笆外探頭探腦，妄想透過客廳窗戶看到電視。

憑外公的長相，上鏡當演員也不遜色，可惜他有記不住台詞的毛病。隨著電視日漸普及，他的廣播劇事業也逐漸沒落，接的案子愈來愈少。媽媽跟我說過，外公這個人啊，

1 譯注：花牌一共四十八張，分十二個月份，一個月份四張。為了增加遊戲刺激性，規則中設計許多特殊情況，其一就是「粘牌」(뻑)：若玩家打出一張手牌與桌面上其中一張牌月份相同，之後又翻出一張相同月份的牌，則不能吃走任何一張，必須留在檯面上。

2 譯注：李舜臣（一五四五至九八年），字汝諧，朝鮮李氏王朝時代海軍將領，多次於海上擊退進犯的日本人，最後也戰死於追擊日軍的行動中，後世尊之為民族英雄。

韓國人會說他「耳根子軟」，很容易聽信他人，受他人的話左右。經過一連串投資失利，媽媽小學才剛畢業那年，外公已經賠光了家裡的積蓄。

外婆為了貼補家用，到戶外市集擺攤賣手工飾品。平日，她則會煮上好幾大鍋辣牛肉湯，用數斤牛胸肉切塊，與羊栖菜、白蘿蔔、大蒜和豆芽菜一起熬煮成辣湯，再拿長勺子分裝進小塑膠袋裡，賣給午休時間出來覓食的上班族。

誰知道後來，外公拋下外婆，投向另一個女人的懷抱，與妻女斷絕了關係。多年後，他才回頭找自己的女兒，向她們要錢。媽媽常在飯後趁外婆不注意，塞給外公一只信封，還警告我不准跟其他人講。

南怡阿姨每次都會在同一家中華餐廳訂一間包廂，包廂內擺著一張附玻璃轉盤的大圓桌，轉盤上有裝了醋和醬油的小瓷壺，還有一個可以呼叫服務生的大理石按鈴。我們會放縱口腹之欲，點來好幾碗油滋滋的炸醬麵、一籠又一籠鮮美多汁的湯包、放了蘑菇和胡椒的糖醋肉，還有飽含膠質的海參與花枝、蝦仁、小黃瓜絲勾芡拌炒的溜三絲。外婆會坐在餐桌一頭，香菸一根抽完接著一根，默默看著丈夫與他當年狠心離棄的女兒們敘舊。

餐廳的樓中樓擺了一座約兩公尺長的大魚缸，善永表哥會帶我去看缸裡養的一隻小鱷魚。年復一年，小鱷魚始終待在缸裡，眨著惺忪的睡眼，直到有一天，牠長得和水缸一樣大，一步也前進不了，沒多久就從水缸裡徹底消失了。

*

我們每兩年回一趟韓國，有一年適逢我十二歲，精神浮躁、不安全感趨近巔峰的時候。那一次，我在韓國意外有個開心的新發現：原來在首爾人眼中，我長得很漂亮。不論走到哪裡，陌生人看待我時，都彷彿把我當成了名人。店裡的老太太會攔住媽媽驚呼說：「你女兒臉好小！」

「為什麼好多大嬸都那樣說？」我問媽媽。

「因為韓國人喜歡小臉，拍照比較上相。」媽媽回答。「所以你看每次拍合照，大家都拚命把頭向後縮。洛杉磯的金太太每次都把我的頭往前推。」

這位金太太是媽媽高中時代的老朋友，胖胖的、個性開朗，常開玩笑地伸長脖子，說這樣拍照的時候，景深能讓她的臉看起來小一點。

「韓國人也喜歡雙眼皮。」媽媽補上一句，手指同時在眼睛和眉毛間劃出一條線。我之前從來沒注意到，原來媽媽的眼皮光滑平坦，沒有那一道皺褶。我倉皇找到一面鏡子，想看一看自己在鏡中的模樣。

我記得那是我第一次對遺傳到爸爸的相貌感到開心。以前我只會一再抱怨，爸爸幹嘛沒事生給我一口歪七扭八的牙齒和長長的人中。我希望長大以後長得像媽媽，皮膚光滑細緻，只有三、四根零星的腿毛，用鑷子就能拔掉。但在看向鏡子的那個當下，我最希望擁有的是雙眼皮。

「我有！我有雙眼皮！」

「很多韓國人會為了雙眼皮去開刀。」她說，「恩美阿姨和南怡阿姨都割過雙眼皮。我告訴你了，你可別去跟她們講。」

現在想想，當時聽了這件事，我應該要能聯想到媽媽對美麗的執著才是。她那麼鍾愛各種保養品牌，每天花那麼多時間保養肌膚，我應該要從她對美的態度裡，認出一種正當存在的文化差異，不該認為那只是她膚淺善變、愛美又愛挑剔而已。美麗和飲食一樣，是她所屬文化的一部分。現代南韓人做整形美容手術的比例居全球之冠，二十至三十歲的女性中，估計每三人就有一人動過某一類型的手術。造就這種風氣的種子，深植在這個國家的語言和社會觀念中。只要我乖乖吃飯或禮貌招呼長輩，親戚都會說：「哎

呀，好漂亮。」他們用的「예뻐」這個字，字義是漂亮，但也常被當作「乖巧」或「懂事」的同義詞。這種結合道德觀和審美觀的讚美，讓韓國人從小就認知到美的價值，反過來說，也就是美能提供的回報。

我當時還小，沒有思想理論可以當作工具，分析我對白皙膚色的複雜渴望究竟源自於何處。在尤金，我只不過是學校裡少數混血兒中的一個，而且旁人大多把我當亞洲人看。我覺得不自在且不受歡迎，也從來沒人讚美過我的外貌。但來到了首爾，韓國人大多認為我是白人，要等媽媽走到我身邊，他們才會恍然大悟，看出我身上有一半來自於她，而我的相貌也說得通了。我「外國人」的長相，一夕之間成了某種值得頌揚的特徵。

認知到這件事讓我心花怒放，而且往後幾天的遭遇，又讓我更加確定這件事的真實性。那個週末，恩美阿姨帶全家人去韓國民俗村玩。民俗村位於首爾市南邊，是一座重現歷史場景的文化博物館。泥土路的兩旁是成排的古代草頂矮房，沿路散置百來個醬甕，甕旁則鋪著草蓆，曬著紅辣椒。在這裡，四處都有演員身穿傳統服飾，扮成朝鮮王朝時代的村民和貴族。

我們去參觀的那一天，正好有韓國古裝劇的劇組在現場拍攝。導演在拍攝空檔注意到我，派助理過來搭訕。媽媽禮貌地對他點點頭，接下對方遞來的名片，回頭卻和兩個姊妹爆笑成一團。

「媽媽，他說什麼？」

「他問你有什麼才藝。」

韓國偶像的生活，倏地閃現在我眼前。我會有另外四個成員夥伴，我們會穿上造型師精心設計、搭配的露肚上衣，扭動我未來會有的六塊腹肌，跳著編排過的舞蹈，動作整齊劃一。在談話節目上，我說的話會被後製進對話框，在我周邊閃爍。青少年會群聚在路上，包圍載著我、緩緩駛近的加長型禮車。

「你怎麼回答？」

「我說你連韓語都不會說，而且我們住在美國。」

「我可以學呀！媽媽！我留在韓國可以當明星欸！」

「你在這裡不會成名的啦，因為你永遠不會想當誰的洋娃娃。」媽媽說著，然後伸出一隻手環抱住我，將我攬向她的懷邊。一支婚禮迎親隊伍穿著五彩繽紛的傳統衣袍徐徐通過。新郎倌身穿栗紅色韓服，頭戴竹條和馬毛編成的硬頂烏帽，細絲帶從帽緣兩側垂落下來。新娘穿著紅藍配色的韓服，外搭精緻的絲綢刺繡外衣。新娘的兩手自始至終都合攏在胸前，長長的衣袖接合在一起就像個暖手筒。她的兩側臉頰都塗著紅通通的圓圈。

「就連媽咪叫你戴帽子，你都會不高興了。」

媽媽就是這樣，永遠比我先預見十步。她在對方搭訕的剎那，就已經能想見偶像的一生有多寂寞、多受人支配；男男女女的工作人員會包圍著我，整理我的頭髮，打點我的妝容，選擇我穿的衣服，指導我該說什麼話、做什麼動作、吃什麼東西。她知道怎麼做最好：接下名片，然後轉身離開。

就這樣，我的韓國偶像夢直接破滅，不過有那麼短短幾天，我在首爾是個小美女，甚至漂亮到有機會當個小明星。幸虧有媽媽在，否則日後我可能就像中華餐廳裡那條寵物鱷魚，囚禁在華美的牢籠裡，痴痴地望著外面的世界，等到有一天年紀太老、長得太大，缸子容不下了，就被這麼扔了，也無人惦記。

*

我與一屋子女人和表哥相處的時光，宛若一場美好的夢，但外婆去世後，美夢也戛然而止。噩耗傳來時，我十四歲，還在學校上課，所以只能留在美國，讓媽媽單獨飛回韓國、去醫院見外婆最後一面。外婆在媽媽抵達的當天才嚥氣，似乎一直在等著媽媽回來，等待三個女兒都圍繞在她身邊。外婆早已用絲絹把葬儀用品包裹好，收在她的臥房裡，裡面有她火化時想穿的服裝、想供在骨灰罈外的裱框照片，以及喪事的全部費用。

媽媽奔喪回來後，整個人身心交瘁。她發出韓國人特有的一聲悲鳴，癱倒在客廳地板上，臉埋在爸爸大腿上不停抽泣，用韓語聲聲喊著：「媽！媽媽！」爸爸坐在沙發上，只能陪她一起掉淚。那一陣子，我很怕媽媽，只敢站得遠遠的，羞怯地看著她和爸爸，就像過去在外婆房門外偷看媽媽和她自己的母親相處一樣。我從來沒見過媽媽這麼不假掩飾，將情感暴露在外，也從沒見過她毫無克制，就像個孩子。現在的我能明白她的悲傷有多深，但當時的我不懂，我還沒跨越到另一岸，還不曾像她一樣，走入痛失至親的境地。我沒有想過她離開韓國、離開母親，在外生活那麼多年，內心是否感到愧疚。我不知道有哪些字句可以安慰她，而她是不是也像我現在一樣，深切盼望聽到旁人的安慰。我當時還不知道，在這種時候光是動一下身子，也得花費龐大的力氣。

我反而只想起最後一次返回美國前，外婆在臨別時對我說的話。

「你這姑娘以前膽子特別小，」她說，「從來就不讓我替你擦屁股。」語罷，她順手拍了一下我的屁股，爆出粗啞的大笑，然後用力抱了抱我當作道別。

4 紐約風

New York Style

得知媽媽生病時，我已經大學畢業四年了。我自己也曉得，我並沒有達成多少對得起學歷的成就。我拿到了創意影像與寫作學位，但從未真正派上用場。我兼差三份工作，其他時間則在樂團裡當吉他手兼主唱；我們的團名叫「小子大聯盟」(Little Big League)，當然誰也沒聽過。我在北費城以每月三百美元租金租了一間雅房。爸爸小時候也在這座城市長大，後來差不多在我這個年紀，飛到了韓國發展。

我會落腳費城純粹是巧合。我和很多困在小鎮的孩子一樣，起初只是感到無聊，後來漸漸悶得透不過氣。升上高中後，想要獨立自主的渴望，跟在暗中滋生的荷爾蒙後頭，把我從看不到媽媽就睡不著覺的小女孩，變成稍微被媽媽碰到就會不耐煩的青少年。每次她伸手拔我毛衣上的毛球，或是用手掌壓著我的肩胛骨要我別駝背，還有用手指推開我額頭上的皺紋時，我就像被熱鐵烙膚一樣，皮膚一陣哆嗦。彷彿就在一夕之間，也不知道怎麼回事，媽媽每一個單純的動作都讓我頭腦發熱，而我的厭惡和敏感與日俱增，直到有一天到達沸點，在某個瞬間無法遏止地噴發出來。我會猛然閃開，埋怨地對著媽媽大吼：「不要碰我！」、「你就不能別來煩我嗎？」、「你又知道我不喜歡皺紋了？搞不好我就想要有皺紋提醒我，我還**活著**。」

大學看似充滿希望，讓我有機會盡可能遠離父母，所以我幾乎只申請東岸的學校。高中校內的升學輔導員覺得小型文理學院，特別是女校，很適合我這種個性的人——喜歡強詞奪理，又極度希望受到關注。我們專程走訪了幾所學校。其中，布林茅爾學院（Bryn Mawr College）昂然挺立的石磚建築，映著東岸早秋的景色，充分符合我想像中大學校園生活的理想風景。

我能順利升上大學可以算是個奇蹟，因為我連高中也是好不容易才勉強畢了業。高三那年，我因為精神崩潰，頻頻曠課逃學，開始接受心理諮商並配合服藥，唯獨媽媽深信這一切都是我故意針對她、惹她生氣。總之，我終究走出了陰霾。離家就讀布林茅爾學院，對我們母女倆都好，況且我還拿到學位畢業，成為我的直系親屬中第一個擁有大學文憑的人。

畢業後，我決定繼續留在費城，一方面是這裡生活便利、物價也便宜，另一方面則是因為我相信小子大聯盟遲早有一天能闖出個名堂。但到現在四年了，樂團既沒熬出頭，也看不出有一夕竄紅的跡象。幾個月前，我還被打工的墨西哥複合式餐廳炒魷魚；我在那裡當了一年多的服務生，是我撐最久的一份差事。我的男朋友彼得也和我一起在店裡工作。當初是我用盡心機打了一場持久戰，推薦他來店裡兼差，然後好不容易才讓自己從朋友晉升為女友；畢竟我原本以為自己只能永遠被他視為朋友，幸而終究博得了他的青睞。但就在這時，我被餐廳解雇了，彼得卻升職了。我打電話給媽媽，向她抱怨餐廳真是離譜，居然解雇像我這麼勤奮又可愛的員工，盼望她對我表露些許同情。但媽媽只說：「蜜雪兒啊，端盤子的工作誰都能做。」

從那之後，我變成每週有三天上午在朋友開在老城區的漫畫店工作，另外四天在位於里騰豪斯廣場的電影發行公司當行銷助理，週末晚上則在中國城的一家深夜卡拉ＯＫ兼燒烤酒吧打工。四處兼差全都是為了多存些錢，因為樂團在八月將有為期兩週的巡迴表演。我們計劃趁著這次巡迴，好好宣傳樂團剛錄製的第二張專輯，雖然第一張專輯其實也沒有多少人在乎。

＊

我在費城的住處與我從小長大的家相去甚遠。小時候，我家一塵不染，物品各安其位，家具和裝飾品都照媽媽的意思擺放得井然有序。反觀我在費城的家，客廳的置物架是報廢膠合板和煤渣磚拼裝而成，而且還是我的室友兼團內鼓手伊恩從垃圾堆撈回來的。挖到這個寶他可驕傲了。至於沙發，我們曾開一輛十五人座的廂型車巡迴演出，車尾多出一張長條座椅，就被我們拔了下來，放在客廳湊合著坐。

我的房間在三樓。走廊盡頭有個小陽台，看出去就是棒球場。每到夏天，我們常在這裡邊抽菸邊看小聯盟球賽。我很喜歡房間在頂樓。要說缺點，應該只有一個，就是更衣間的天花板沒有完全封上，樑柱結構裸露在外。但一開始我覺得問題不大，直到不知哪裡來的松鼠，從屋頂上的縫隙鑽進來，開始在屋樑上某處交配築巢。我和彼得晚上有時會被松鼠匆促奔跑和跳躍落地的聲音吵醒，不過這還不算太糟。一直到後來，有一隻松鼠摔進牆壁間隙逃不出來，慢慢餓死在裡面，屍體腐爛發出一股濃濃的惡臭，飄進我房間——但目前為止，這也不算多恐怖。恐怖的是，在房子看不見的內壁深處，幾千隻蛆在爛肉上孵化，滋長出氾濫成災的一大群蒼蠅，然後有一天早上，我一打開房門，牠們全部衝著我飛過來。

折騰了半天，我做的正是媽媽一直警告我的事。我在現實裡掙扎，過著窮愁潦倒的藝術家生活。

*

是年三月，我滿二十五歲。到了五月的第二個星期，我漸漸感到坐立難安，決定去紐約見見我的朋友唐肯。我們是在大學時代認識的，畢業後他進入《混音器》（*The Fader*）雜誌當編輯。我心中多少懷抱著希望，總覺得等到哪一天非得打消念頭、放棄當個樂手時，我對音樂的興趣或許還能推我一把，讓我順利投身音樂評論界。從現況看來，這個時機來得比預期要早也說不定。我們團裡的貝斯手戴文，最近開始在另一個團演出，那個樂團正漸漸受到矚目，預計週末要在下東區一間報章業界人員進出的小俱樂部演出。這是再明顯不過的預兆——戴文應該不會在我們團裡待多久了。用戴文的話來說，他那個團有望發展成「夠格接受吉米・法隆[3]節目專訪」的大團。我不是很願意承認，不過我會選在那個週末去紐約，其實部分也是想先打好關係，尋找能依賴的靠山。

媽媽上星期就說過她胃痛。我知道她預約好了，在我出發去紐約當天，她會去看醫生，所以我在下午傳了幾條訊息，問她看診結果。她沒有回覆，很不像她的作風。

我坐上往中國城的巴士，心裡有些鬱悶。二月份時，也就是兩個多月前，媽媽就說過犯胃痛，但我當時沒有多想，甚至還嘻嘻哈哈開玩笑，用韓語問她有沒有拉肚子：「설사있어요（Seolsa isseoyo）？」我特別記得腹瀉這個字，因為它的韓語發音很像「騷莎」。語言嘛，發音或拼法相近總是比較好記。

媽媽很少看醫生，她堅信小病痛遲早自己會好，覺得美國人太小題大作、太愛看醫生了。而且，她從小就把這個觀念灌輸給我，以至於日後有一次，彼得吃了一罐變質的鮪魚後上吐下瀉，他媽媽建議我帶他去掛急診，我好不容易才忍住沒有噗哧笑出來。在我家，食物中毒沒有別的解法，吐一吐就是最好的辦法。上吐下瀉就像是成年禮。沒冒過幾次險，不會懂得吃，我們每一年起碼會為此承擔兩次後果。

媽媽願意去看醫生，肯定大有問題，但我始終沒想過會嚴重到致命。恩美阿姨兩年前才因結腸癌過世，媽媽不太可能也得癌症吧，閃電難道會連續兩次擊中同一個地方嗎？

無論如何，我開始懷疑爸媽有事瞞著我。

*

巴士在接近傍晚時載著我抵達。唐肯提議在下東區一間叫「蛋糕屋」（Cake Shop）的小酒吧與我見面。酒吧位在地下室，也提供預約表演場地。我的後背包鼓突隆起，滿滿塞著這個週末來紐約會用到的換洗衣物。剛拐進亞倫街、準備走向酒吧時，我忽然覺得自己還真是邋遢，像個不成熟的青少年。

當時，季節正要由春入夏，路上下班的行人多半脫下了外套，披在手臂上挽著。一股熟悉的渴望不知不覺在我體內竄起，那是一種想要撒野的衝動——隨著白晝慢慢拉長，從早到晚在城市裡散步，變成一件充滿樂趣的事。你只想喝醉之後腳踩著布鞋在空蕩的街道上奔跑，把所有責任都拋向一邊。但當時我卻第一次感覺到，我應該抗拒這股衝動。

3　譯注：吉米．法隆（Jimmy Fallon），美國知名喜劇演員及電視主持人，主持晚間脫口秀節目《吉米A咖秀》（*The Tonight Show Starring Jimmy Fallon*）。

我已經不再有暑假，也不會再有清閒的日子任我閒晃了。我應該接受不久之後，必須在某件事上做出改變。

我比唐肯更早來到酒吧，他傳來訊息告知會晚到約二十分鐘。我趁空檔打電話給媽媽，結果沒人接聽。「怎麼了？？？」我在訊息欄打完問號，按下送出鍵，心底湧現被人遺棄的感覺。我把背包扔進吧檯的高腳凳下，隨手翻看店櫥窗旁排放的唱片。

我和唐肯其實很難說是多熟的朋友。他大我兩歲，我們認識的時候，他是哈孚福德學院（Haverford College）的學長。我們兩校之間有接駁車，學生可以自由選修兩邊的課程，也能參加友校的社團。唐肯是FUCs社（聯邦美國演唱會系列社）的五名社員之一，他們這個社團專事接洽到校表演的樂團。當初我申請入社，是他替我背書，如今我也私心希望，他或許願意再幫我一次。

手機嗡嗡震動。終於，媽媽打來了。我連忙抓起背包，快步走到店外接電話。

「媽，怎麼回事？」

「寶貝，我們知道你週末在紐約。」她說。「我們原本想等你回費城再說。等你回到家，彼得也在的時候。」

以往電話另一頭，總有許多雜音干擾她說話，但她現在聽起來，卻像是在一個死寂的空間裡說話。我開始不由自主地在路邊來回踱步。

「如果出了什麼事，我寧可現在就知道。」我說。「瞞著我並不公平。」

電話另一頭沉默了半晌，可見媽媽打這通電話來，原本是想安撫我，拖點時間，等我回家再說，但她現在考慮改變主意了。

「醫生在我胃裡發現腫瘤。」她終於開口，字字都像鐵砧一樣重重落下。「他們說是惡性的，但還不確定多嚴重，還要再做一些檢查。」

我愣在原地，頓時覺得喘不過氣。馬路對面，有個男人走進了理髮店。餐廳的戶外餐桌圍坐了一群人，朋友們有說有笑點著飲料，同時其他客人正在考慮該點哪一道開胃菜。路上有人向行人討菸，有人把衣服投進了烘乾機，有人在收拾狗大便，有人取消了約會。五月溫煦宜人的一天，世界一刻不停地向前運轉，只有我張口結舌，呆愣在人行道上，剛剛得知媽媽有極大機率會喪命在一個已將我所愛之人奪走的疾病手上。

「你別太擔心。」她說。「我們會看著辦。你先去見朋友吧。」

怎麼會？怎麼會怎麼會怎麼會？健健康康的一個人，怎麼會去看個醫生就從胃痛變成確診癌症？

我看到唐肯拐過路口出現在遠方。他朝我揮手時，我正掛上電話。我吞下哽在喉頭的一口氣，將背包甩到肩上，對他微笑。眼淚收好，等你媽死了再哭吧，我心想。

*

酒吧的優惠時段提供買一送一，所以我們都幫自己點了兩瓶美樂啤酒，第二瓶先寄著。我們交換了畢業後的近況。他最近剛寫完一篇歌手拉娜・德芮（Lana Del Rey）的封面報導。我追問採訪時的詳細情況，他說拉娜・德芮受訪時全程不停抽菸，還用自己的iPhone全程錄音，以免她說的話被寫成文章後，意思被曲解。我聽了覺得很喜歡她這個人。

第二巡啤酒上桌後，我供認自己有意搬來紐約，不過一邊說著，我也充分意識到，正在說話的我其實是在演戲，內心佯裝不知道一小時前才聽說的消息。但我分明知道，不管我原本有任何打算，現在都化成了一場空，我八成得搬回尤金，就近陪媽媽接受治療。心裡藏了祕密，說話就開始語無倫次。忍住這麼重大的事情不說，實在有違我的個性。但在這種場合對一個幾乎沒有深交的人講這種事，感覺很不恰當，而且我很怕才剛開口，我就會哭出來。

唐肯很支持我搬到紐約，也鼓勵我時機到來時可以再與他聯絡。我們互道再見後，我站在兩小時前得知媽媽罹癌的同一條人行道上，抓起電話打給彼得。

*

我交往過的男朋友裡，讓媽媽也認可的，彼得是第一個。去年九月，彼得和他們第一次見面。當時，我爸媽準備去西班牙慶祝結婚三十週年，安排去程先到費城來停留幾天；距離他們上次來東岸看我，已經時隔三年，而且這次還是我大學畢業後的第一次。我下定決心要展現我對費城的了解，讓他們刮目相看，讓他們知道我雖然還年輕、做事還不周延，但至少已經能自給自足了。於是，我花了幾星期調查市區最好的餐廳，訂好桌位，也規劃了艾金斯公園區的一日行程，打算帶媽媽去看看韓國人聚居的街區。

彼得開車載我們去專賣豆腐辣湯鍋的鍾家吉（Jong Ka Jib）餐館。媽媽才掃了一眼菜單，眼睛便為之一亮。尤金的韓國餐廳菜色沒有這裡豐富，她於是興致勃勃地點起爸爸會喜歡的菜。當時彼得感冒方癒，她推薦他點蔘雞湯——用塞了白米和人蔘的全雞熬煮的雞湯，喝了全身都會暖和起來。媽媽還點了「酥煎」的海鮮煎餅供大家分食，她在家也愛用這種做法，把煎餅邊緣盡可能煎得酥酥脆脆。我一邊喝豆腐辣湯，嘴裡嚼著酥脆的厚片海鮮煎餅，一邊告訴媽媽，附近聽說有一間韓國三溫暖，和我們在首爾去過的那間很像。

「就連搓澡服務也有喔。」我說。

「真的嗎？搓澡也有？那我們是不是該去一下？」媽媽笑著說。

「聽起來不錯。」彼得說。

典型的汗蒸幕三溫暖是男女分浴。進門之後，店家首先會提供寬鬆合身的浴衣給客人換穿，入內後有一個男女共用的交誼空間，客人可以在這裡聊天放鬆。進入浴場後，標準做法必須脫光衣服全裸。彼得要是和我們一起去，就代表他和我爸爸初次見面不到一天，兩人就要裸裎相對。

彼得基於感謝，很認分地喝著媽媽推薦的雞湯，同時東嘗一口、西夾一點桌上的小菜，似乎樂在其中——有涼拌海帶芽，即黏黏滑滑、拌了醋和蒜頭的海帶芽沙拉；有甜辣花枝乾；也有醬煮馬鈴薯，裹著蜜汁如奶油般軟滑。這些全都是他與我交往以後，發現自己也愛的味道。我喜歡彼得的其中一點，就是他吃到美味食物時總會陶醉地閉上眼睛，似乎以為關閉一個感官，就能放大另一個感官的體驗。而且他勇於嘗鮮，從不會讓我覺得自己好像老愛吃些奇怪噁心的食物。

「他吃飯很像韓國人！」媽媽說。

彼得一離席去洗手間，我爸媽立刻湊向桌子中間交頭接耳。

「我跟你打賭，他看到浴場就會退縮了。」爸爸說。

「我賭一百塊他不會。」媽媽不甘示弱，槓上爸爸。

第二天，我們來到三溫暖大廳，男女分開準備入內時，彼得一個勁兒地走向男士置物區，眼睛眨也沒眨，絲毫沒有遲疑。媽媽回頭對老爸擠眉弄眼，露出贏家沾沾自喜的笑容，搓搓手指要老爸記得給錢。

這裡比我們在首爾常去的浴場小，浴池分成冷、暖、熱三種水溫，池子正對面是一排十來個蓮蓬頭，供女士入浴前坐在塑膠板凳上沖澡。另一頭還有三溫暖室和蒸氣室各一間。我和媽媽淋浴後，並肩坐入最熱的池子裡，背靠浴池光滑的藍色磁磚。浴場另外隔出一個角落，三個只穿著內衣的大嬸在那裡努力替客人刷背。室內溫暖又安靜，只有從天花板噴下的強勁水柱連續不斷沖入冷水池中，搓澡大嬸偶爾會拍打某個女人光裸的背，發出響亮的聲音，除外別無其他聲響。

「你把陰毛剃掉了？」媽媽突然開口。

我連忙夾緊雙腿，滿臉窘迫。「偶爾有修啦。」我面紅耳赤地說。

「不要剃，」她叮嚀我。「剃了很淫蕩。」

「知道啦。」我默默往水底下沉，感覺得到她的視線正不高興地盯著我的刺青——我不顧她的強烈反對，先後在身上刺了好幾個圖案。

「我喜歡彼得。」媽媽說。「他很有紐約風。」

誰要是實際在紐約生活過，聽到彼得被人形容有「紐約風」，絕對會嗤之以鼻。彼得雖然畢業於紐約大學，但西岸人想像東岸人常有的那種劍拔弩張的個性和緊湊急促的步調，他身上一概沒有。彼得溫柔又有耐心，像媽媽與爸爸互補一樣，平衡了我的個性。我和媽媽一樣，都是急性子，做什麼事只要覺得有可能失敗，就會乾脆全盤放棄，扔給別人去做。媽媽稱讚彼得，言下之意是彼得早早就證明了自己是個善良可靠的人。

*

「我去找你。」彼得在電話另一頭說。「一下班就去。」

今天偏偏是星期五晚上，他在餐廳輪值晚班。太陽漸漸西斜，天空染上緋紅的晚霞。我邁步走向地鐵站，跟他說不用麻煩了。他凌晨兩點才下班，連夜趕來不值得，畢竟我可能明天一早就搭巴士回去了。

我搭乘地鐵M線到布魯克林的布希威克區，晚上借宿在朋友葛雷格的家。葛雷格是樂團鼓手，他們的樂團叫「升級」（Lvl Up）。他的住處是一間大倉庫，取名叫「大衛・布萊恩牛排屋」，偶爾會在這裡舉辦DIY自造展。他有五個室友，分別睡在他們用石膏板自行隔開的小房間裡，讓我聯想起《彼得潘》故事中，睡在樹屋裡的迷途男孩們。我躺在朋友家客廳的沙發上，心情麻木。不知道他們返家探望的時候，他們的媽媽有何想法。我想到這些玩音樂的人，為求房租便宜，甘願讓自己淪入怎樣的處境，只為了自由追求不同於俗的興趣。

我想起在三溫暖搓完澡，媽媽提議到H Mart採買一些食材再回我的住處。她可以替我醃一些排骨，這樣她回去以後，我還能嘗嘗家鄉味。我想起她走進我那破破爛爛的住處時，我屏住氣不敢作聲，只等著她挑剔屋裡的各種骯髒不整，或是像我被餐廳炒魷魚的時候一樣，吐出她尖酸刻薄的先見之明。沒想到，她逕自走向廚房，一句批評的話也沒說，只是從東倒西歪、堆放在牆邊的腳踏車旁擠過身去，沒有半點遲疑。就連後牆上開的一個大洞，她其實看到了，卻也大方裝作沒看到。那個洞是我們的房東拿鐵鎚敲出來的，他自以為心靈手巧，想敲開牆壁、替結凍的水管加溫，結果反而暴露出牆壁內完全沒有填裝粉紅色、蓬鬆的絕緣隔熱材料。

我們的櫥櫃裡放的東西，風格亂七八糟，但媽媽什麼都沒說。我們的鍋碗瓢盆要不是從舊貨商店挖回來的，就是某個室友把爸媽家裡多餘的餐具拿回來用，但媽媽對此也沒發表任何意見。她翻出幾年前送我的東西——橘色的樂扣保鮮盒、卡福萊牌的平底不沾鍋——接著便捲起袖子，把方才從超市買來的肉攤在砧板上，捶打到鬆軟。我一直在等待她開口發表意見。我知道她其實都看在眼底。不只如此，以她目光之犀利，我的二手舊家具、角落的灰塵、邊緣缺角且不成套的餐盤，她恐怕也早就都看到了，就像她從小到大屢屢用犀利的目光，無聲抨擊我的體重、我的皮膚、我的儀態。

從我小時候到現在，她一直費盡心力想保護我不必過上這種生活。然而此刻，她卻只是面帶微笑，在廚房裡忙進忙出，將青蔥切絲，在攪拌碗裡倒入七喜汽水和醬油，用手指蘸一口嘗嘗味道，好像絲毫不介意流理臺邊緣貼了一排蟑螂屋，冰箱門上印著髒兮兮的指紋也無所謂——她一心只想著留一鍋家鄉味給我。

媽媽若不是終於放棄努力，不再勉強把我塑造成我不喜歡的樣子，就是她用了更隱晦的戰術——她心裡肯定一清二楚吧，這種亂七八糟的生活，我不可能再繼續過上一年，用不了多久，我就會明白她從來都是對的。又或者，這單純只是拉遠距離之後帶來的效果——迢迢相隔近五千公里，她現在單純能見到我就很開心。但有沒有可能是，她終於接受我替自己開闢了一條路、也找到了全心愛我的人，所以終於願意相信，我還不至於搞砸人生。

*

彼得最後還是連夜開車趕來了紐約。他在凌晨兩點拉上店門，四點抵達葛雷格家，因為工作時沾到了血橙瑪格麗特，所以身上還黏黏的，牛仔褲上也有乾硬結塊的豆泥。他躺上沙發、擠在我身旁，什麼也沒說，只是靜靜躺著，任由我把眼淚不停抹在他的灰色大學棉T上。我壓抑了一天，劇烈翻騰的情緒總算得以釋放，好慶幸他沒聽我的話，嫌麻煩就不來了。許久以後他才告訴我，其實我爸媽已經聯絡過他。他比我更早知道媽媽生病的事，而他也答應他們，等我聽到消息以後，他會陪在我身邊。他會陪伴我度過這一切。

5 酒在哪裡？

Where's the Wine?

「你為什麼沒找我？」我對著手機哀哀抱怨，像在告狀年紀稍長我一些的孩子都不和我玩，像是誰舉辦生日派對，我卻沒有受邀。

「你有自己的人生。」媽媽說。「你今年二十五歲了，是很重要的一年。我有你爸在，我們會一起想辦法。」

檢查報告一一出爐，沒有半點好消息。尤金的腫瘤專科醫生李醫師，診斷媽媽患的是胰臟癌，已發展到第五期。不開刀的話，媽媽只有百分之三的存活機率，但是開刀的話，術後須休養好幾個月，而且也只有兩成機率不再出現癌細胞。爸爸目前絞盡腦汁，希望能預約到休士頓的一位安迪·安德森醫師，想聽聽第二人的意見。媽媽在電話裡直呼安德森醫師的名字「安迪」，讓我忍不住想像，我們的唯一希望是不是落在《玩具總動員》的角色手裡。

「我也想在場。」我反覆強調。

「其實媽媽是怕你來了，你們倆會吵個沒完，」爸爸後來坦承說。「她知道自己必須集中精神對抗病魔。」

我以為我離家七年，已經足以撫平我們之間的傷痕，我青少年時代造成的緊繃關係，理應已被淡忘。尤金和費城相隔近五千公里，媽媽應該已經獲得充裕的空間，得以放下她的嚴厲管教；至於我，在得以自由探索、揮灑創意，在不必再一天到晚遭遇批評以後，也漸漸能體會她過去付出的種種辛勞。媽媽不在身邊以後，我才逐漸明瞭她那些做法的目的何在。我們現在的關係比過去都要親密，但聽了爸爸坦承的這番話，我才曉得有些回憶，媽媽還無法放下。

*

聽說，我從出生第一天起，就是一個格外難帶的孩子。才長到三歲，南怡阿姨已經給我取了「壞到國外都知道」的封號。迎頭撞上千奇百怪的東西，是我的特長。鞦韆、門框、椅腳，都見怪不怪。我還撞過國慶日戶外看台的鐵架。我的天靈蓋中央到現在都還有個小凹痕，是我第一次撞到家裡玻璃面板餐桌的桌角留下的。派對上若聽到小孩嚎啕大哭，保證絕對是我。

成長過程中，我一直懷疑爸媽誇大其實——小孩子的脾氣不都是這樣嗎？是他們沒準備好接受現實吧。後來，聽到眾多親戚眾口一致回憶起往事，我才慢慢接受：沒錯，是我的問題，我是一個很難管教的孩子。

但最慘的還不止於此。我知道爸爸暗示的，是我後來和媽媽劍拔弩張的那幾年。高二下學期左右，那個年紀的青少年常有的焦慮情緒，原本可以單純不予理會就好，但在我身上卻逐漸惡化，演變成更深層的憂鬱。我晚上睡不著，白天連帶也很疲倦，幾乎很難集中精神去做任何事。我的成績一落千丈，且一天到晚和媽媽起口角。

「你很倒楣，遺傳到我。」某一天吃早餐時，爸爸對我說。「我猜你也睡不著吧。」他坐在餐桌旁，舀著碗裡的早餐穀片，一邊看報紙。我那時十六歲，剛和媽媽吵完一架，氣還沒全消。

「這裡轉個沒完。」他沒有抬頭，只用指尖點了點自己的太陽穴，又接著看起體育版。

爸爸年輕時有藥癮，後來才勒戒康復，他的青春期遠比我更難捱。十九歲時，他曾經住在紐澤西州阿斯伯里公園市的木棧道底下，後來因為販賣甲基安非他命給警察而被抓，在牢裡蹲了六個星期，才被移送至康登縣的勒戒中心。他在那裡又被當成白老鼠，試驗一種新的心理療法。院方在他的脖子上掛了一塊告示牌，寫著「我習慣討好別人」，並且要他從事一些理論上能激發道德意識，但現實上毫無作用的活動。每個星期六，院方會要他在勒戒所後院挖一個地洞，到了星期天再把洞填平。我或許煎熬，但和他當年所經歷的一切比起來，似乎都微不足道。

爸爸試過安撫媽媽，安慰她在我身上發生的是青少年的必經階段，大多數人都痛苦過，之後會走出來的。但媽媽不肯接受。我的學業表現向來優秀，現在的轉變未免太大，與申請大學的時間點也未免重合得太湊巧了。她認為我有空鬱鬱寡歡，是他們花錢換來的。是爸媽為我付出了太多，我現在才有辦法自憐自艾。

她變本加厲，彷彿化身成一座高聳的石碑，投下頎長的影子，而我的一舉一動都逃不出她的法眼。她挑剔我的體重，嫌我把眼線畫得太粗，笑我情緒失控的樣子難看，嫌棄我沒有勤於使用她從電視購物替我訂的化妝水和磨砂膏。我穿的每一件衣服都能挑起爭執。她還不准我關上房間的門。平日放學後，我的朋友可以去彼此家裡過夜，但我只會被迅速接去上才藝課，下課後便被關回森林裡的屋子，一個人在房裡生悶氣，房門還不能關上。

＊

每週一次，我獲准到我朋友妮可家過夜。她家住在單層公寓，只有在她家，我才能得到喘息，短暫逃離媽媽專橫的管控。妮可與她母親的關係和我家完全相反。她媽媽柯莉特允許妮可自由做決定，她們相處的時候，看起來是真的很快樂。

她們的兩房公寓，牆壁漆成明亮大膽的顏色，四處擺著很酷的復古家具，地上和牆上都鋪著舊貨店淘來的布幔。柯莉特以前在加州揮灑青春玩過的滑板，現在堆疊在門邊；她年輕時還去智利教過一年英語，從海外帶回來的紀念品也排列在窗檻上。她們的客廳懸吊著一張通常設置在門廊外的吊椅，鏈條上纏繞著手工藝品店買來的塑膠花。

我很羨慕她們比起母女更像朋友，也羨慕她們常常一起去波特蘭逛舊貨。每次看她們在家裡一起烘焙點心，用柯莉特義大利籍的祖母傳下的、沉甸甸的金屬模具，將手工揉的麵團壓成一片片有著精美細緻圖形的小圓片，細心烤成數十個酥脆可口的法蘭酥——

多像田園生活會出現的景象。她們也會一起勾勒夢想；柯莉特希望有一天能開一間咖啡店，她們要在店裡賣自己烤的小點心，把店裡裝飾得像自己家一樣，在我眼中是那麼迷人而充滿奇趣。

看著朋友的媽媽，我忍不住納悶我媽媽的夢想是什麼。媽媽缺乏目標的生活，愈看愈覺得奇怪而可疑，甚至是打壓她的自主性的。照顧我竟然就是她生活的首要之務。天真如我，恨透了這所謂的天職，卻輕忽了家庭主婦的日常工作其實是一種隱形的密集勞動。我只覺得她疏於培養興趣，不懂得培養實用的一技之長。要到許多年後，我從大學畢業了，才漸漸明白維持一個家代表什麼意思，也才明白自己過去多麼自以為是，多麼理所當然地住在家裡。

但當我還是個青少年，才剛開始著迷於追尋自己的天命時，會認為一個人沒有職業就罷了，但沒有閒暇時的興趣，甚至連一個嗜好都沒有，我很難想像這稱得上有意義的人生。她的興趣或抱負，為什麼好像從來不曾顯露在外？難道她真的甘於只當個家庭主婦？我開始質問她的能力，分析她的專長，向她提出許多發洩精力的可能途徑——到大學旁聽室內設計或時裝課程怎麼樣？還是說，她也可以開一家餐廳呀。

「你嫌我忙的還不夠嗎！你知道蓋瑞媽媽吧，她開了一家泰式餐館，結果呢？她現在每天忙個沒完！想做點別的事都沒空。」

「白天我去上學，你都在做什麼？」

「我要做的事可多了！你一點都不懂，因為你過得太舒服了。等你哪一天搬出去了，你就知道媽咪替你做了多少事情。」

我看得出媽媽很嫉妒柯莉特，但不是因為對方胸有抱負，而是因為人家只不過有幾個天馬行空的目標，我就當她是偶像在崇拜。尤其，我愈是叛逆、使性子的時候，愈會把我和柯莉特的關係掛在嘴上炫耀，故意想讓媽媽吃味。我覺得這樣才能以牙還牙，誰教她也常常挑釁我。

*

當時我對周遭漠不關心，心中一片空虛，只有音樂填補了我心底的空洞。但我和媽媽之間的嫌隙原就日益擴大而岌岌可危，音樂闖進來後，又敲出一條裂痕，撕出一道縫隙，而且好像漸漸裂成一道巨大的缺口，時時作勢要把我們兩人一起吞噬。

凡事都不比音樂重要，只有音樂能慰藉我的生存恐慌。每天只要有空，我就掛在

LimeWire網站上把歌曲逐一下載下來，不然就是在獨立音樂協會的論壇上，與網友熱烈討論幽浮一族樂團（Foo Fighters）的〈很久很久〉（*Everlong*）這首歌，它的不插電版本是不是比原版好聽。我一點一滴存下零用錢和午餐錢，只用來逛唱片行買CD。我會分析光碟內頁附的歌詞本，狂看西北太平洋岸優秀獨立搖滾樂團的專訪，記住一連串唱片廠牌的名字，例如K Records和Kill Rock Stars，盤算有哪些演唱會我可以去聽。

樂團雖然很少來到尤金巡迴，但要是真的來了，這裡有兩個表演場地。一是WOW會館（WOW Hall），我在這裡見證了大多數本地樂團成名、茁壯。美諾梅納樂團（Menomena）、喬安娜・紐森（Joanna Newsom）、比爾・卡拉漢（Bill Callahan）、怪誕山（Mount Eerie）、搖滾戰士（Rock n Roll Soldiers），尤金如果想要吹噓地方出名人，這幾個團算是最有資格的了。他們繫頭巾，穿皮革背心，背心上的流蘇垂掛在赤裸的胸前。大家崇拜他們，因為說到離開家鄉又衣錦榮歸的人，我們知道的也只有這些人——聽說他們與大廠牌簽下夢寐以求的合約，聽說他們在威訊無線（Verizon Wireless）的廣告裡軋上了一角。我們從不曾停下來質疑，像是他們要是真的成就輝煌，又何必這麼常跑回家鄉演出。

麥克唐納劇院（McDonald Theater）是另一個場地，比較知名的樂團都在這裡演出。我在這裡第一次看謙遜耗子樂團（Modest Mouse）的演唱會，那次也是我第一次玩「人體衝浪」——我在舞台邊緣猶豫了起碼三十秒，確定前排觀眾真的有人會接住我，才鼓起勇氣跳下去。謙遜耗子的主唱艾薩克・布洛克（Isaac Brock）在我們心目中，是神一般的存在。謠傳他的表親就住在隔壁鄉鎮，和他的歌〈拖車垃圾〉（*Trailer Trash*）描述的一樣，生活在拖車停車場。多了這一層可能的鄰居關係，我們對他更有共鳴——總算有一個人能讓我們抬頭挺胸大聲說出，他是我們這裡哺育出的歌手。我認識的每個人不知為何都記得布洛克寫的歌詞。布洛克的歌超過百首，而且還在不斷增加，包括另案合作發行的單曲和未收錄在正式專輯中的曲目。其中，那些未被收錄的尤其令人垂涎，我們常常千方百計尋找有收錄這些歌的獨家專輯，燒錄成光碟後，收入CD收納冊的塑膠封套裡珍藏。布洛克的歌詞充分傳達了日復一日、無聊到令人窒息的感覺，而那正是成長在西北太平洋岸的灰濛小鎮的心情。他那些長達十一分鐘的歌和令人毛骨悚然但又異常宣洩的尖叫嘶吼，陪伴人們度過每一趟百無聊賴又無事可想的漫長車程。

但對我影響最大的，當屬第一次入手Yeah Yeah Yeahs樂團在舊金山費爾摩禮堂（The Fillmore）的現場演唱會DVD。樂團女主唱Karen O是我崇拜的樂壇偶像中，第一個外型像我的人。她也有一半韓國人、一半白人血統，無與倫比的表演才華一掃外界對亞洲人馴良溫順的刻板印象。她以狂野怪誕的舞台風格著稱，曾經把水含在嘴裡，再吐向半空中，同時一路蹦跳到舞台最遠端。她還曾經仰頭生吞麥克風，最後才揪著線從喉嚨深處拉出來。這些畫面看得我目瞪口呆，我發現自己心中有一股古怪、矛盾的情緒。我首先想到，我要如何才能像她一樣，緊接著又想到，既然已經有亞裔女生做到了，八成也沒有我的空間了。

我當時還不懂什麼是「稀缺心理」[4]，音樂界也還少有關於樂壇形象榜樣的討論，加上我個人不認識任何玩音樂的女生，不知道其實也有人和我一樣，為相同的感受苦惱。我也沒有類推能力，沒有想過若換成白人男孩遇到類似情境，比如說看了丑角樂團（Stooges）的現場演唱會DVD後，難不成也會覺得樂壇既然已經有Iggy Pop了，豈還容得下另一個白人？

無論如何，Karen O讓我覺得音樂不再遙不可及，也讓我相信，即使是像我這樣的人，或許有一天也能成就一些對他人有意義的事。受到這個新發現的樂觀希望刺激，我開始死纏爛打，央求媽媽買一把吉他給我。為了我那些三分鐘熱度的課外活動，家裡先後已

4　譯注：稀缺心理（scarcity mentality）指的是人會將注意力放在自己缺乏的事物上。例如窮人因為缺乏金錢，反而格外在意金錢，進而忽略其他也許更重要的事物。

經投入不少金錢，所以媽媽遲遲不肯答應。但耶誕節前夕，她終於被我逼到投降，而我總算收到一把裝在好市多紙箱裡的平價山葉木吉他。這把吉他的弦距非常遠，感覺得使勁往下按個一公分多，才能把弦按在琴衍上。

我報名了每週一堂的吉他課，上課的地點是學起吉他來最為尷尬的地方——學樂工坊（Lesson Factory）。這裡堪稱是吉他課的量販店，教室與吉他中心樂器行（Guitar Center）相連通，內部隔成十個左右的隔音間，每一間配備兩張椅子和兩台音箱，負責指導你的老師十之八九是透過分類徵才網站找來的，多是懷才不遇的失意樂手。我還算幸運，分配到一個我真心喜歡的老師，老師一定也很高興收到我這個學生，暫時可以鬆一口氣，不用再沒完沒了地面對那些毛剛長齊的少年，滿心只想學會彈年輕歲月合唱團（Green Day）的歌和齊柏林飛船（Led Zeppelin）名曲〈天國階梯〉（*Stairway to Heaven*）的前奏。

報名吉他課的時機來得再好不過。那個學期的英文課，尼克．豪利蓋莫正巧也坐到了我旁邊，我像中了樂透一樣竊喜不已。之前我就聽說過他，因為他是瑪雅．布朗的鄰居兼前男友。我和瑪雅不同班，但所有人都認識她，因為同年級的男生人人都暗戀她。說來令人火大，她客觀來看確實很漂亮，人緣也好，但卻總把自己裝扮得像個憂鬱煎熬的邊緣人。她把一頭棕髮染得烏黑，穿焦糖棕色的燈芯絨衣褲，忽然想到什麼就會拿起原子筆寫在手臂上，以免忘記，之後再把這些想法寫進部落格裡。我追她的部落格追得很勤，雖然我們現實中並不是朋友。她的文章無非是些明眸樂團（Bright Eyes）的歌詞揉合她自身的浪漫邂逅和天馬行空的遐想，多半用第二人稱寫成，對著不具名的某個人殷殷傾訴對方如何辜負了她，或是她如何全心渴盼著對方。當時的我覺得她是我們這個時代的偉大美國詩人。

尼克有一頭蓬亂的金髮，指甲用立可白塗白，單耳穿著銀圈耳環。他在課堂上很安靜，而且遲緩到不可思議，好像整節課都被石化了似地，三不五時問我作業什麼時候交、能不能跟我借筆記。也算他倒楣，聰明如我自然沒放過這些機會和他套交情，實現私心想和他做朋友的願望。尼克在中學時組過樂團，團名叫「巴羅懷特」（Barrowites）。我認識的人沒有一個玩過樂團，尼克卻自己組過樂團，感覺酷到不行。他們在解散前發行過一張迷你專輯，我四處拜託，總算從一個朋友的朋友那裡找到了一張。所謂的專輯，其實只是一張燒錄光碟收在手工折成的紙封套裡，封套上有手繪圖案和用麥克筆寫的專輯名稱。我一回到家，馬上把光碟推入書桌上的音響，坐進滾輪椅，迫不及待聽了起來，紙封套還握在濕黏冒汗的手裡。我仔細研究歌詞，想像尼克過去狂放的性愛經驗。專輯裡一共收錄了五首歌，最後一首叫〈莫莉的唇〉（*Molly's Lips*），我猜想莫莉是不是他的眾多前女友之一，或者說，會不會是瑪雅．布朗的化名呢。我真是傻得可以，不知道〈莫莉的唇〉只是翻唱自超脫樂團（Nirvana）的一首歌。但我現在情願想像尼克當時也一樣天真傻氣，不曉得超脫樂團也是翻唱，那首歌原本是凡士林樂團（The Vaselines）的歌。

終於有一天，我鼓起勇氣開口，問他要不要一起「即興對練」。我們約好午休在足球場旁的樹下碰面。見面沒多久，我笨手笨腳、對吉他一竅不通的事實，就一覽無遺地暴露出來。我根本就沒和誰「對練」過。每當尼克率先彈起某首歌，我總是一點頭緒也沒有，不知道那是什麼調子，也不知道怎麼伴奏。我盡可能咬牙跟上，摸索著對的音符，設法從我自以為曉得的音階裡，找出隱約埋藏其中的簡單的主旋律，但最後往往還是以道歉和放棄收場。尼克倒是平常心看待。他很有耐心，也沒責備我，甚至提議改彈我會的歌，由他來伴奏。於是剩下的午休時間，我們都在輪流彈奏白線條樂團（White Stripes）的〈我們會是朋友〉（*We're Going to Be Friends*）和地下絲絨樂團（Velvet Underground）的〈結束以後〉（*After Hours*）的某幾個樂句，那是我青春時代最浪漫的奇蹟。

後來我自己寫了幾首歌，決定報名宇宙披薩屋（Cozmic Pizza）定期舉辦的自由演出之夜，上台表演。那是市中心一家餐廳，店內設有圓桌座位，吧檯後方有個小型舞台，天花板挑高，鋪著光亮的水泥地板，通常舉辦的是爵士之夜和世界音樂演奏會。我邀請好幾個朋友來看我演出。當天店裡雖然半數以上座位都空著，但周圍還是有玻璃酒杯乾杯的聲音，有大力關上披薩窯門的聲音，有店員大聲叫號取餐的聲音。各種雜音夾擊之下，我的好市多木吉他幾乎像是啞巴。但我還是為這七分鐘的成名時間沾沾自喜。因為我自己找了眾多朋友來當觀眾，本來的自由演出之夜慢慢變成我一個人的場子，開放本地的小藝人上台同樂。我在家裡的浴室用自拍定時器替自己拍了幾張宣傳照，掃描進我爸的電腦裡，再用小畫家設計成宣傳單。然後，我特地買了一把釘槍，把傳單釘在鎮上各處的電線杆上，也到處問過地方商家能不能把傳單貼在他們的櫥窗上。我開通了Myspace社群帳號，把我用蘋果電腦內建的音樂軟體錄製的歌上傳上去，再把連結寄給本地的樂團和宣傳商，懇求他們把我加入名單裡。我也接高中的慈善義演，漸漸培養出一小群在地的支持者，雖然大多是我的朋友，或是我三番兩次敦促一定要來聽我演唱的同學。總之，我總算也變得「小有名氣」，瑪莉亞．泰勒（Maria Taylor）來到WOW會館演出時，還邀請我擔任開場表演嘉賓。

演出當天，尼克提早到場為我加油打氣，也陪我一起在休息室等候上場。這是我頭一次踏進表演者休息室，但裡面給人的感覺並沒有特別迷人。休息室只有更衣室大小，燈光通明，擺著兩張長椅和一張木桌，桌上放了一台迷你冰箱。我和尼克坐在面對著門的長椅上，看到瑪莉亞・泰勒和另一名全身穿著法蘭絨衣褲的團員走進來。瑪莉亞氣勢逼人，深色的波浪捲髮框出深邃鮮明的五官，而最引人注目的莫過於她長而挺的鼻子和婀娜苗條的身材。我看著她走進來，不禁屏住了呼吸。她喃喃問了一句：「酒在哪裡？」轉身便又出去了。

我爸媽也都來了，兩人並肩站在場地後方。舞台上擺著一張金屬折疊椅，我坐在上面不插電彈唱了六首歌，身上穿的是在Forever 21買的彩虹條紋上衣，配洗舊牛仔喇叭褲，褲腳塞進棕色牛仔靴筒內，我自認為這身打扮看起來很酷。如今只能慶幸，至少當時我用的吉他已經升級成泰勒牌原聲木吉他，接上SWR牌的草莓金色音箱；我會選這台音箱，單純只是喜歡它紅色配奶油黃的撞色設計。我摸索著開放和弦，每首歌都在琴頸上用移調夾，這樣就能重複用相同的和弦指型。我唱著嚮往重回純真時光的青春之歌，沒有意識到那些時光本來就只存在於嚮往之中。唱完以後，我聽到爸媽歡呼：「唱得好，寶貝！」而且難得大方地允許我留下來看完接下來的表演。

瑪莉亞・泰勒彈著一把Gretsch牌的鮮紅色全空心電吉他，吉他襯著她纖瘦的身材，看起來大得滑稽。她一刷出〈贊安諾〉（*Xanax*）這首歌的和弦，我立刻興奮得猛搖尼克的肩膀。那是她最新專輯裡的主打歌，我在自己混錄的每一張歌單裡都收入了這首歌。歌曲開頭像時鐘滴答前進，鼓棒敲著小鼓邊緣，伴隨她徐徐唱出她的焦慮與恐懼：「害怕飛機起飛，害怕開車在小巷急轉……通往演出的路上，冰雪霜凍成山。」彈出主歌最後一個音符的同時，她猛然彎腰，下一個瞬間，在前兩段主歌一直靜靜站著不動的其他樂手，全都與她一齊轟然奏出副歌。

我跟著哼唱的這首歌，敘述的正是巡演生涯不斷遭遇的考驗。我欣賞他們演出的這個地方，也只是小鎮上充其量只能容納三十人的小場地，他們說不定還很後悔訂了這個場地。但對我來說，親眼目睹有人巡迴全國，演唱自己寫的歌，依然是不小的啟發。我和這個人登上同一個舞台，與他們同在一個空間，坐在相隔僅有六十公分的地方。我窺見了一個藝術家的生活，至少在那一刻，感覺音樂這條路稍微不再那麼虛無飄渺。

演唱會結束後，尼克開著他爸媽的日產Maxima房車送我回家。他為我的表現感到驕傲——有個自己崇拜的人對我刮目相看，感覺真好。

「你真的應該錄一張專輯，全部收錄你寫的歌。」尼克說。「你可以去打聽看看我們樂團以前錄專輯的那間錄音室。」

＊

隔天上午，媽媽帶我去咖啡首爾吃中飯。餐館位在大學附近，由一對韓國夫婦經營，先生負責外場，太太則在後面廚房做菜。這裡唯一的缺點就是上菜很慢，只要內用的客人超過三桌，老闆就會手忙腳亂、錯東忘西。有鑑於此，我們從家裡出發前往餐館的半路上，媽媽都會先打電話過去點菜。

「你今天也吃石鍋拌飯嗎？」她一手握住方向盤，另一手翻開她的摩托羅拉掀蓋式手機，在通訊錄裡搜尋餐館的電話。

「好啊，都可以。」

「喂？是！老闆……」

媽媽每次講起韓語，那些生字就會像玩填字遊戲一樣飛散在我眼前，熟悉的字眼之間夾著我填不滿的長長空格。我知道她點了蔬菜增量的炸醬麵，因為只有那幾個字我聽得懂，也因為她老是點同一道菜。媽媽就是這樣，喜歡什麼就不太會再動搖，要她天天吃都行，好像永遠都不會膩。直到某一天忽然覺得夠了，她才會吃第二愛吃的菜，問她原因她也說不上來。

到了餐館，媽媽堆出笑容向櫃檯的老先生打招呼，劈哩啪啦說起韓語。我盡責地走向金屬茶桶，替我們倒了兩杯熱茶，在桌上鋪好衛生紙，放上筷子和鐵湯匙。媽媽在櫃檯結過帳後，順手抓了一本韓國雜誌帶回座位。

「我真的很喜歡這家店，但他們上菜有夠慢的。所以媽咪每次都會先打電話來點菜。」她壓低嗓門對我說。

她隨手翻開雜誌，一邊啜飲麥茶，一邊欣賞內頁上的韓國女明星和模特兒。「這個髮型說不定很適合你。」她指著一個韓國女演員柔順的波浪長髮對我說，但沒等我反應又兀自翻頁。「現在韓國很流行這種軍裝風夾克，媽咪也想買一件給你，你老是喜歡穿一些很醜的衣服。」

老先生推著手推車送來餐點，順便也把小菜擺上桌。拌飯在我的石鍋底部滋滋作響，媽媽的海鮮湯麵熱氣蒸騰，表面泛著紅豔的油光。

「請慢用。」老闆欠了欠身，用韓語請我們盡情享用，轉身把推車推回了櫃檯。

「你覺得呢，我昨天表演得怎麼樣？」我一邊往我的拌飯裡擠苦椒醬一邊問她。

「寶貝，你的醬擠太多了，會很鹹。」她伸手到碗口揮開我的手。我裝作聽話，乖乖放下手裡的紅色擠瓶。

「尼克說他知道一間錄音室，我可以去那裡錄我寫的歌。我在想，我只有吉他和人聲，應該兩、三天就能錄完一張專輯，租金大概只需要兩百美元，之後我在家自己燒錄光碟就行了。」

媽媽剛夾起一根細長的麵條，聽我一說又鬆開筷子讓麵條掉回湯裡。她把筷子放在湯碗上，闔上雜誌，目光看進我的眼睛。

「我在等你什麼時候放棄。」她說。

我低下頭，盯著我的拌飯。我拿起湯匙戳破蛋黃、推開蛋液，讓蛋汁覆蓋在蔬菜上。媽媽探頭過來，舀了幾匙豆芽菜湯澆在我的拌飯上，湯汁淋到石鍋內壁，燒出嘶嘶聲響。

「早知道就不該答應讓你上吉他課，」她說，「你現在該煩惱的是上大學，不是這些旁門左道。」

我焦躁地上下抖起左腳，努力忍耐不讓情緒爆發出來。媽媽在餐桌下按住我的大腿。

「還抖，好運都被你抖掉了。」

「萬一我不想上大學呢？」我扭動身子躲開她的手，厚著臉皮開口。同時，我舀起一大匙熱騰騰的拌飯送進嘴裡，用舌頭把飯推到齒舌周圍形成中空的氣穴，張嘴呼出熱氣。媽媽神經兮兮地環顧四周，好像我剛才說的那句話是效忠魔鬼的誓言一樣。我默默看著她，等她冷靜下來。

「我不管你想不想，你一定要上大學。」

「你根本不了解我。」我說。「就算是旁門左道好了，那是我**喜歡**的事。」

「是嗎，好呀，那你去跟柯莉特住吧！」她氣得拋下這句話，接著戴上她那副鏡片過大的太陽眼鏡，抓起皮包起身就走。「我相信她會照顧你的。你在那裡愛幹嘛都隨便你，反正我就是個邪惡的女人。」

我跟在她身後、走到店外的停車場時，她已經坐進駕駛座，照著遮陽板上附的鏡子，用發票折成尖角剔著牙縫間的辣椒渣。媽媽其實在等我攔住她、追上她，懇求她的原諒。但我不肯低頭。我懷著青少年愚昧的自信，默默心想：沒有他們，我照樣可以過活。我可以去找工作，可以借住在朋友家。我可以到處彈唱下去，直到有一天現場座無虛席。

媽媽蓋上鏡子，把發票捏成一團扔進杯架，然後搖下車窗，低頭從墨鏡上緣斜睨著我。我站在停車場裡動也不動，盡我最大的力氣不要發抖。

「你想當餓肚子的樂手？」她說。「現在就可以去了。」

*

餓肚子樂手生活的吸引力，沒多久就消退了。我在妮可和柯莉特家借宿了幾晚，又在我朋友夏儂家待了幾天。夏儂大我一歲，有自己的住處。我們成天窩在一個叫「花鋪」的地方，美其名是龐克之家，其實就是一群人擅闖空屋住在裡面。這些自稱硬核龐克[5]的人席地而睡，喝醉了就爬上屋頂把玻璃瓶往街上砸，或是對著灰泥牆扔餐刀。

少了媽媽當我的錨，我愈盪愈遠，把我們過去一年來爭執不休的責任義務全都拋在腦後。我應該完成的大學備審資料，只做了一半就躺在爸爸的桌上型電腦裡沒再動過，我曠課逃學的惡性循環也愈來愈嚴重。我不去上課、沒交作業，結果因為課業落後太多而自慚形穢，只好又繼續曠課，不想去學校面對那些關心我的老師。不知道有多少個上午，我哪裡也沒去，只是坐在校園外，在學校的停車場抽菸，提不起勁走進去。我想過尋死。世上每樣東西似乎都能助我一臂之力。高速公路很適合被車撞，五樓的高度正適合往下跳。看著瓶裝清潔劑，我會考慮要喝多少才死得了，也想像過用細繩上吊，窗簾上下晃動的模樣。

期中成績單發下來以後，事實一覽無遺，我所有科目都不及格，GPA成績也一落千丈，媽媽不死心地與升學輔導員約了時間見面，懇求對方出點主意。她不顧一切地整理了所有必要文件，包括我寫得零零落落的備審資料在內，寄給我原先有興趣的大學。等我終於回家以後，我開始接受心理諮商，諮商師開了一些能讓情緒「有喘息空間」的藥物給我，並為我的大學備審資料附上一封信，說明我現階段會有這些情緒起伏和成績變化，都是精神崩潰的表徵。

*

我離家前的最後幾個月，家裡的氣氛總是緊繃且靜默。媽媽在屋裡走來走去、不發一語，多半當我是隱形人。聽到我決定不參加畢業舞會，她也只簡單回應說知道了，此外沒再多說什麼，雖然我們早在近一年前，還一起去挑好了禮服。

我心裡其實深盼媽媽跟我說話，表面卻裝得無動於衷，因為我深知自己的性格比她軟弱多了。對於我們之間的隔閡，她看起來絲毫不為所動，一直到我出發去布林茅爾學院的前一晚，正在收拾行李時，她才終於打破沉默。

5 譯注：硬殼龐克（crust punk），也稱地殼龐克，發源於一九八〇年代初，受英國龐克搖滾和極端金屬搖滾影響形成的一種音樂表演形式，歌詞往往陰鬱悲觀，影射政治和社會弊病，演唱者常刻意沙啞嘶吼或厲聲尖叫。著名代表樂團有 Amebix 和 Hellbastard 等。

「我在你這個年紀，多希望有個會買漂亮衣服給我的媽媽。」

我盤腿坐在地毯上，正在折一件全是由格紋布料拼接成的連身褲，是我從二手商店買來的。我把連身褲疊進行李袋，一旁是我蒐集的好幾件醜毛衣，跟一件創作歌手丹尼爾・約翰斯頓（Daniel Johnston）的大尺碼聯名T恤，被我剪去了袖子當成無袖背心穿。

「我都只能穿南怡穿不下的衣服，等衣服傳到了恩美，又看著她被帶去買新衣服。」她說。「你穿這樣去東岸，大家會以為你是流浪漢。」

「你放心，我不像你。」我說。「我不擔心外表打扮，因為我有更重要的事要想。」

下一瞬間，媽媽俯身抓住我，氣沖沖地把我推向背對著她的方向，手起掌落狠狠打了我的屁股。這不是媽媽第一次這樣打我，但隨著年紀增長，我的個子愈來愈高，打屁股處罰也顯得愈來愈不自然。尤其那個時候，我的體重已經比她還重了，我被打幾乎不痛不癢，而我都這麼大了，媽媽還這樣打我，只令我感到羞憤而已。

爸爸聽見騷動，慌忙跑上樓，在走廊上探頭看。

「揍她！」媽媽命令爸爸。他沒有動，只是啞口無言地看著我們。「還不揍她！」媽媽再度放聲尖叫。

「你敢打我，我就報警！」

爸爸抓住我的手臂，另一手舉向空中，但還沒向下揮，我已經掙脫開來，跑向電話撥了通報專線。

媽媽瞪著我的眼神，彷彿看著一隻蟲子，看著我這個陌生的黑點正在啃噬她的種種努力。我不再是當年在超市緊緊揪著她衣袖的小女孩，也不再是晚上會央求在她床邊打地鋪睡覺的小女孩。我把電話抵在耳邊，桀驁不馴地反瞪回去，但一聽見電話另一頭傳來人聲，慌張之下又把電話掛了。媽媽沒放過這個機會，衝過來又抓住我。她緊緊箝制住我的手臂，我們第一次這樣扭打在一起，使勁想把對方按在地毯上。我一度想用力推開她，但卻發現我心中並不願意動手到那個程度。我知道我有那個力氣壓制她，但是我不願意動用。我任由她把我的手腕按在地上，騎坐在我身上。

「你為什麼要這樣對你爸媽？我們為你付出的還不夠嗎？你怎麼能這樣對我們？」她破口大吼，眼淚和唾沫都噴在我臉上。她身上有橄欖油和柑橘的香味。她用雙手把我的手腕壓在粗糙的地毯上，她的手掌塗了乳液，觸感柔軟而潤滑。被她的體重壓著，我的身體漸漸開始像有了瘀傷一樣發疼。爸爸在一旁著急得團團轉，不確定自己該站在哪一邊，只是傷透腦筋地想著，他好好一個女兒，怎會變成現在這副德性。

「我生了你之後，再次懷孕卻把孩子拿掉，都是因為你這個小孩太難帶！」

她放開雙手，重心往旁一歪從我身上離開，起身走出了房間，同時淡淡地嘖了一聲——那聲音聽起來，是當一個人覺得有件事實在可惜的時候，會發出的嘆息，比如經過一棟建築美輪美奐的房屋，卻發現它已經荒廢傾頹。

她就是這樣。她就是有辦法把天大的祕密瞞著我一輩子直到現在，到這種時候才沒頭沒腦地拋出來，想想幾乎令人想笑。我知道她之所以墮胎其實不能怪我，她說這些話只是為了讓我傷心，就像我說過那麼多頂撞她、難聽的字眼，就為了傷她的心。但比起這些，我更訝異的是，她竟然有辦法把如此重大的事埋藏心底。

我對媽媽的守密能力是又羨慕又害怕。換作是我，每一個我想藏在心底的祕密，到頭來總會反噬我。媽媽擁有罕見的天賦，就連對我們父女倆也有辦法保守祕密。她不需要別人。她需要你的程度，低到不時令你吃驚。多年來，她再三叮囑我要懂得像她一樣，保留一成的自己。可我從沒想過，這代表她就算對我，也不曾袒露全部的自己。

也許這是一個機會，我僥倖地想著。我可以趁此機會彌補往事種種。彌補我這個難管教的孩子加諸於父母的負擔，彌補我在煎熬的青春期口無遮攔吐出的所有惡毒話語。彌補我在百貨公司故意躲起來不讓她找到，彌補我當眾發脾氣，彌補我弄壞她珍愛的物品。彌補我偷偷開車出門，嗑了魔菇以後回家，醉茫茫地把車開進了水溝。

從今天起，我會煥發出喜悅和正能量，療癒她的病痛。她要我穿什麼衣服，我都會穿。我會做好每一件家事，一句話都不抱怨。我會為了她學做菜，煮她愛吃的每一道菜，親力親為照顧她，不讓她失去生氣。我欠下的債，我全都會回報她。她需要我是什麼，我就會是什麼。我會讓她對曾經寧可沒有我在身邊感到歉疚。我會當一個完美的女兒。

*

兩週後，爸爸總算預約到安德森醫師的看診時間，他們於是專程飛到了休士頓。在更精確的造影技術下才發現，媽媽患的不是胰腺癌，是第五期鱗狀細胞癌，病灶可能起於膽管。這裡的醫生說，他們當初若聽了第一位醫師的建議同意動手術，媽媽八成會在手術台上失血過多。現在建議的做法，是先回家接受三種藥物混合的雞尾酒療法，反應良好的話再進一步接受放射治療。媽媽才五十六歲，除了癌症外，身體相對還很健康。醫生們覺得只要堅強以對，媽媽仍然有機會擊退病魔。

回到尤金後，媽媽傳來一張她剛剪成精靈短髮的照片給我。在此之前，她一直留著簡單的及肩直長髮，同樣的髮型起碼留了十年以上。她偶爾會紮個鬆鬆的馬尾，夏天會戴上遮陽帽或漁夫帽，秋冬則換成毛線帽或一頂小報童帽。除了年輕時燙過捲髮，我從來沒見過她有其他造型。「很適合你！」我用驚喜的語氣回覆訊息，還加上好幾個眼冒愛心的生動表情符號。「年輕了好幾歲！！！神似米亞·法羅[6]！！！」我說的是真心話。照片裡的她洋溢笑容，在客廳的白牆前擺姿勢，就在家裡平常放車鑰匙和座機電話的廚房中島旁邊。她的胸前有一個塑膠孔塞，邊緣用醫療膠帶固定。她看上去簡直有些羞澀，身體微微前傾，看起來容光煥發，令我也由衷滿懷希望。

*

我不顧媽媽起先的反對，把三份工作都辭了，公寓轉租出去，樂團活動也暫時喊停。我打算回尤金度過夏天，八月再回費城去，進行樂團原定的兩星期巡演。屆時，我對於全家和我自己面臨的情況，應該會有比較清楚的想法，也好決定之後該不該搬出家裡。這段過渡期間，彼得有空就會前來探望。

我在媽媽打完第一次化療點滴的隔天下午抵達尤金。我盡了最大力氣，讓自己看起來從容淡定、衣著得體。在舊金山機場等待轉機的時候，我站在女廁鏡子前，對著洗手槽洗了把臉，用粗糙的擦手紙把臉按乾，然後慢慢梳了頭髮，重新上妝，小心翼翼畫上最細的眼線，眼尾只往上勾出微微的貓眼。我拿出手提行李袋裡的滾筒黏把，黏掉牛仔

6 譯注：米亞・法羅（Mia Farrow），美國女演員，代表作有電影《失嬰記》（*Rosemary's Baby*），片中造型就是一頭精靈短髮。

褲上沾到的紙屑，拔掉毛衣上的毛球，再用手掌盡量把皺痕撫平。和媽媽見面以前，我為打點門面花費的心思，比任何一次約會或工作面試都多。

從大學時代起，每次寒暑假回家前，我也都會像這樣做足準備。像是大一那年十二月回家過節前，我特意把媽媽寄給我的一雙牛仔靴細心擦亮，用軟布沾沾他們隨靴子附上的蠟膏，先把皮革擦過一遍，再用木柄鬃毛刷慢慢打圓，把蠟推勻。

雖然離家前夕，我和媽媽鬧得很不愉快，但住進宿舍後，每個月總會寄來的幾個大紙箱無言地提醒我，媽媽始終把我掛念在心上。甜蜂蜜爆米花、二十四包裝的調味海苔、微波白飯、蝦餅、好幾盒Pepero巧克力棒、好幾碗辛拉麵杯麵。懶得去學生餐廳吃飯時，我可以一連幾個星期都靠辛拉麵果腹。媽媽還寄來蒸汽熨斗、毛絮黏把、BB霜、無數雙襪子，以及一件她在T.J. Maxx百貨特價時買到的新裙子。爸媽去墨西哥度假回來後，牛仔靴也跟著其中一個補給箱寄了過來。我套上腳才發現，靴子已經事先穿軟了，每個硬角都被磨得柔軟光滑。原來媽媽套了兩雙襪子穿著它在家裡走動，每天一小時，穿了一星期，用她的腳底踩軟了扁硬的鞋跟，把僵硬的靴身穿鬆，軟化硬梆梆的皮革，替我免去了所有的不適。

我站在宿舍房間的全身鏡前，上下打量身上的缺失，把衣服上的勾紗和線頭一一摘掉。我學會用媽媽的銳利目光端詳自己，找出我身上任何她可能會挑剔的地方。我想讓她對我刮目相看，讓她看見我成長了多少。即使少了她，我一樣能好好生活。我希望我回家去時，是個成熟大人的模樣。

媽媽也以她的方式為重逢做準備。她會在我到家的前兩天先醃好牛小排，在冰箱裡填滿我愛吃的小菜，還會提早幾個星期先買好我喜歡的小蘿蔔泡菜，放在流理臺上靜置幾天，這樣等我到家時，蘿蔔會醃得更酸、更入味。

用芝麻油、蜜汁醬和汽水醃過的軟嫩牛小排，放入平底鍋煎得外皮焦脆，讓廚房滿溢一股濃郁的燻烤香。媽媽會把新鮮紅葉萵苣沖洗乾淨，擺在我面前的玻璃茶几上，再接著擺上小菜。有對半切開的滷蛋、拌青蔥和芝麻油的爽脆豆芽菜、湯特別多的大醬湯，當然還有酸得恰到好處的小蔔蔔泡菜。

媽媽煎牛小排的香味，我每每聞到就覺得那是家的味道。在我大快朵頤的同時，家裡從我十二歲養到現在的黃金獵犬茱莉亞會仰躺在地上，四腳朝天伸得高高的，對我露出渾圓的肚子表示順從，媽媽總笑稱牠這個姿勢是「露奶」。

「茱莉亞又胖了。」我撫著牠圓鼓鼓的肚子說。「你餵牠吃太多了啦！」

「我只給牠吃狗糧而已……偶爾會餵一點飯啦！茱莉亞肯定是韓國出生的狗，愛吃米飯得很！」

到了吃飯時間，我喜孜孜地攤開掌心，鋪上生菜葉，依照我喜歡的方式包料——先夾一片油花肥美的牛小排，舀一匙熱呼呼的米飯，添少許包飯醬，再放上一片薄薄的生蒜，折成好入口的小袋子一口塞進嘴裡。我會閉上眼睛慢慢咀嚼，仔細品嘗頭幾口的滋味。我的味蕾和胃袋已經好幾個月沒碰上家裡做的菜了。單單白飯就是感人肺腑的重逢。電飯鍋把每一粒米都炊煮得蓬軟而有嚼勁，和黏糊糊的微波白飯簡直是天壤之別——我在宿舍都只能靠微波白飯充飢。媽媽沒有走開，一直在旁邊觀察我的表情。

「好吃嗎？好吃吧！」她拆開一包海苔，擺在我的飯碗邊。

「太好吃了啦！」我不顧嘴裡還塞著食物，做出快昏倒的浮誇表情，用韓語大加讚美。

媽媽在我身後的沙發坐下，替我把臉上的髮絲撥到肩後，看著我狼吞虎嚥大啖一桌饗宴。那是我再熟悉不過的膚觸——她的手冰涼光滑，擦了乳液而微微發黏。我發現自己不再倉皇躲避這雙手，反而希望與她親近，好像我忽然換上了新的內建核心，會自動被她的關愛吸引過去，每一次離開這個重力場，就是核心重新充電的時候。我發現自己再度盼望討得她的歡心。聽到她因為我分享的故事大笑出聲，我也覺得不勝歡喜。我會細數我自立生活發生的糗事，鉅細靡遺地形容我有多麼笨拙沒用，藉此逗她開心。我跟她說，我把毛衣丟進洗衣機洗，洗完足足縮水小了兩號。還有一次，我款待自己中午吃頓好料，結帳才發現光是氣泡水就花了十二美元，我還以為那是隨餐附送的。我招供的這些故事，無不是在承認：媽媽，你說的果然都對。

＊

抵達尤金機場，搭乘手扶梯下樓時，我心裡有點盼望媽媽會像以前一樣在航廈出口等我。她總是一個人站在保全線後方，一見到我走出來就猛揮手。她每次都一定會在那個位置等我，一身全黑勁裝，外搭一件大大的仿貂毛背心和大大的玳瑁紋太陽眼鏡，看上去與周圍格格不入。其他尤金居民身上穿的，多半是俄勒岡鴨子隊的寬鬆帽T。

但這一次走出機場，我只看到爸爸，他把車停在行李提領區的出口。

「嘿，小乖。」他給了我一個擁抱，幫我把行李拎進後車廂。

「媽媽還好嗎？」

「還可以吧。她昨天去做了化療，她說只覺得有一點體虛。」

我們上了車就沒再說話，我搖下車窗，深吸了一口俄勒岡州的空氣。空氣很溫暖，有初夏青草收割的氣味。車子行經綿延開展的空曠田野，鎮郊一座座大紙箱般的倉庫一晃而過，接著又經過我兒時友伴的家，但那個人我早已不再熟識，而他家的房子外牆重新漆過，院子的草坪也多了籬笆圍住。

爸爸開車一如以往凶悍，來回穿梭在車道之間，和這座大學小鎮自然悠緩的步調很不搭軋。媽媽不在，只有我和爸在一起，感覺很怪。我們父女倆向來很少單獨相處。

爸爸一向樂於當家裡的經濟支柱。他光是出現在我們的生命中，就已經足以見證他是如何克服萬難，擺脫出身的限制，又戒除了藥癮——單單這一點就不容忽視。

小時候，聽他說起年輕時代的往事，想像他的男子氣概和毅力，我總是聽得入迷。他會描述與人打架的事逗我開心，而且一點細節都不會省略。他曾經戳瞎一個男人的眼睛，還被人拿刀架在脖子上威脅過，也曾經住在木棧道下，連續二十三天沒睡覺。他騎哈雷機車，單耳戴著耳環，健壯結實的身材總讓我感到安心，讓我知道有人能保護我。而且他很能喝酒。下班後，他常常在公司對面一家叫「高地」(Highlands) 的酒館引來眾人圍觀。他可以大口飲盡好幾杯龍舌蘭酒再加半打啤酒，卻依然像個沒事人一樣，隔天早上醒來也沒半點宿醉。

與媽媽不同，爸爸教養我的時候，並不特別把我當女孩子看待，照樣教我怎麼揮拳、怎麼生火。我十歲時，他甚至特地買了一部排氣量八十毫升的迷你山葉機車給我，讓我可以跟著他，在後院的泥巴路上騎車兜圈子。

話雖如此，在我的童年時代，爸爸成天不是去工作就是在酒吧，就算難得在家，也多半忙著對著電話吼叫，追問一整個貨板的草莓消失到哪裡去了，或是追查某一車蘿美生菜為何晚了三天才運到。日子久了，我們之間的對話也變得像是電影開場就在的觀眾替遲到三十分鐘才姍姍來遲的友人解釋方才的劇情。

爸爸常怪罪是工作害他和我愈來愈疏離。他在我十歲那一年接掌他哥哥的事業，工作量確實翻倍了沒錯。但事實是，他接掌新職位的那陣子，家裡好巧不巧添購了第一台桌上型電腦，我也是這個時候才第一次意外發現，他會透過網路和別的女人相約幽會，而且早已不只一次。我這輩子一直對媽媽守著這個祕密。

我雖然年紀還小，當時卻不假思索地替爸爸的不忠找起理由。他身為男人不免有需求，我認為爸媽一定已經達成某種程度的相互理解了吧。但隨著年紀漸長，這個祕密漸漸在我心中化膿。相同的故事聽了太多遍，反而開始令人生厭。他暴力的過去不再是英雄功績，反而更像是為自己的缺點找藉口。他不知節制地喝酒，不再令人仰慕，下班後醉醺醺地開車回家，簡直不負責任。他令小時候的我仰慕的特質，後來都成了我需要父親當榜樣，可是他卻做不到的原因。我們之間不像我和媽媽那樣，打從出生就於內在緊密相連，而今媽媽生病了，我不確定我和爸爸有沒有辦法相互扶持、捱過難關。

*

車開上威拉米特路，翻越穿過墓園傾斜的陡坡。前方一塊路牌標出城市的盡頭，路面在此從柏油變成泥土，再往前就是一連串我見過上千遍的風景綿延開展。野鹿喜歡一躍而過的彎道依然還在，直線車道的位置也未曾改變，爸爸總會趁機在這裡超越慢吞吞的富豪汽車和往史賓塞比尤特公園方向行駛的速霸陸休旅車。接下來，護欄沿著道路蜿蜒前行，後方是開闊的空地，黃草坡向西開展，迎向整片的日落。繼續往上開，松樹林漸漸占據四周，遮住了樹林後方的屋舍。經過比尤特公園與有孔雀在盆樹和灌木叢間自由漫步的達克沃斯護理之家，經過狐穴路上的耶誕樹農場，駛入林蔭遮頂、蕨葉和蘚苔交叉纏生的碎石子路，再繼續往前開，直到茂密綠意忽然消退，四周豁然開朗，我們的家就到了。

爸爸一停好車，我便急忙下車奔進家門，在玄關沒忘記把脫下的鞋子排放整齊。我經過廚房走向屋內，一邊大聲叫喚媽媽。她聽見聲音，從沙發上起身。

「我的寶貝，我在這裡！」她出聲喚我。

我走向她，小心翼翼地擁抱她，感覺到塑膠孔塞硬生生橫亙在我們中間。我伸手輕撫她的短髮。

「很好看，」我說。「我喜歡。」

她重新坐下，我偷偷滑下皮沙發，坐到在她和茶几之間的地毯上。茱莉亞在我們身旁大口喘氣，不時伸舌，像在舔一隻看不見的小狗——幾年前，爸爸在車道上打高爾夫，球一桿揮出去，意外擊中了那隻小狗。我摟著媽媽的膝蓋，把頭枕在她腿上。我原以為我們見到面時會激動落淚，但她看起來泰然自若，心情平靜。

「身體還好嗎？」

「很好，」她說。「有點虛弱，但其他都很好。」

「你要多吃一點，身體才有力氣。我想學做菜，你愛吃的每一道韓國菜，我都做給你吃。」

「是啊，我看了你傳給我的照片，你現在廚藝不得了呢。不然明天早上，你幫我榨一些新鮮番茄汁？我買了兩、三顆有機番茄，跟綜合維生素一起打，加點蜂蜜和冰塊，好好喝。我最近早上都喝那個。」

「番茄汁嗎？沒問題。」

「媽媽的朋友凱伊過兩個星期會來家裡幫忙，到時候她說不定能教你做幾道韓國菜。」

凱伊是爸媽住在日本時，媽媽結識的朋友。她比媽媽年長幾歲，爸爸在三澤市的二手車場工作時，是凱伊特別悉心關照媽媽，帶她去看哪裡方便購物、哪裡可以小酌。凱伊不只教媽媽開車，還教她經營副業，到美軍基地裡供大兵購物的ＰＸ福利超市低價買入商品，再經黑市轉手牟利。從咖啡奶精、洗碗精、洋酒，乃至午餐肉罐頭，媽媽會在ＰＸ超市用很低的免稅價格買進這些珍稀產品，轉手以五倍價格賣出。

但自從爸媽搬到德國後，媽媽和凱伊就斷了聯繫，直到兩年前才又因緣際會聯絡上對方。凱伊現在和丈夫伍迪定居在喬治亞州。我不認識她，但很期待向她討教討教，順便向媽媽證明我也可以很能幹。我幻想到時候我們一起烹煮佳餚，我終於能償還欠媽媽的恩情，回報這些年來習以為常的關愛。那些菜會讓她想起韓國並帶給她慰藉。每一道都會依照她喜歡的口味烹調，可以提振她的精神，滋補她的身體，帶給她祛除病痛所需要的力量。

＊

我們一起靜靜看了一會兒電視，一邊替側躺在旁邊的茱莉亞挑掉狗毛上沾黏的薊子，以及把她身上的蝨子翻出來燒掉。茱莉亞的胸口上下起伏，每次我們的目光從她身上移開，飄向電視螢幕，她就會腳掌扒著我們的手腕乞求關注。媽媽比往常更早上床就寢，我隨後也拿起行李上樓。

我的房間在爸媽臥室的正上方，是一個寬敞的長方形空間，兩側分別稍微縮窄，形成被屋脊圍住的凹室。我的書桌正好貼牆擺在其中一個凹室，我的唱盤、唱片櫃和喇叭組則放在另一個凹室，旁邊擺著一張有著藍色軟墊的靠窗座椅。兩個凹室都漆成亮橘色，房間中段則是薄荷綠色，繽紛的色彩在房子頂樓一角大聲昭告：這裡住著少女一名。

「你不要再到處鑽洞了！」我愛在天花板釘釘子，掛上迷幻風的布幔，或是拿圖釘把珍妮絲．賈普林（Janis Joplin）和《星際大戰》巨幅海報釘在牆上，媽媽每次都會爬上樓梯罵我。我那組老舊的唱片櫃和難看的成套木質喇叭，是我在舊貨商店找到的。「我們可以一起彩繪！」當時我光想到能和媽媽一起動手發揮創意，心情就忍不住激動。但實際上東西搬回家以後，我只能自己看著辦。我在車庫鋪上報紙，用噴漆把櫃子噴成黑色，但沒耐心等漆完全晾乾，馬上又想塗上白色的大圓點。可想而知，圓點當然暈開來，不成形狀，花紋活像一隻正在融化的乳牛。我看到它，就想起自己少女時期犯過許許多多類似的錯，都是事情只考慮一半，才導致失敗收場。我抽出一張李奧納德・柯恩（Leonard Cohen）的舊唱片放上唱盤，這才想起它只能單聲道播放。我的思慮不周又一次被暴露出來。

我拉開窗戶，紗窗在多年前已經被我拆下，收進儲藏室裡去了。我爬出窗外，攀上屋頂，背靠著粗糙的瀝青紙，雙腳抵著簷槽，在斜頂上穩住重心。夜空中繁星點點，少了城市燈火的干擾，星光比我印象中還要璀璨。蟋蟀和青蛙的叫聲在下方陣陣迴盪。屋頂另一頭，以前我常趁爸媽入睡後，從那裡抱著門廊的柱子往下滑到一樓，和某個聽命在半夜開車來載我的小子碰頭。腳一踏到車道的碎石子，我就會連蹦帶跳地奔向那個解放我之人，跳上引擎還在空轉待命的車，然後我就自由了。

偷溜出去的晚上，其實也沒什麼事可做。很多時候，來接我的人甚至是和我也不算特別熟的朋友，可能只是閒著沒事的同班同學，或是大我幾歲、有駕照的孩子，大家半夜睡不著覺，又找不到其他樂子。偶爾，樹林裡有嬉皮族聚會狂歡，我們會穿上精心挑選的服裝去和那些不認識的人一起跳舞，忘我狂歡。也有的時候，我會把爸媽節慶喝剩的酒從家裡帶出來，像個化學家一般，謹慎又仔細地從每一個瓶子裡吸取量少到不會被發現的酒出來，攙入汽水，在公園裡喝。但大多數時候，我們只是一邊聽ＣＤ一邊開車晃蕩。我們偶爾會冒險遠征到一小時車程外的德克斯特水庫或蕨橋水庫，但到了那裡也只是坐在船塢邊，望著黑黝黝的水面。夜色下，潭水黑如焦油，我們把這片廣袤荒涼的風景當作傾訴的對象，盡情傾吐對自我的迷惘，同時也試圖探測自己當下究竟懷抱什麼樣的心情。有幾個晚上，我們會開上史金納比尤特公園，從高處展望這一座困住我們的乏味城市，或者到二十四小時營業的連鎖家庭餐廳IHOP喝咖啡、吃馬鈴薯絲煎餅，也曾經偷偷溜進某個陌生人家的土地，因為我們在那裡意外發現了一座鞦韆。還有一次，我們甚至開車到機場去，但也只是在航廈裡看著人來人往，飛向那些我們何其盼望能去旅行的城市。我們只是一群夜間出沒的青少年，被幾條手機簡訊和一股難以言說的深沉寂寞給牽繫在一起。

我心底明白，現在的情況已和從前大不相同。我又回到了這裡，不過這一次是出於我的自願。我不再狂亂地計劃逃進黑夜裡去，反而一心一意盼望某股黑暗勢力永遠闖不進來。

7 良藥

Medicine

我回到家的頭兩天，日子過得悄靜而安穩。我們只是默默等著看會發生什麼事，彷彿有某種邪惡勢力鬼鬼祟祟地在屋外徘徊，慢慢且一步步朝屋子接近。但最初幾天，媽媽沒有任何不適。我心想，化療後也已經三天了，說不定其實沒有想像中那麼糟。

每天早餐，我都會洗三顆有機番茄，按照媽媽希望的做法切塊打成果汁，再加入蜂蜜和碎冰。另外兩餐就比較棘手了。很多韓國菜我不會做，而少數我學過的，以媽媽當前的狀態來說，口味又太重了。我覺得很迷茫，心情沒個著落，三不五時就問媽媽，她有沒有想吃的菜是我可以做給她吃的。但她沒有特別想滿足的欲望，我提出的選項也都被她意興闌珊地回絕了。她唯一想到的，只有不倒翁牌奶油濃湯，粉狀的沖泡即食湯品口味清淡也好消化，在亞洲雜貨店可以買到。

尤金這裡沒有 H Mart。作為替代辦法，媽媽和我每隔兩、三天會跑一趟日出商店（Sunrise Market）添購韓國食材。這間店是一個韓國家庭經營的小商行。丈夫的個子不高，膚色黝黑，臉上掛著大鏡框的飛行員眼鏡，手上戴著黃色的工作手套，每一次去總會見到他忙著把新進貨的商品搬進店內，搬得氣喘吁吁。妻子的個兒也很嬌小，長相很漂亮，短頭髮燙成了捲髮。她說起話來親切溫柔，通常都在櫃檯負責收銀。夫婦倆有三個女兒，偶爾能見到其中一人在店裡協助裝袋或上架。每隔幾年，就會看到一個成長到合適年紀的生面孔，頂替離家去上學的姊姊在店裡幫忙。老闆娘和媽媽聊天的時候，在我知道意思是豆芽菜和豆腐的韓語生字之間，時常能聽見某間大學名校的名字，老闆娘提到的時候，語氣總是難掩驕傲。

店鋪前側的金屬貨架上，高高堆著一袋一袋的米。再往店內走，貨架環繞的中心是一座開放式冷藏櫃，冰著十種不同的泡菜和小菜。店中央有好幾排貨架，陳列的都是泡麵和咖哩，盡頭的冷凍庫則擺滿綜合海鮮和冷凍餃子。店鋪後側角落有一個韓國錄影帶專區，好幾層架子上排著滿滿的私錄影帶，收在沒有任何標示的白色紙套裡，只有錄影帶背上有手寫的片名。媽媽會來這裡租一些過時的韓國連續劇回家看，多半都是她在首爾的親友幾年前就看過之後推薦她的。小時候，我如果表現很乖，媽媽會准我從收銀臺旁邊展示的零食裡挑一種，通常是一瓶養樂多或一個小果凍，或者默許我和她在開車回家的路上分吃一包麻糬。

我九歲那一年，日出商店遷至更大的店面。店面變大了，進口的新商品也多了，媽媽看得眼花撩亂，挑選得格外仔細：小木盒裝的冷凍明太子、袋裝的農心牌豆豉炸醬麵、包著冰淇淋和蜜紅豆餡的鯛魚燒，每一樣新商品都喚醒了某一段塵封的童年回憶，慫恿她發明新的食譜來留住舊日滋味。

獨自一人回到這個我們向來一起光顧的地方，感覺好陌生。我太習慣跟在她身後，看她仔細查看冷凍的袋裝綜合海鮮和煎餅預拌粉，似乎在努力辨認哪個最像外婆用的牌子。如今不再有媽媽推著車讓我寸步不離地跟著了。我來回掃視架上的沖泡湯品，緩慢地讀著包裝上的韓文，想找到媽媽指定的正確品牌。

我在韓國學校學過讀寫韓語。從小學一年級到六年級，每星期五，媽媽會開車接送我去韓國基督長老教會。他們在停車場盡頭的一棟小平房裡，劃分出兩到三間教室，依照不同難度開設班級。教室牆面貼滿了主日學校留下的聖經場景彩繪圖。再往山坡上去，還有一棟大一點的建築物，設有廚房和另一間教室，而二樓才是教堂的實際所在位置，每年我們會在這裡集會一到兩次。

每星期上課，晚餐會由大家的媽媽輪流張羅。有的人很虔敬地看待這件事，會趁機準備傳統韓國飲食，也有的人只當是盡應盡的責任，打電話訂個十盒小凱薩披薩店（Little Caesars）的披薩就覺得很足夠了。不過同學們看到披薩倒是特別開心。「真不敢相信，不過就是披薩，大家竟然也吃得這麼開心，葛瑞絲媽明明只是懶惰而已。」媽媽開車回家的路上會這樣發牢騷。所有韓國人媽媽到頭來都會冠上孩子的名字。智妍的媽媽喚作智妍媽，艾雪的媽媽自然就叫艾雪媽。我從來不曉得這些媽媽真正的名字。她們本身全被孩子給取代了。

輪到我媽媽備餐時，她會準備海苔飯捲。放學後回到家，她會煮上一大鍋白飯，花好幾個小時捲飯捲：先鋪開一張薄薄的竹簾，鋪上海苔和白飯，放上醃黃蘿蔔、紅蘿蔔、菠菜、牛肉、細切蛋條，捲成完美的圓柱，再切成五彩繽紛又好入口的厚圓片。剩下飯捲兩端、蔬菜參差不齊突出來的部分，我們倆會趁著去上課前，津津有味地當點心吃掉。

出了韓國學校，我就沒有其他韓國朋友了。晚餐休息時間，我常覺得格格不入，自個兒在停車場閒晃。停車場在我們半小時的下課時間裡被當成遊樂場，唯一的籃球框往往會被高年級的男生占走，其他人就只是坐在路緣找些樂子打發時間。這裡的同學絕大多數雙親都是韓國人，每個人似乎都被移民父母聯合灌輸的一種乖巧順從所支配，和他們來往時，我總覺得有些彆扭。他們乖乖戴著媽媽買給他們的遮陽帽，每逢星期天也會一起上教堂。反觀我們家，儘管基督教在勢單力薄的韓國移民族群中似乎扮演核心要角，但媽媽早就決定不再遵守週日上教堂的規矩。也許是我東西融合的成長背景所致，我時常覺得自己和別人不一樣，是個壞孩子，而一旦有了這種念頭，只讓我表現得更像個壞孩子。每次我不乖、不聽話，老師就會命令我去教室角落、雙手舉高罰站，其他同學繼續上課。我的韓語始終沒能說得流利，但我還是想辦法學會了讀和寫。

*

「克林姆……濃湯。」我用韓式英語輕輕讀出聲。對我這種勉強認得幾個大字的人來說，韓式英語方便極了，是快速看懂大量單字的通行證。基本上它就是融合韓語的英語，只是遵守韓語的發音規則。比方說，韓語沒有「z」這個子音，所以遇到含有「z」的英語單字，發音會用「j」來取代。例如「披薩」讀成「披架」，「精采」讀成「精窄」，或是像「起司」這個字，「司」的發音略帶「z」音，所以會讀成「起芝」。舉我眼前的奶油濃湯為例，則是「r」音會用「l」音代換，於是奶油就成了「克林姆」。「克林姆濃湯……。」我喃喃讀著。找到了，亮橘色與黃色相間的包裝盒，商標是一個眨眼吐舌的卡通人像。我買了幾種不同口味，順便買了幾碗同品牌的即食韓國粥和一包麻糬回家。

回到家把手洗乾淨後，我放了一個粉紅色麻糬在小盤子上，端到媽媽床邊。

「寶貝，謝謝你。」她說。「我現在不想吃。」

「媽，吃一點嘛，半個也好。」

見我坐在床邊一直看她，媽媽不情願地咬了一小口隨即放下，彈了彈指尖殘留的細糖粉，才把盤子擺回床邊桌。我走出房間去準備奶油濃湯。

我在粉末裡加入三杯水，然後加熱煮滾。我努力回想從網路上看來的照護要訣。少量多餐，創造舒適放鬆的用餐氣氛。菜餚裝在大的碗盤裡，顯得比較美味，看起來分量小會比較吃得下。我把湯倒進一只漂亮的青瓷大碗裡，碗口大到湯看起來只是井中的一滴水。但媽媽沒有被錯覺誘惑，才喝了幾口便放下湯匙。

到了傍晚，我靈機一動，想到可以做韓式蒸蛋。鹹香柔滑的蒸蛋，通常被用心而道地的韓國餐廳當作配菜。這種蒸蛋很營養，又有種溫和療癒的風味，是我從小到大最愛的一道菜。

我上網查到食譜。首先在小碗裡打四個蛋，用叉子攪散。我在廚房翻箱倒櫃找到媽媽的一口砂鍋，放上爐子燒熱，然後注入蛋液，加三杯水，蓋上鍋蓋。十五分鐘後回來，蛋已經蒸得蓬鬆柔軟又Q彈，像一塊光滑如絲的淡黃色豆腐。

我在餐桌上擺好隔熱墊，端砂鍋上桌，隨即迫不及待地攙扶媽媽到廚房來。

「我做了韓式蒸蛋！」

媽媽一見到只皺了皺眉頭，帶著嫌惡的表情別過頭去。

「不用了，寶貝。」她說。「我現在真的不想吃這個。」

我費了好大的力氣按捺住惱火的情緒，吞下失望的心情，改拿出新手母親照顧消化不良的嬰兒時那種焦躁的耐心。媽媽從前照顧我這種挑嘴的寶寶，一定也想方設法討價還價，不知道重複了多少次吧？

「媽，我特別替你做的。」我說。「至少嘗一口嘛，你以前都是這樣教我的。」

我好不容易哄她吃了就這麼一口，才讓她回床上休息。

第四天早上，媽媽開始噁心反胃，第一次吐了。我知道這樣想很自私，卻仍忍不住想像我的辛苦付出全都被沖進了排水孔。我盡可能讓她持續補充水分，整天督促她記得喝水，但她每小時都會奔進廁所，胃袋裡什麼也留不住。到了下午四點，我發現她蜷縮在馬桶邊，自己用手指挖喉嚨催吐，只求從噁心感中解脫。我和爸爸合力攙扶她站起來，回床上休息。我們要她多忍耐著點，責備她老是把吃的東西吐出來，身體是不會好轉的。

傍晚，我打給咖啡首爾，用電話訂餐叫了牛肉年糕湯。我心想，假如我做的菜她不想吃，她最愛的餐廳做的菜，總能挑起她的食欲吧。年糕湯送來後，我將它倒進另一個大大的碗裡，端到媽媽床邊。她一樣還是不想吃，只勉強吃了幾口，當晚又全部吐了出來。

我們原本希望這就是最嚴重的副作用了，但隔天，她的狀態卻每況愈下。因為體力耗盡，媽媽就連下床去廁所都沒有力氣，只要她一想吐，我就必須拿著小時候用來裝我的洗澡玩具的粉紅色心型塑膠水桶奔向她床邊。往往才剛倒空水桶，在浴缸裡沖洗乾淨，又得跑回去遞上水桶。到了第六天，她的狀態逐漸顯得不太正常，原定當天下午要去腫瘤科回診，我們決定提早送她過去。

這時我們才驚覺，媽媽的神智不太清醒，靠自己站不穩，也說不出話，只是不停輕聲呻吟，身體前後搖晃，彷彿處於幻覺當中。我和爸爸一人一邊拉起她的手臂繞過頭，用肩膀支撐她的重量，合力扶著她坐進副駕駛座。爸爸負責開車，我則坐在後座。我看到媽媽翻出白眼，整個人彷彿已經脫離這個世界，進入了另一個精神層面。不知道媽媽在那裡受到怎樣的地獄煎熬，她竟像是為了逃出來，開始用指甲猛力摳著車門，想要掙脫出去。爸爸大吼著要她住手，用單手費力控制方向盤，另一手伸到媽媽胸前想壓制住她。

「靠邊停！」我連忙大喊，深怕媽媽一個用力掙脫了爸爸的控制，會掉下車、滾落到路邊去。

爸爸把她抱進後座，我讓她坐在我身上，雙手伸過腋下環抱住她，而她一邊哀鳴一邊扭動，想找到縫隙甩開我鑽出去。千辛萬苦總算到了腫瘤科診所，醫護人員只看了她一眼，馬上說我們最好直接送她去急診。

趕抵河岸醫院以後，爸爸攬著媽媽的肩膀，把她拖抱到輪椅上。在櫃檯，兩名身穿藍色手術服的男子要我們在候診室坐一下，目前沒有空病房。我使勁扶著媽媽，免得她摔下輪椅，那兩人瞄了我們一眼，眼裡不見一絲同情。媽媽仍然不停呻吟並前後搖晃，兩手直挺挺地往前伸，彷彿在抵抗一股看不見的力量。爸爸衝向櫃檯，兩手大力拍桌。

「你們沒長眼睛嗎！再不幫忙，她就要死在這裡了！」

他看起來氣瘋了，嘴角冒出白沫，有一瞬間我還以為他會揮拳揍人。

「那裡！」我瞥見一間空病房，連忙喊道。「那裡空著！求你們了！」

他們終究心軟了，同意我們到病房裡等待。等了像是一輩子那麼久，醫生終於來了。媽媽脫水嚴重，我沒記錯的話，她體內的鎂和鉀指數都低得危險，當晚必須住院。護理師協助她躺在病床上，推送到樓上的另一間病房，先後吊了好幾袋點滴，好讓她的狀況穩定下來。爸爸要我回家，替媽媽帶一些過夜用的物品來。

*

我走出醫院時，天色已經暗了。獨自坐在車裡，我終於敢讓驚愕的情緒淡去，化成眼淚流下。我活在世上迄今為止所做的一切，忽然都顯得無比自私且微不足道。我恨自己在恩美阿姨生病時，沒有天天寫信給她，沒有多打幾通電話慰問，沒有真心體會南怡阿姨身為照顧者的沉重心境。我恨自己沒有早點回尤金，沒在當初會診時陪著媽媽，該注意什麼徵象也全都不懂。可能是內心急欲迴避責任，我的恨意接著流向爸爸，恨他沒留心那些早期徵兆，要是症狀才剛出現就知道帶她去看醫生，我們就不用受現在的苦了。

我用袖子抹去臉上的眼淚，搖下車窗。時值六月的第一個星期，微風和暢而溫暖。月光清冷，像指甲上的小月牙，是媽媽最喜歡的新月形狀。每次她說起這件事，我總會笑她只是隨便選一個來喜歡吧，月相也就那三種而已。我走五號州際公路經過萊恩社區大學，轉上威拉米特路後加快了車速，盡可能不再去想那些事，專心把注意力放在前方的道路上，提防彎道上竄出野鹿。

到家後，我從客廳抓了一條軟毯，從浴室置物櫃裡收拾了媽媽的乳液、洗面乳、化妝水、精華露和護唇膏，再從她的衣櫥中挑了件料子柔軟的灰色毛衣。我替自己也收拾了一袋過夜用品，然後又替媽媽多備了一套乾淨衣服，獲准出院時可以穿。等我回到醫院，媽媽已經睡著了。爸爸問我要不要一起回家，但我不願想像媽媽一個人在醫院醒來，一頭霧水，也不知道自己是怎麼被送來的。我叫爸爸回家歇一會兒，明早再過來，病房窗邊有一張軟墊長椅，我在那上面躺一躺就行。

當晚，我躺在她的病床邊，想起小時候，我會把冷冰冰的腳掌伸到她的大腿之間取暖。她打了個哆嗦後，會喃喃低語，說為了讓我舒服，總是苦了她，然後又說，我要知道誰若是願意為我這麼做，那個人就是真的愛我。我想起她那時先把靴子穿軟了再寄給我，我穿上就能舒舒服服，免去所有的不適和疼痛。此時此刻，我比任何時候都更迫切盼望有辦法把媽媽的疼痛移轉到我身上，向她證明我有多愛她。我甘願爬上病床、鑽進她的被窩裡，用身體貼緊她，將她承受的痛苦都吸收走。人生就該像這個樣子——讓子女有機會證明自己的孝順，不是才公平嗎？媽媽以身體為容器懷著我的那幾個月裡，內臟紛紛移位擠在一起，就為了騰出空間容納我的存在，等我可以離開她的身體時，她又必須忍耐生產的劇痛。唯有此刻代替她承受病痛，我才足以報答她。這是獨生女必經的儀式才對。但事實上，我卻什麼也不能做，只能就近躺在她身旁，聽候她的差遣，徹夜聽著醫療儀器緩慢而穩定的嗶嗶聲，以及她吸氣復又吐氣的柔響。

＊

媽媽過了幾天才恢復到會說話，之後又繼續住院了兩個星期，白天爸爸在醫院陪她，傍晚到隔天早上由我接手。

新的輪班照護工作對爸爸來說前景黯淡。他是有空可以請假陪伴媽媽度過療程沒錯，但照顧人不是他的天性。對他這個從小不幸乏人關愛的男人而言，反而可能是命運施加的考驗。

爸爸從沒見過自己的父親。他父親在二次世界大戰是傘兵，據說某次軍機失事迫降在關島，他的降落傘吊在樹上，讓他在樹上困了好幾天，親眼目睹自己所屬的部隊被集體屠殺，之後才終於獲救。回國後，他就像變了個人似地，不只會揍孩子，還會命令他們跪碎玻璃，再往傷口撒鹽。他強暴自己的妻子，讓她在不情願之下懷了我爸爸，就在臨盆前，她終於下定決心離開丈夫。

單親媽媽一人要撫養四個孩子，又要工作養家，幾乎沒時間也沒有情感上的餘裕去關心老么，所以我爸爸從小到大乏人管教。最大的兩個哥哥蓋爾和大衛，分別比他大十一歲和十歲，爸爸上小學時，兩人都已經離家自立了。三哥朗恩比他大六歲，把自己身受的虐待也延續到我爸爸身上。我爸才九歲的時候，朗恩曾經拿他當沙袋練拳，揍到他不省人事，還硬塞迷幻藥給他吃，只為了看會發生什麼事。

可以想見接踵而來的青春期，爸爸不可能過得順遂，到處惹上的麻煩最終導致他被捕入獄、接受勒戒，此後到他二十多歲進入除蟲公司工作，中間故態復萌過好幾次。是海外就業這個偶然的選擇到頭來拯救了他。我這本書如果是我爸爸的回憶錄，書名大概會取作《全球最佳二手車銷售王》。三十多年後，只有聊到當年在日本三澤市、德國海德堡、韓國首爾等地的軍事基地賣力工作的往事，以及他在公司內位階一路爬升的功績，爸爸的心情最是振奮。對這個出身寒微的男人來說，能出國當個二手車銷售員，就是他最輝煌的事蹟了。

那些年裡，爸爸在異鄉反而把握住美國夢。他或許沒有多少長才，也沒受過多少教育，但他用單純的毅力和死不放棄的信念加倍彌補。他如此以往事自豪或許並不為過——

不論付出什麼代價，他一定會是堅持到最後的那個人。

他帶著新紀律回到尤金，成為出色的經理人，在逐一解決問題和委派下屬任務中找到無窮樂趣。經歷了人生前四分之一發生的種種挫敗，他總算找到自己擅長的事，從此毫無保留地投入其中。這種生活自然不乏犧牲，代價之一就是他活得像一頭獵犬，只知道兩眼盯著前方，嗅到血腥味就發瘋似地向前狂奔。

但媽媽的病，不是談判或加班能解決的問題，所以他漸漸感到無力，漸漸開始想逃。

某一天，我在醫院又睡了一晚，中午昏昏沉沉、滿身疲憊地回到家，發現爸爸坐在餐桌邊，整個家裡瀰漫著燒焦味。

「這不像我。」爸爸搖搖頭看著手裡的汽車保險證，嘴裡嘟囔著。他拿起電話貼在耳邊，準備打給保險公司處理擦撞事故──那是他當週第二次與人發生擦撞了，而且兩次錯都在他。垃圾桶裡躺著兩片焦黑的吐司，烤吐司機內還有另外兩片冉冉冒出白煙。

我關掉烤吐司機，找了一把奶油刀把吐司表面的焦屑刮進水槽，再把吐司放進盤裡，擺在他的手邊。

「我不是這樣的人。」他說。

當晚出發去醫院前，我發現爸爸還坐在同一個位置，半睡半醒，含糊咕噥著不連貫的字句，身上只穿了一件無袖內衣和一條白內褲。

才晚間九點，他已經喝乾兩瓶紅酒，嘴裡吮著他去藥房替媽媽買的大麻糖。

「她甚至不敢直視我，」他說著哽咽起來，「我們一對望就忍不住想哭。」

他壯碩的身子上下起伏，嘴唇上方深凹的人中被紅酒染成深紫色。爸爸落淚其實不是罕見的事，他雖然堅毅，但也是個心思細膩的人，向來真情流露，一絲一毫都不懂得壓抑。不同於媽媽，他不會保留一成的自己。

「你要答應我，到了那天你會在我身邊。」他說。「答應我，好嗎？」

他伸手握住我的手腕，重心倚靠過來，勉力睜開惺忪的雙眼，尋求我的承諾，另一手還握著一片隨意對折咬了一半的軟塌乳酪。我強忍把手抽開的衝動。我知道自己應該要有同情心或同理心，應該和爸爸共患難同甘苦才對。但當下，我只感覺到一股憤恨在心中燃燒。

這是一場賭局，賭注極高，而且輸面遠大於贏面，但眼前這個男人卻不是理想的搭檔。他是我父親，我希望他神智清醒，嚴肅地給我安心保證，而不是企圖用情緒刺激我，要我一個人在這條傷心沮喪的路上摸索。我甚至不敢在他面前哭，我怕他反過來利用這個機會拿他的悲傷和我比較，計較誰比較愛她、誰失去的更多。更何況，他深深動搖了我的信心，他竟然把我認為不可說的事大聲說出口。他的話暗示著媽媽有可能熬不過來，暗示著這個家有可能少了她，只剩下我們。

*

兩星期後，媽媽終於出院回家。我在浴室架設電暖器，放水準備幫她洗澡，時不時伸手試試水溫，調整到最合宜的溫度。我攙扶她從床上起身，慢慢走向浴缸。媽媽的兩條腿軟趴趴的，走起路來就像在重新學步。我先替她褪下睡褲，再脫掉上衣，和小時候她替我更衣沒兩樣。「手舉高高。」我開玩笑地對她說。以前她替我穿脫上衣，都會像這樣子叮囑我把雙手舉過頭頂。

我用肩膀支撐她的體重，扶她跨進浴缸。我問她記不記得上次去三溫暖，她打賭贏了爸爸。爸爸當時和彼得在浴場裸體相對一定很困窘，我對她說。幸好我們早就習慣彼此，不穿衣服也很自在了，有些家庭互相看見對方裸體還是尷尬得很。我小心翼翼洗著她的黑髮，盡可能不碰到髮絲，只用水流洗滌乾淨，唯恐經我一握，她的頭髮就會斷裂掉落。

「你看我的血管。」她隔著水觀察自己的腹部。「很可怕吧？都是黑的。我就算懷孕的時候，身體看起來也沒這麼奇怪。現在就像有毒液在我體內流動。」

「那個是藥。」我糾正她。「正在殺死所有壞東西。」

我拔掉排水孔塞，重新扶她走出浴缸，用一條蓬鬆的黃色浴巾裹住她，把她的身體拍乾，動作盡量要快，以防她站不穩摔倒。「靠著我。」我對媽媽說，然後替她穿上一件羊毛浴袍。

浴缸的水慢慢排乾，我注意到潔白的缸壁上黏了一排黑色殘渣，沿著水面逐漸下沉。我回頭看向媽媽，她的頭頂斑駁，好多頭髮不見了，露出東一塊、西一塊的蒼白頭皮。我是該先扶她站起來，還是先奔向浴缸湮滅證據？我還在猶豫，但無論怎麼做就都來不及了，媽媽已經在全身鏡裡瞥見了自己的模樣。我感覺得到，她的身體一軟，像沙子一樣從我的臂彎滑落到了地毯上。

媽媽癱坐在地上，呆望鏡子裡的自己。她伸手順了一遍頭髮，不可置信地瞪著脫落在掌心裡的髮絲。曾經在同一面全身鏡裡，我看她搔首弄姿看了超過半生。在同一面鏡子裡，我看著她層層塗抹各種乳液，保養她緊緻無暇的肌膚。也在同一面鏡子裡，我窺見她換穿一套又一套服裝，學模特兒走著完美的台步，配著新買的皮包或夾克擺出各種姿勢，滿意地審視自己的儀態。她在一切浮華與虛榮中消磨了許多時間的那面鏡子。如今在鏡子裡的，卻是一個她認不出來、也控制不了的身影，一個陌生且魅力盡失的人。她放聲哭了出來。

我在她身邊蹲下，張開手環抱住她顫抖的身軀。我很想一起哭，為這個我也認不出的身影而哭，為彷彿侵蝕她身體的巨大邪惡無緣無故闖進我們的生活而哭。但我沒哭，反而感覺身體僵直，心一硬，眾多情感瞬間冰凍。內心有個聲音命令我：「不可以讓眼淚決堤。你要是哭了，就等於承認這個警訊。你要是哭了，她更不會停。」所以我強忍鼻酸，等到聲音平靜下來才開口。這不只是為了用善意的謊言安慰她，也是為了強迫自己相信我所言不假。

「媽，那只是頭髮。」我說。「以後會再長回來的。」

8 姊姊

Unni

三個星期過去，媽媽的身體狀況漸有起色，到了六月底已經恢復元氣，正好能趕上應付第二次化療。

我們打算徵召三位韓國女性加入照護行列，算是一個全體動員策略。親朋好友和醫院職員都一再強調，留點時間給自己，照護工作反而會做得比較好。多些人手加入輪班，我們除了有多一點喘息空間，也有額外的人力可以花心思照顧她的飲食，觀察哪些菜色能挑起她的食欲，哪些韓國食物她在嘔吐期間還是吃得下去。

凱伊預計來打頭陣。接著，三個星期之後，住在洛杉磯的金太太會來接班，再過三星期，大家商量過可以請南怡阿姨來。不過，因為從恩美阿姨罹癌到過世前，已經有足足兩年時間，照護工作全落在南怡阿姨肩上，所以我們希望不用走到那一步，希望憑我們幾個就足以妥善應付，不要讓南怡阿姨再親眼目睹另一個妹妹也經歷相同的折磨。

*

凱伊一來，一切似乎都有望好轉。她像一名堅毅的護士，散發出沉著專注的氣息。她的個子不高，體格健壯，生著一張寬臉。她比媽媽年長好幾歲，我目測大概六十四、五歲，銀灰色長髮向後挽成髮髻，像個高雅的貴夫人。每次她笑起來，雙唇只會平平地向兩旁拉展，還沒上揚就停下來，彷彿微笑到一半忽然暫停了一樣。

餐桌上，我們親子三人圍坐在她身旁。凱伊不只人來，還帶來明確的目標和豐富的消遣，除了一綑厚厚的影印資料，還有韓國面膜、指甲油和幾包植物種子。媽媽穿著睡衣褲，外裹睡袍，頭髮左缺一角，右禿一塊，像極了不受主人疼愛的洋娃娃。

「我希望明天早上，我們大家都來種這個。」凱伊說。

她揚起手中三個扁扁的小袋子。一袋是紅葉萵苣的種子，就是我們包烤肉用的生菜，另外兩袋分別是櫻桃小番茄和韓國青陽辣椒。小時候，我有一次成功讓媽媽對我刮目相看：那時我們在首爾一間烤肉餐廳，也沒人教我要那樣吃，純粹是直覺使然，我把整根生的青辣椒蘸上包飯醬就往嘴裡送。青辣椒苦苦辣辣的味道與鹹香醬料完美調和。包飯醬本身也是辣椒和黃豆發酵釀造的，兩者的結合充滿詩意，食材的天然型態與它死過兩次的表親團圓重逢。「這是自古就有的味道。」媽媽當時說。

「每天早上，我們可以在屋裡散步一圈，」凱伊繼續說，「順便替植物澆水，觀察它們成長。」

凱伊睿智又懂得鼓勵人，使我備受動搖的內心又重新燃起希望。眼看爸爸開始連番出錯，她的適時到來讓我鬆了一口氣。她堅定地宣告：「我來了。」有凱伊在，媽媽或許真的能夠擊敗病痛，真的能夠痊癒。

「真的很謝謝你來照顧我，凱伊姊。」媽媽對她說。

她伸手越過餐桌，輕輕按住凱伊的手。韓國人習慣以「姊姊」稱呼親姊姊或比自己年長的女性好友。媽媽在尤金沒有幾個這樣的姊姊。我記得聽她喚人姊姊，只有在外婆家，和南怡阿姨說話的時候。那時的她特別像個孩子。我心想憑凱伊的輩分，說不定能對媽媽動用比較強勢的新策略。有個比她年長又與她有著相同文化背景的人，媽媽比較容易放下心來依靠，不會像面對我這個女兒時，她總是下意識地想保護我。在姊姊的權威面前，媽媽可以自然而然放下戒備。

＊

隔天早上，我們依照凱伊的意見栽下種子，然後一起在家裡慢慢走動。爸爸去公司上班了，凱伊鼓勵我也出外透透氣，再三要我放心，她和媽媽自己在家會看著辦。我決定第一次給自己放個小假，進城去逛逛。

我多年來一直固執認為，不管什麼類型的運動都很浪費時間，但說也奇怪，當下我卻不由自主地把車開向爸媽固定去的健身房。媽媽生病以前，經常分享成功人士愛運動的文章給我看。現在我心生一念，要是我每天固定跑八公里，是不是就能搖身變成一個生活規律的人，變成一個更有貢獻的照護者兼完美的啦啦隊，變成媽媽一直希望我是的乖女兒。

我在跑步機上消磨了一小時，腦中不停玩著數字遊戲，自己對自己許諾：保持時速十二公里再跑五分鐘，媽媽下次化療就會有效；半小時內跑完八公里，她就會痊癒。

我從小學六年級之後，就不曾這麼投入於跑步。初中開學第一天，我們的體育老師宣布全班要計時跑校園一圈。我自認十拿九穩，上學期我可是五年級的孩子中跑步最快的一個，現在自然等不及想大展身手，用我的飛毛腿讓新同學牢牢記住我。結果我卻只被殘酷現實碰了一鼻子灰。我不僅被其他人趕過，還落後了好幾秒，活像一隻在長腿羚羊群腳下奔竄的狐獴。

青春期無非就是這樣，是以中學為背景上演的一齣天大笑話，每個人無不耽溺於苛求自己的樂趣之中。少年少女在「學校」這個中途收容所內，苦熬人生中最困惑、也最敏感的三年。同一間教室裡，坐著胸部昂然發育成D罩杯、對何謂吹簫心知肚明的女孩，也坐著依然身穿Gap童裝運動服、為動漫人物癡迷的小女生。每一個人身上獨特的部分，每一個與大眾審美觀塑造的群體樣板略有不同之處，在青春期都像個醒目的痘疤，使人苦惱，令人煩悶，偏偏手上又只有自我否定能充當解方。

體育課後，我還在努力平復驟失運動光環帶來的羞恥感，班上一名女同學在淋浴間遇到我，劈頭就問了一句往後我會愈來愈耳熟的台詞。

「你是中國人嗎？」

「不是。」

「那是日本人？」

我搖頭。

「呃，所以你是哪裡人？」

我很想告訴她，整個亞洲版圖不是只有兩個國家，但一時間千頭萬緒，終究沒能回答她。我的臉上有某種特徵，看在其他人眼裡，會被解讀成一種脫離根源的事物，彷彿我是哪來的外星人或外來的奇特水果。十二歲的我最不想被人問起的問題，就是「你是哪裡人？」因為那擺明了是說我突出於眾、我身分不明、我沒有歸屬。在這之前，我一直以身為半個韓國人為榮。如今，我忽然擔心別人只會拿這個特徵來定義我，所以我開始掩飾自己的血統。

我要媽媽別再替我帶便當，這樣我才能在中午時和班上人緣好的同學去校外吃飯。有一次在咖啡店，我甚至因為怕同行的一個女生暗地取笑我，學她點了一樣的餐點：一個原味貝果附奶油乳酪、一杯熱可可半糖，如此平淡無奇的點法，我平常絕不會點的組合。照相時，我也不再豎起指頭比「YA」，就怕自己看起來像個亞洲觀光客。當周圍的同學紛紛談起戀愛，我卻產生複雜的情結，覺得誰要是喜歡我，一定是因為他獨愛亞洲女生；對方不喜歡我，我又自憐自艾，猜想是不是因為班上男生老愛開些粗俗的玩笑，說亞洲人都夾不緊，而且一交往就想定終身。

最慚愧的是，我假裝自己沒有中間名。我的中間名其實是媽媽的名字「正美」（Chongmi）。但在紙上只寫蜜雪兒．桑娜，才不會讓我特別引起注目。我自以為省略中間名，就像是拋掉一個累贅的殘肢，比較跟得上現代風尚，我也不用再因為別人會不小心念成「炒麵」而屢屢覺得困窘。但說實話，我只是日益不願面對自己的韓國血統。

「全校就只有我一個韓國女生，你不懂那是什麼感覺。」我對著媽媽大聲發難，她聽了面無表情地打量我。

「你又不是韓國人，」她說，「你是美國人。」

*

從健身房回到家，凱伊和媽媽正在餐桌旁吃午飯。凱伊把前一晚浸泡的黃豆，加入芝麻和水一起熬成豆乳高湯，放涼備用。然後另外煮了素麵，在水龍頭底下沖涼後放進大碗，鋪上小黃瓜絲，再淋上乳白色的高湯。

「你們在吃什麼？」我問。

「這叫豆漿冷麵。」凱伊說。「你要不要也來一碗？」

我點點頭，拉開媽媽對面的椅子，在我慣常的座位上坐下。我先前自認對韓國飲食知之甚詳，但現在我開始懷疑自己的知識根本就不夠廣。我從沒聽過豆漿冷麵，媽媽沒煮過這道菜，我在餐館也從沒見過。凱伊端了一碗麵回來給我，自己又坐回媽媽身旁。我吃了一口麵。味道很純淨，入喉有堅果香。麵條很有嚼勁，湯頭清淡，飄著細小的黃豆碎粒。這道菜很適合夏天吃，給媽媽吃也正好；她在接受化療前愛吃的東西，現在只要稍微聞到或嘗到一點氣味就容易反胃想吐。

媽媽端著她的青瓷大碗，以口就碗，把碗底剩餘的細麵條都撈入嘴裡。她原本斑駁的頭髮已經剃得乾乾淨淨。

「你剃頭髮了。」我說。

「對呀，凱伊姊幫我剃的。」媽媽說。「看起來好多了吧？」

「好非常多。」

我忽然覺得很慚愧，先前沒有建議媽媽剃頭髮，同時也忍不住有一點落寞。她們沒等我就先做了這件事，讓我覺得被排除在外。

「湯也喝了吧。」凱伊用韓語哄著媽媽。

媽媽乖乖聽話，仰頭把碗裡的湯喝得精光。從她做了化療開始，這還是我第一次見她把一份餐點全部吃完。

到了傍晚，凱伊用我們的電飯鍋做了手工藥食。她在米飯中拌入本地產的蜂蜜、醬油、麻油，再加入松子、去籽紅棗、葡萄乾和栗子，然後在砧板上把米糰擀平，分切成小方糕。剛出鍋的米飯黏黏軟軟，還冒著蒸氣，金黃色澤散發著秋天的氣息。其中，紅棗有著濃郁的深紅色，而焦糖銅棕色的米飯中，還襯著淺米黃色的栗子。凱伊倒了一杯麥茶，連同方糕一起端到床邊給媽媽。

晚上，凱伊拿出事先冰在冰箱裡的韓國面膜，備了一盤由堅果、餅乾、起司、水果組成的點心拼盤。我們三人一起把冰冰涼涼的白色面膜敷在臉上，讓黏稠的保濕精華緩緩滲入毛孔。我們輪流抽著爸爸從大麻藥局買來的電子菸，優雅地呼出菸圈，幻想手裡拿的是奧黛麗．赫本手上迷人的菸管。

凱伊接著在媽媽的羽絨被上攤開雜誌，妙手一揮，亮出她從家裡帶來的指甲油收藏，要媽媽自己挑一個顏色擦在腳趾頭上。我暗罵自己竟然沒更早想到這種事。尤其在媽媽失去頭髮後，看到她透過這些小小的保養打扮，又展露出笑容，我打從心底感到安慰。真慶幸凱伊在這裡，有個成熟的人能帶領我們真好。

＊

第二天，凱伊一早就在廚房煮松子粥。以前感冒生病，媽媽也會煮松子粥給我吃。還記得她說，韓國家庭會為病人做松子粥，因為好消化又有營養，但松子價格不菲，平常可沒有這等享受。凱伊用木杓在鍋裡緩緩攪拌，我看著粥漸漸變濃，又想起記憶中濃稠綿密的質地和暖心開胃的堅果香氣。

「能不能教我做松子粥？」我問。「媽媽說，你可以教我做菜給她吃。我也想幫忙，這樣你也有時間休息一下。」

「這你不用擔心，我來就行了。」凱伊說。「等一下你倒是可以幫個忙，做你和你爸爸的晚飯。」

我琢磨著該如何向她解釋，這件事對我來說很重要。做菜給媽媽吃，代表我們的母女角色對換過來，而那是我注定該替補的角色。飲食是我們母女之間不必言說就能理解的語言，也象徵我們重新回到彼此身邊，象徵我們的羈絆、我們共有的基礎。但凱伊願意來幫忙，我已經很感激了，不想再多麻煩她。我把心中矛盾糾結的感受，歸咎於我身為獨生女，總愛多此一舉地介入參與。既然凱伊不教我做菜，我決定把心思用在其他地方。

於是，我化身居家記錄員，把媽媽服用的藥物、服藥時間、用藥後抱怨的副作用全寫下來，學著用醫生開給我們的其他藥物和副作用抗衡。我監看媽媽排便的質地和黏稠度，必要時遵照醫囑給她服用通便劑。我在電話旁擺了一本綠色螺圈筆記本，開始近乎著魔地記錄媽媽每天攝取的食物，研究每種食材的營養含量，計算每一餐的熱量，每天睡前再加總起來，看看距離每日正常兩千大卡的攝取量還差多少。

兩顆番茄四十大卡，淋上一匙蜂蜜就有六十四卡。喝完早上那一杯番茄汁，估計至少能攝取一百大卡。

媽媽不喜歡亞培安素一類的營養補充品，因為喝起來粉粉的像奶昔，不過腫瘤科有位護理師推薦我們試試亞培安素的清淡配方，口感比較像果汁。媽媽喝了覺得好入口多了。對我們來說，這是一次光輝的勝利。爸爸到好市多把不同口味都買了幾箱回來，堆放在車庫裡媽媽原本貯藏白酒的位置。我們盡量督促她一天喝兩到三杯，每次都強制倒滿她原本用來喝夏多內白酒的高腳杯。如此一來，她的單日攝取熱量至少有六百到七百大卡。

多穀粉成為另一樣主食。多種穀物磨成淺棕色的細粉，帶有淡淡甘甜味，韓國人在夏天時常會灑在雪花冰上享用。我每天會沖泡一到兩杯多穀茶，摻入少許蜂蜜給媽媽喝。

兩湯匙多穀粉，就能讓單日熱量邁向一千大卡。

至於正餐，凱伊會煮粥或鍋巴，把剛煮好的白飯薄薄一層鋪在鍋底，經爐火一烤就是一層酥脆的鍋巴，再往鍋內注入熱水，就成了像燕麥粥一樣湯汁稠滑、甘醇開胃的粥品。甜點的話，草莓口味的哈根達斯冰淇淋能助上關鍵的一臂之力，半杯冰淇淋就提供了足足兩百四十大卡。

媽媽的嘴唇和舌頭破了好幾個瘡口，讓她幾乎無法咀嚼進食。一點點鹹味都會刺激傷口，所以除了我們準備的那些不冷不熱、清淡溫和、湯湯水水的食物以外，她的飲食選擇少之又少，每日兩千大卡的目標也因此更難達成。嘴瘡腫痛時，媽媽就連止痛藥也吞不下去，我只好用湯匙背面把維可汀止痛藥壓碎，將亮藍色的藥丸碎末像迷幻藥粉一樣和入冰淇淋裡。家裡過去擺設得美麗獨特的餐桌，如今一片狼藉就像戰場，散落著蛋白粉和亮閃閃的稀粥。每到晚餐時間，餐桌旁就會傳來計算和爭辯，只為了讓媽媽把食物吃進肚裡。

日夜為媽媽的熱量攝取操煩，連帶也扼殺了我自己的食欲。從回到尤金以來，我瘦了快五公斤。媽媽以前總愛捏我小腹上的贅肉，現在全消失了；我也因為壓力而開始掉髮，水一沖，頭髮就會大把大把脫落。聽起來或許變態，但我很慶幸自己也消瘦下去。

體重流失讓我覺得自己與媽媽相依相連。我願意用我的身體向她示警——她要是開始衰弱消失，我也會跟著衰弱消失。

*

我們種下的種子，陸續從土裡萌芽，肆無忌憚地吮食七月的陽光，其胃口倒是不見動搖。媽媽接受了第二次化療。有鑑於第一次化療時的後續反應強烈，我們的腫瘤專科醫生這一次調低化療劑量，近乎最初的一半量，但化療後那一星期依舊難捱。

凱伊來我們家兩週了，爸爸媽媽都愈發依賴她。我開始擔心她離開之後，我和爸爸會不會沒能力照顧媽媽。爸爸待在城裡的時間愈來愈長，媽媽若有什麼需求，也自然習慣向凱伊開口求助。依賴我這個女兒，我猜大概有傷媽媽的自尊吧。即使剛做完化療最痛苦的時候，她還是常常關心我好不好，問我和爸爸有沒有吃飯。

凱伊說什麼都不肯休息，我們好言相勸也沒用。她整天陪著媽媽，替她按摩雙腳，答允她的每一個需求。就算我委婉暗示想和媽媽獨處一會兒，她還是寸步不離媽媽身邊。兩相對照令我感到愧疚，雖然我出門也只是去健身房跑步一小時而已。她們兩個人形影不離，一方面讓我覺得虧欠凱伊人情，一方面又日益感到被排擠在外。我已將最大的恐懼推到心底最深的角落，竭力用正向思考將它蓋過，但我其實也明白，現在很可能是我和媽媽最後的相處時光了。我很想趁著還有機會，好好珍惜與她作伴。

所以，預定去診所吊點滴補充電解質的那天，我自告奮勇開車載媽媽去。凱伊很不願意留在家裡，但我沒有妥協，堅持單獨陪媽媽去。

「就當我求你吧，凱伊，你也需要休息一會兒。休息是應該的。」

我在十五歲時學會開車，只有那時候載過媽媽。她當時在副駕駛座緊張得要命，一直覺得我壓過黃線，往她那一側偏。我們會扯著嗓子對彼此吼叫，讓已然混亂的場面更形惡化。再瑣碎的小事我們都可以吵，例如方向燈應該在多靠近路口的地方打、去市區應該走哪一條路。

但現在我們安安靜靜，誰也沒說話。我們手握著手，為了總算可以單獨相處片刻感到高興。我忍不住想，就算凱伊不在，我們也做得到的。交給我，這一切我一定也能做到。

到了診所，護理師領我們進入個人診療室，裡頭很安靜，燈光昏黃朦朧。診所位於俄勒岡大學校園內的一棟建築裡，對面是一間潛艇堡三明治店。以前每到夏天，我在店裡吃過霜淇淋後，常常從附近鐵絲網圍籬的缺口鑽出去，溜向威拉米特河邊。河道兩岸盡是嶙峋聳立的岩石，我和朋友喜歡從凹凸不平又濕滑的石頭上一躍而下，任由急流拉扯我們的身體，往下游漂流足足四百公尺才踢水上岸。然後，我們會漫步回到上游，跳回水裡，再一次隨水漂流。

我回想從前那些無憂無慮的夏天。剛吃完灑了糖粒的霜淇淋，手指頭黏答答的，我低著頭打開我那輛笨重的施溫牌腳踏車的車鎖，陽光炙烤著我的後頸，我等不及想躍入清澈沁涼的河水中。河流就在不遠之處等待我們，停車場對面那棟建築是什麼，我一點也不曉得。醫院當時代表的意義與現在不同。就算我認得出是醫院，也想不出院內都是些什麼人、受著什麼樣的苦，無論是病患或關愛他們的人，我不知道他們究竟都面臨怎樣的處境。很多人遠比我們家不幸，有的人沒有保險、沒有家人援助，有的人甚至在治療過程中還是得繼續勞動。遑論我們就算有三個人分攤照護工作，還是常覺得照顧病人是一項極其艱鉅的任務。

開車回家路上，我想想還是決定不向凱伊提起我的感受。為了轉換心情，我點開媽媽車上的CD播放器，看看她放了哪些CD。第一槽是我的樂團的首張專輯。第二槽是媽媽最喜歡的歌手，火星人布魯諾（Bruno Mars）。第三槽則是芭芭拉．史翠珊（Barbara Streisand）的專輯《更高境界》（*Higher Ground*）。我所認識的媽媽，從不像是特別愛聽音樂的人，但她很喜歡芭芭拉．史翠珊。《往日情懷》（*The Way We Were*）和《楊朵》（*Yentl*）被她列為最愛的兩部電影。我記得我們以前會一起唱〈向他告白〉（*Tell Him*），我跳過專輯的前幾首歌，快轉到第四首總算找到了。

「記得這首歌嗎？」

我嘻嘻一笑，調高音量。這是芭芭拉．史翠珊和席琳．狄翁（Céline Dion）雙人重唱的一首歌，兩位歌聲宏亮的美聲天后一同錄下了這首傳世名曲。席琳扮演年輕少女的角色，不敢向心中戀慕的男人表達愛意，芭芭拉則是她的閨中知己，鼓勵她果敢行動。

「我害怕，不敢表露心意……他會不會笑我軟弱，若我一開口就發抖？」席琳開頭唱道。

我小時候，媽媽每次唱到「發抖」兩字，總會故意誇張地抖動下唇。我們會在客廳一搭一唱，我當芭芭拉，她當席琳，兩個人為求生動逼真，還會隨興加入詮釋心境的舞蹈和殷殷盼望的表情。

「我也曾經愛過，真心捧在手中……」我會從這裡接唱下去，像是搖鈴宣告我進場。「但你當明瞭，愛的機會就在身邊不該放過！」我高聲唱著，同時在媽媽身旁左竄右跳，得意地展現我廣得誇張的音域，一手裝腔作勢地往上伸，以為可以連帶拉高我的音調。

接著，我們便一起陶醉地進入副歌：「告訴他！告訴他的眼中有日月共輝！走向他身邊！」我們邊唱邊沿著地毯團團旋轉，跳起雙人舞，深情對望彼此的眼睛，柔情款款地唱出合唱的段落。

媽媽在副駕駛座上莞爾笑了。回家路上，我們就這麼小小聲地哼著這首歌。駛經林間空地時，夕陽正徐徐沒入天際，條條奔騰的雲彩映照出濃豔的橘色，宛如滾滾岩漿。

*

我們回到家時，凱伊亢奮異常。她從我爸媽的主臥房冒出來，秀出和媽媽一樣理得極短的頭髮，屁股向側邊一斜，雙手往兩旁一伸，在走廊擺了個亮相姿勢，懶洋洋地轉著眼珠。

「怎麼樣，好看嗎？」

她眨著睫毛，把剛剃好的頭湊向媽媽，媽媽伸手撫摸她頭上殘餘的髮根。我以為媽媽會斥責她亂來。要是我做這種事，媽媽八成會責備我，或是像三年前恩美阿姨聽到我提議剃頭髮時一樣抗拒排斥。沒想到，媽媽卻一副感動的樣子。

「噢，大姊！」她眼眶泛淚，和凱伊相互擁抱，然後由著凱伊攙扶她回房休息。

＊

凱伊原定在我家待三個星期，但隨著時日流逝，她三番兩次堅持可以再待久一點。既然她能勝任又樂意留下，何必再麻煩別人特地飛來？何況有她在，媽媽不只感激、也特別放心，但我和爸爸都愈來愈覺得不安。

凱伊和我們兩人的個性很不一樣——她沉默寡言，做事一板一眼。她成長於蔚山，韓國東南岸的一座城市。離開日本的軍事基地後，她和丈夫伍迪移居美國，在喬治亞州生活了二十多年。我原本以為她來自韓國南部，後來又住在美國南方，個性應該比較直率熱心，但凱伊的脾氣卻令人難以捉摸。我從小到大見過的韓國女性，待人大多像母親或長姊一般溫暖，旁人稱呼她們時，總會說她們是某個孩子的媽媽。凱伊不一樣。她沒有小孩，與我和爸爸互動時，總流露出一種隔閡。冷若冰霜的態度讓我們難以親近。

凱伊習慣把蔬果擺在流理臺上，也不管會不會腐壞，廚房因此漸漸聚集了許多果蠅。考慮到媽媽的免疫系統衰弱，我和爸爸不免擔心凱伊做菜用的食材會不會也有腐壞之虞。有一次，幾顆柿子放久了，招來一群小飛蟲，爸爸當面問她這件事，她露出不耐煩的表情，譏笑爸爸未免操心太多。

又有一次吃晚飯時，我正打算坐在媽媽旁邊，凱伊卻把我的餐具推向桌子對面，自己搶過椅子坐下。飯後，她拿出一封手寫的長信交給媽媽，叫媽媽別念出來，用讀的就好，也不管我和爸爸都還在座位上。那封信足足有三頁長，寫的全是韓文，媽媽才看到一半就開始啜泣，伸手握住凱伊的手。

「大姊，謝謝你。」她說。凱伊報以嚴肅的微笑。

「上面寫什麼？」爸爸問。

媽媽沒回答，只是低頭繼續讀信。要不是服藥讓她頭腦不靈光，她肯定會察覺我們的尷尬和不悅，但以媽媽目前的狀態，她對我們的擔憂一無所察。

「只是我們之間的事。」凱伊說。

這個女人為什麼在這裡？她都不想念丈夫嗎？一個六十多歲的婦人，離開她在喬治亞州的家，沒有任何報酬卻甘願跑來和我們同住了一個多月，這難道不奇怪嗎？我不確定自己是真的嗅到了不對勁，或者純粹只是有被害妄想。又或者更慘，我嫉妒這個女人比我更有能力照顧媽媽？人家無私奉獻，自願前來幫忙，我居然還妒忌她，我是有多自戀呢？

隨著藥效影響愈來愈強，媽媽更是鎮日昏昏欲睡、活力盡失，而我們也愈來愈難和她溝通。她會不自覺地切換回母語，爸爸為此特別抓狂。媽媽講了近三十年流利的英語，卻忽然有一天開始忘記轉換語言，開始把我們父女倆排除在她的世界之外，這怎能不教人驚惶。甚至有幾次，凱伊似乎還刻意利用這點，也用韓語回答媽媽，無視爸爸再三請求她們在家裡說英語。

帶媽媽回診時，我發現自己會和痛症治療醫生討價還價，企圖把各項數值砍低一點，深怕醫生要是再提高止痛藥的劑量，媽媽的存在感會更薄弱，和我們離得更遠。媽，你確定你的突發性疼痛真的有六，不是接近四？我把綠色螺圈筆記本按在胸前，心中真希望不必透露我記錄的那些數字，不用告訴醫生每天除了固定二十五毫克的吩坦尼止痛貼片之外，還得給她喝幾次氫可酮止痛藥水。沒有看起來那麼嚴重啦，我很想這樣說。我不希望媽媽忍耐疼痛，但我也不想徹底失去她。

醫生想必看出了我的沮喪，開了小劑量的阿得拉[7]來中和止痛藥的副作用。媽媽第一次服用阿德拉後，渾身活力充沛，若非我們強迫她不可以亂跑亂動，她還想起來打掃房

7 譯注：阿得拉（Adderall）是含中樞神經系統興奮劑的複方藥，主要用於治療注意力不足過動症和嗜睡症。因為有振奮精神、集中注意力的效果，在美國曾被稱作「聰明藥」，流行於想增進讀書效率的學生之間。

子。曇花一現的假象，讓我以為原本的媽媽回來了，我於是趁著下一次有機會獨處的時候，向她提起我對凱伊的疑慮。

「她替我做了這麼多。」媽媽的聲音微微顫抖。「她做的那些事，誰也沒替我做過。蜜雪兒，你知道嗎？她還替我擦屁股。」

我也想替你擦屁股啊！我很想這麼說，同時也意識到這聽起來有多荒謬。

「凱伊這輩子過得很苦。」媽媽說。「她爸爸是個花花公子，為了外遇對象拋棄凱伊的親媽，還讓小三來撫養凱伊。後來他結識了另一個女人，竟然又拋棄了她們。原本是小三的那個女人一輩子照顧凱伊，從沒透露自己其實不是她的親娘。但凱伊早就知道了，因為村子裡人人都在議論她們，她早就聽到了傳言。所以後來，那個女人得了癌症，凱伊也一直照顧她直到臨終。即使躺在病榻上，她依舊沒有說出她不是凱伊的親媽，凱伊也從來沒表明自己早就知道了。」

「你也知道，她是伍迪的續弦，他的小孩始終沒有真正接納她，因為她是拆散他們家庭的外遇對象。」媽媽接著說。「即使她和伍迪結婚到現在都二十多年了，伍迪的孩子對她還是很冷酷，他們記恨她對他們媽媽做的事。她有一次跟我說，他們搞得她心神不寧，害她還得去醫院看精神科。」

＊

隔天早上，凱伊做了溫泉蛋當早餐。她敲開蛋殼頂端後，就把整顆蛋交給媽媽用湯匙挖著吃。蛋黃浮在半透明的柔滑卵膜上，看上去幾乎還是生的。

「你確定這樣可以嗎？」我問。

我也愛吃溫泉蛋，但自從媽媽生病後，我比以往容易恐慌。吃壞肚子現在可不是必要的洗禮，而是一場我們承擔不起代價的賭局。凱伊沒回答我的問題，目光依然盯著手上的雞蛋，忙著敲破她自己要吃的那一顆。

「我只是擔心而已，媽媽現在的免疫力比較弱。」我補充說。「我不希望她吃壞肚子。」

凱伊嗤笑一聲，瞇起眼睛看我，彷彿看到眼鏡片上有塊汙漬。「我們在韓國都是這樣吃的。」她說。媽媽靜靜坐在一旁，像一隻乖順的寵物。我期待她會開口替我辯解，但她沉默不語，只是雙手捧著她的雞蛋，臉色陰鬱。

命運的捉弄可真殘酷啊，我心想。我強忍住眼淚，臉因此脹得通紅。整個青少年時期，我費盡心思想要融入生活在美國郊區的同儕，我努力證明自己是屬於這裡的，直到成年都還甩脫不了那種感覺。我的歸屬永遠操縱在他人的手中，他們不給我，我自己永遠求不到。我究竟屬於哪一邊，誰和我是盟友？從來都取決於別人。我永遠無法同屬於兩個世界，永遠只能一腳在內，一腳在外，隨時等著被某個比我更有資格說話的人給任意驅逐出去。某個完整的人，某個全身上下都充分成立的人。好長一段時間裡，我努力想在美國獲得歸屬感，盼望此事勝過於一切。然而當下這一刻，我只希望被當作韓國人，只希望眼前這兩個不承認我身分的人接納我。凱伊那句話就像在說：你不是我們這一邊的人。也因此，不論你努力表現得再完美，也永遠不會真正懂她需要什麼。

9 我們要去哪裡？

Where Are We Going?

「你將踏上一段旅程，身旁有五隻動物。」恩美阿姨說。

「一頭獅子。」

「一匹馬。」

「一頭乳牛。」

「一隻猴子。」

「還有一頭羊。」

我們坐在一家咖啡店的戶外露天座，她正在教我做一個同事告訴她的心理測驗。旅途中，你會停下來四次，每次都必須捨棄一種動物，只能留下一種陪你到最後。

自從外婆過世後，那是我第一次回首爾。我十九歲，就讀布林茅斯學院，正要升上大二。我申請上了延世大學的暑期語言研習計畫，暑假這一個半月到韓國來跟恩美阿姨一起住。

以前每次來韓國都有媽媽同行。這還是第一次只有我和恩美阿姨，住在我從小拜訪過無數回的公寓裡。頂多加上一隻愛煩人的白色迷你貴賓犬，是恩美阿姨領養回來的，名字叫里昂——之所以這麼取名，是因為再冠上家族姓氏「李」，變成「李里昂」之後，發音就和韓語的「過來」一樣。

我睡在南怡阿姨原本的房間；這時的她已經和姨丈結婚，搬去幾條街外的另一間公寓了。善永表哥人在舊金山，從事平面設計工作。外婆的房門關著，房間裡仍舊維持從前的模樣。剛開始住在這裡，會覺得曾經熱鬧的公寓一夕之間變得好空蕩，但在這一個半月期間，這裡漸漸變成單身女子的歡樂公寓。恩美阿姨晚上會打電話訂韓式炸雞和大罐玻璃瓶裝的客思生啤酒。我們張大了嘴，咬開炸雞酥脆的外皮，牙齒撕開白花花的雞腿肉，滾燙雞汁瞬間從二次油炸的酥殼底下歡快地噴湧而出，再配一口隨餐附送、冰涼爽口的醃白蘿蔔丁收尾恰恰好。

晚餐過後，我們會無拘無束地坐在客廳，腳伸到矮桌底下，恩美阿姨會指導我寫韓語作業。週末，我們就去新沙洞林蔭道上林立的咖啡館或裝潢別致的糕點店坐坐，觀察來往的人群。許許多多年輕女孩，頂著吹整完美的髮型，手拎名牌包，挽著男朋友的手臂經過；那些男生同樣打扮得完美體面，看上去九成都剪了相同的髮型。

「你會先捨棄哪一個？」恩美阿姨問我。

「絕對是獅子。」我說。「獅子會吃其他動物。」

恩美阿姨點頭贊同。她生著一張娃娃臉，臉蛋比兩個姊姊都要圓潤，穿著也很樸素，下身是卡其色七分褲，配一件白色薄針織衫。

正值炎熱的七月，我們點了一碗刨冰分著吃，消消悶濕的暑熱。咖啡館做的刨冰比我小時候家裡做的手工剉冰精緻多了——底部是蓬鬆柔軟的雪花冰，澆上蜜紅豆，再放上完美剖半的草莓、熟透的芒果丁和繽紛的小年糕塊點綴。頂層用煉乳淋出細密的網紋，多餘的煉乳從碗邊緩緩滴落，最頂端還立著一球香草霜淇淋。

「下一個呢，你會拋下哪一隻動物？」恩美阿姨又問。她舉起湯匙俐落地劃過刨冰，刮下薄薄一層冰花和紅豆，湯匙底部牽起一絲煉乳。

我思考了一會兒，想像我這一趟旅程須換乘好幾種交通工具。不管搭的是輪船、火車或渡船，要安撫大型動物想必都很困難，得拔河個老半天，牠們才會乖乖配合吧。我覺得最好先捨棄體型大的動物。

「我應該會丟掉牛，再來是馬。」我說。

羊和猴子比較難抉擇。這兩種動物體型都小、也都好照管。羊感覺最能予人安慰。我想像自己隻身一人搭上火車，飛速駛向未知的黑暗，還是可以依偎在羊毛裡取暖。但話說回來，猴子感覺最像人，可以當我的同伴，見證我走過的旅程。

「我會留下……猴子吧。」我做出了決定。

「有意思。」她說。「其實呢，每種動物分別象徵你在人生中重視的事。最先拋棄的，代表你覺得最不重要；反之留到最後的，就表示你最重視它。獅子代表面子，也是你會最先丟掉的東西。」

「很合理。」我說。「我擔心獅子會吃掉其他動物，正好就像人為了顧面子，很容易犧牲其他重視的東西。比方說，一個人要是自視甚高，就很難真正去愛另一個人，或是認為什麼都配不上他，那他也不會想努力求取好工作。」

「牛代表財富，因為牛可以擠奶。馬代表事業，因為騎上馬可以平步青雲。羊代表愛情，猴子則代表子女。」

「你留下哪一個？」我問。

「我選了馬。」

恩美阿姨是三姊妹中唯一上過大學的人，主修英語，還以全班第一的成績畢業。畢業後，她在荷蘭皇家航空公司應徵上翻譯員，經常輪值往返於荷蘭和韓國之間，後來也自然而然挑起替我和爸爸翻譯的責任。我小時候有一陣子老愛胡思亂想，很怕忽然發生意外，把我變成無父無母的孤兒，於是一天到晚哀求爸媽，一定要在遺囑裡註明由恩美阿姨當我的法定監護人。她不只是我大學時代的閨中密友，對我來說，她就像我的第二個媽媽。

「媽媽做過這個測驗嗎？她選哪一個？」我問，心裡暗暗盼望她的選擇和我一樣，盼望她選擇了我。

「那還用說，你媽媽當然選了猴子。」

＊

兩年半後，媽媽打電話來告訴我，恩美阿姨患了第四期結腸癌。她賣掉外婆的公寓，在住商大樓租了一間單室套房，把家當存放在那裡，人則搬進南怡阿姨和姨丈家，好讓他們可以就近照顧她接受化療。

我百思不解。恩美阿姨是這麼拘謹正經的人，才四十八歲，這輩子沒抽過一根菸，規律運動，也固定上教會。除了我們偶爾放縱的炸雞之夜，她幾乎不喝酒。她甚至從來不曾和人接吻。像她這樣的人，才不會得癌症。

我上網查詢什麼是「腺瘤性息肉」。這種形似小蘑菇的贅瘤簡直像一朵毒菇，把阿姨粉棕色的結腸組織當作溫床，開出邪惡的大花。我後來得知，當初診斷出癌症的時候，癌細胞已經侵入鄰接的器官，轉移到周圍三個區域的淋巴結。但我當時還不了解這種疾病，不像日後有照顧媽媽的經驗，我不曉得它的臨床症狀，也不懂變化不定的統計數值和判斷預後。我只知道恩美阿姨得了結腸癌，正在接受化療。既然她全心全意投入對抗病症，我應該就有充分的理由相信她會康復吧。

做了二十四次化療後，恩美阿姨還是在情人節這天去世了。對於一個從沒談過浪漫戀愛的女人來說，這是何其殘酷的命運。她說的最後一句話是：「我們要去哪裡？」

*

我從費城飛往首爾與爸媽會合參加喪禮。喪禮為期三天，靈堂設在一間以紙拉門隔間的傳統木屋，走廊兩旁排列著對聯裝飾的大花圈。走進靈堂，堆滿鮮花的平臺上立著一座木頭畫架，上頭放著恩美阿姨抱著里昂的裱框照，映著燈光閃閃發亮。媽媽和南怡阿姨穿著黑色韓服，接待魚貫前來上香致意的賓客，招待他們點心和茶水。我當時覺得很不公平，她們理應是悲痛最深的人，怎麼卻還得要接待別人。

「這些事還是南怡比較做得來。」看著她的大姊陪新一輪賓客客套寒暄，媽媽偷偷對我說。向來被我視為儀態表率又有威信的她，竟然向我坦承她也有尷尬不安的時刻，頓時讓我覺得與她親近許多。這也解釋了一件我時常覺得難以置信的事實：媽媽並非生來就是優雅的化身，就和她常常為此責備我的一樣，她也曾經像男生一樣叛逆，也曾經厭煩這些世故規矩。況且這些年遠離首爾，可能又讓她對某些韓國傳統更感到疏遠陌生，那些我從沒機會學習的傳統。

喪禮最後一日，我穿著黑色韓服，戴著白色棉手套，走在最前頭率領出殯隊伍往火葬場前進。寒風壓得人抬不起頭。空氣凜冽刺骨，彷彿有霜針刺進我臉上每一個毛孔，每一陣冰風都讓我不由自主湧出眼淚。到達火葬場後，我們先在前廳等候，再遵照指示圍在一扇玻璃窗前。只見一名男子身穿手術服、戴著醫療用口罩站在一張長桌旁，火葬後的遺體會經輸送帶送上長桌。那一小堆灰色粉塵不是均勻的粉末，比較像細碎的瓦礫，當中還能看見幾片骨頭。她的骨頭。我忽然覺得天旋地轉、失去平衡，爸爸連忙抓住我，沒讓我向後倒。那個戴口罩的男子將她折進一張烘焙紙似的紙張裡，俐落冷靜地沿著骨灰把折口整齊壓實，彷彿只是在做一個三明治，接著才將紙包輕輕放入骨灰罈內。

喪禮過後，媽媽和南怡阿姨帶我去恩美阿姨存放家當的套房。冰箱門上貼著善永表哥和我的相片。恩美阿姨沒有小孩，她把一切都留給了我和表哥。媽媽陪我仔細整理她的珠寶盒，我瞄到一條素雅的銀色愛心項鍊，問媽媽能不能留作紀念。「其實這條項鍊是我送給恩美的生日禮物。」媽媽說。「這樣吧，這條我留著。回家以後，我再買一條新的給你，這樣我們就有成對的了。以後每次戴上，我們就可以一起想念她。」

爸爸和我搭乘巴士前往仁川機場，媽媽則會再留下來一陣子，處理恩美阿姨遺產的相關事宜。當巴士緩緩駛離市區，我回望這座城市，發現自己對首爾忽然打從心底感到陌生——現在的首爾已經不同以往，已經不是我兒時那美好無憂的樂園了。外婆和恩美阿姨都不在了，這裡帶給我的歸屬感，似乎也少了一點。

*

恩美阿姨去世後，媽媽變了很多。曾經蒐藏成痴、百買不膩的她放下了購物衝動，開始養成新的興趣，和一群新的朋友來往。她與幾個韓國朋友報名了小班制的美術班，每星期都會拍下她當週的作品，用 Kakao Talk 通訊軟體傳照片給我看。一開始，這些作品真的只能用拙劣來形容。有一張茱莉亞的鉛筆素描畫特別好笑，看起來就像一根冒出四肢的粗短香腸。但幾星期過去，她愈畫愈好。我很高興媽媽終於找到一種表達自己的方式。她會臨摹生活中的小物件，像是家裡的小擺飾、流蘇、茶壺。就如一枚雞蛋的陰影變化這樣貌似簡單的東西，她也會全神貫注地不斷修正到完美。耶誕節的時候，她親手畫了一張賀卡送給我，繪有淡黃色和薰衣草紫色的花朵，花莖是淡淡的海水綠。「這張特別的卡片是我做的。我做的第一張卡片送給你。」卡片裡面寫著。

恩美阿姨的其中一個遺願，是希望媽媽今後開始上教會，但媽媽始終沒去。媽媽是她家族裡唯一不信仰基督教的人。她相信有某種更高主宰，但她不喜歡宗教組織那種集體崇拜的氣氛，雖然在尤金的韓國人社群正是在這種氣氛下才如此關係緊密。「發生了這種事，還要人怎麼相信有神？」她說。

恩美阿姨病逝，媽媽從中體認到最重要的一點是，就算做了二十四次化療，患者還是可能會死，所以她寧可不要承受過程中的折磨。初次診斷出癌症後，媽媽就明白表示，她只願意接受兩次化療，兩次後病情未見起色，她就不想再繼續了。若不是念及我和爸爸，我猜她可能一次都不會做。

*

七月底，媽媽第二次化療的療程步入尾聲，副作用逐漸減緩，再過兩星期，腫瘤科醫師會檢查判定腫瘤有沒有縮小。

我回東岸的時間也到了。樂團按照計畫將在八月第一週展開巡迴，八月上旬這幾場表演，應該會是我們短期內最後的演出了。之後，我就會收拾留在費城的行李，搬回俄勒岡州定居。

媽媽再三向我保證，她希望我照計畫回去。但當她和凱伊站在門廊外，揮手目送爸爸開車載我去機場，我看得出她在掉眼淚。當下我很想一個箭步跳下車，奔向她身邊，就像浪漫電影的經典場景。但我知道回去也解決不了什麼。現在只能等待，心懷希望地等待。我能做的只有在心中明瞭，至少她很高興我終究回到了她身邊。

*

費城既悶熱又潮濕。空氣吸飽了水分，讓人感覺像在水中游泳。幽居在森林小屋裡近三個月後，重新被這麼多的人群包圍帶給我不小的衝擊。我看得出朋友們不太確定該和我說什麼。他們看我的表情都差不多，不管原本想說什麼，再三考慮過後，他們都說服自己選擇別說。和我相熟的這群人本來不是這樣的。我們很習慣挖掘彼此的脆弱之處，相濡以沫表達感情，只是這次的事對我們多數人來說都是一個未知的領域。

彼得再過幾週將展開新的工作，在郊區一所小型學院擔任哲學兼任教授。媽媽還沒生病，我就鼓勵他應徵這份工作了，只是他現在很猶豫要不要去就職，因為這代表我們又得分隔兩地三個月。但我認為這個職涯的機會太重要了，他無論如何都不該錯過。我建議他至少試一學期看看，到了寒假再重新評估也不遲。我們最後還計劃好，等媽媽康復後，我們就搬到波特蘭去住，到那裡再找新的工作，而我也可以每週末回家探望媽媽。

同時，彼得也向餐廳請了十天假，充當我們團裡的貝斯手，和我、伊恩、凱文一起出發巡演。因為原本的貝斯手戴文，跟著那個「夠格接受吉米．法隆節目專訪」的大團巡迴去了。我們的首場演出就在費城的一間小酒吧，隔壁正好是消防局，所以店名也幽默取為「火場」(The Fire)。接下來我們一路往南，途經瑞奇蒙和亞特蘭大，在佛羅里達州表演了幾場，然後蜿蜒往西，前往伯明罕和納什維爾。不論去到哪裡，天氣都燠熱難耐，我們的演出場地大多是一些創客空間或沒有窗戶也沒有空調的餐廳酒館。我們四個人每晚都演唱到滿身大汗，入住的旅店又往往破陋寒酸；以浴室骯髒的程度來看，別洗澡似乎還比較衛生。但也因此，我們開的那輛休旅車上總飄著一股酸臭味，雜揉著汗臭的體味和啤酒的餿味。我曾經覺得自由馳騁在路上令人無限嚮往——大夥毅力十足，一路上充滿了種種可能性，遇到的陌生人無不慷慨大方且滿腦子創意。這種生活方式散發著迷人光彩。但如今生死關頭在前，那種光彩似乎也逐漸黯淡下去。

爸媽屢次安慰我，家裡沒什麼事，要我不用擔心；媽媽慢慢在恢復元氣，現在也只能等了。但我還是感到歉疚，覺得我應該在俄勒岡陪著他們，而不是擠在十五人座的福特休旅車後座，駛在佛羅里達州羅德岱堡郊外某處，吃加油站賣的墨西哥捲餅充飢。我望向車窗外，九十五號州際公路漫長地向前延展，而我心裡很明白，這是最後一次巡迴了，往後將有很長一段時間，我不會再上路。

納什維爾的演出結束後，我們連續開了十三小時的車直奔回到費城。隔天，我便開始收拾剩下的行李。彼得也回到餐廳上班，彌補為了巡迴而請了好幾天的假。就在這時，我接到了電話。

「你先坐下來吧。」爸爸在電話裡說。

我滑坐在地上，房間裡四處堆著裝了一半的紙箱，我緊張地忘了吐氣。

「沒有用。」爸爸嗓音沙啞。我聽得出他在另一頭憋不住情緒，啜泣起來，發出重重的呼吸聲。

「……一點都沒縮小？」我問。

他的話像是拳頭從喉嚨伸進胸口，一把握住了我的心臟。我用了好長的時間才把眼淚硬吞回去，假裝自己總是堅忍不拔地正向思考，我才有辦法繼續自欺欺人、相信我們仍有可能等到奇蹟。這一切怎麼可能徒勞無功？那些發黑的血管算什麼，脫落的頭髮又算什麼？媽媽被連夜送入醫院急診，飽受折磨，這一切到底都是為了什麼？

「醫院告訴我們以後……我們也坐在車上呆望著對方，好半天才說出一句話：看來只能照單全收了。」

我聽得出爸爸還沒準備好，同意讓媽媽放棄治療。我感覺他在等我出聲反對，等我和他連成一氣，鼓勵媽媽繼續治療。但我很難不去想，化療已經奪走媽媽僅餘的尊嚴，假如再繼續多做幾次，遲早會侵蝕她的靈魂。自從診斷罹癌後，媽媽始終信任我們代替她做決定，當她的傳聲筒，替她向醫生和護理師交涉，對診療提出疑問。但我知道因為有恩美阿姨的前例，要是做完兩輪化療，癌腫瘤仍未見縮小，媽媽是希望中止治療的。這是她的決定，我覺得我有必要尊重。

媽媽從爸爸手上接過電話，用柔和但篤定的聲音對我說，她希望全家一起回去一趟韓國。她感覺身體目前還算穩定，雖然醫生建議不要遠遊，但她覺得這個時候更該選擇生活，而非躺著等死。她希望有個機會和故鄉告別，和她的姊妹告別。

「首爾有很多小市場你還沒去過。」她說。「我一直沒機會帶你去廣藏市場，那裡有老婆婆在賣綠豆煎餅和各式各樣的煎餅，賣了好幾十年呢。」

我閉上眼睛，任由眼淚滑落。我在腦中想像我們一起重回首爾，想像綠豆麵糊在油鍋中滋滋作響，蛋汁從浸過蛋液的肉餅和牡蠣邊緣滴落。趁著還來得及，媽媽會在旁邊不停為我介紹一樣樣我理當知道的事物，帶我去逛一個個我們總以為還有很多時間可以慢慢遊玩的地方。

「然後呀，第二個星期我們可以去濟州島，南怡會訂一間漂亮的飯店。九月天氣正好，天氣還暖和又不會太潮溼。我們可以一起放鬆看看海，你還可以去看販賣各種海鮮的魚市場。」

濟州島素來以海女聞名，她們是代代相傳的潛水好手，經過長年的鍾鍊，不用穿戴潛水裝備，憋氣就能潛入海中撿拾鮑魚、海參和其他水底珍饈。

「我有攝影機，說不定我可以把風景拍下來，剪成紀錄片什麼的，記錄我們的島上時光。」我出於直覺想要記錄。但這麼私人、這麼苦痛而悲劇的事，我卻想當成作品素材刪刪剪剪？我一說出口就意識到不對，頓時對自己深感厭惡。羞愧的心情在我胸口擴散開來，狠狠把我從媽媽勾勒的美夢中搖醒，清晰到令人作嘔的現實又重新映入眼簾。

「我只是……媽，我只是沒辦法相信……」

我抱住膝蓋，放聲哭了出來。我的呼吸急促，不停打嗝，臉在懊惱中脹得通紅。我坐在房間的木地板上，不住地前後搖晃，感覺整個人下一秒就會氣力放盡。但她沒有責備我。她難得沒有叫我別哭，或許是因為她已經沒有力氣再搬出以前常說的那句話。因為我乖乖收著的眼淚，現在都在這裡了。

「沒事的，沒事的。」她用韓語說。多麼熟悉的韓語單字，我聽了一輩子。那溫柔的發音好幾次向我保證，不管此刻再痛，終究會過去的。媽媽就連在死亡關口前還是不忘安慰我。她育養的本能壓過了她個人的恐懼，她不可能不覺得害怕，但卻將恐懼巧妙地深埋於心。不論什麼事，總是會過去的——她是全世界唯一有辦法這樣安慰我的人。就像在暴風眼中心，她讓我可以鎮定地看著殘骸在空中不停旋轉，直到煙消雲散。

10 活著與死去

Living and Dying

爸爸替我訂了從費城飛往首爾的班機。到了首爾，我會先和爸媽會合，在韓國待上兩個星期後，三人再一起飛回俄勒岡州。出發當天一早，彼得開車載我去機場。時間尚早，太陽才正緩緩東升，為我們汙陋的街區灑上浪漫柔光，檸檬紅茶的空紙盒被掃進了落葉堆中，高高的鐵絲網圍籬圈起了小聯盟棒球場。

「我們是不是應該趁早結婚。」我唐突地開口。「這樣媽媽才來得及到場。」

彼得斜眼瞄了我一眼。早起的他還昏昏沉沉的，集中了精神在開車。暖橘色的晨光像百葉窗條似地，飛快掠過他的眼瞼。他沒回答，只是伸手過來捏緊我的手，我覺得很煩。他和其他人一樣，老是不懂該說什麼才好。他安慰我的方法就是默默躺在我身邊，等我自己把情緒慢慢平息下來。但也不得不嘉許他一下，這種時候真正能做的，其實也不過就是這樣了。

十八小時的航程，我泰半都在昏睡中度過，入境後從仁川機場搭巴士前往首爾，再轉搭計程車抵達南怡阿姨家。走進公寓社區時，已經晚間九點多了，天色深沉，空氣涼爽，我通過大門和院子走向公寓樓房時，晚風徐徐拂過枝頭的樹葉，發出窸窣悅耳的聲響。我按下電鈴，然後搭電梯上樓。還在玄關脫鞋子時，已經聽見里昂在某處興奮吠叫。

南怡阿姨上前來抱了抱我。她身上穿著睡袍，看起來心神不寧。她替我把行李箱推進客房後，沒有多說什麼，只是倉皇領我進到她的臥房。原來，爸媽飛行的路途沒有預期中順利。媽媽躺在南怡阿姨的床上，發著高燒，全身不由自主地猛打寒顫。爸爸則躺在她身邊，隔著被單抱著她。他坦承，他們還沒出發，媽媽就開始發燒了。因為不想取消行程，一路上他都緊摟著媽媽，希望用意志力讓燒退下來，用他的體溫平復她的高燒。

我站在床尾，看到媽媽全身不停發抖，牙齒格格打顫。姨丈穿著寬鬆的睡衣蹲在床沿，正對著媽媽腿上的穴道施針灸。

「我們應該送她去醫院。」我說。

南怡阿姨站在房門口，雙手抱在胸前，眉頭深鎖，拿不定下一步該怎麼做。善永表哥從她身後冒出來，身高足足比她高出三十公分。這麼高大的一個人，卻是這麼嬌小的一個女人生養出來的，著實令人稱奇。媽媽以前都說那是美國飲食的功勞。南怡阿姨用韓語喃喃說了什麼，表哥為我們翻譯出來。

「我媽媽覺得……去了醫院，醫院有可能就不會放她走了。」

「上一次我們延遲送醫，她差點就死了。」我說。「我真心覺得應該去醫院。」

屋裡沉默半晌，隨後聽到媽媽不舒服地呻吟了一聲。南怡阿姨重重嘆了口氣，轉身走出房間，開始替媽媽收拾用品。我們六個人分坐兩輛車，駛向就在漢江對岸的一間醫院。我依然滿心不能接受。我深信媽媽只是需要輸液，只要再吊一管點滴，她一定就能穩定下來。我以為我們可以維持現況再活上幾年，只要現在能治好她。

*

我們冀望媽媽能在一週內好起來，照計畫飛往濟洲島度假。南怡阿姨已經替我們訂好航班和飯店房間。但媽媽的狀況持續惡化，一星期過去了，她仍舊臥病在床，飽受高燒的折磨，一整晚不停發抖。我們取消了去濟州島的行程。又過了一週，我們連回尤金的機票也取消了。

我又一次擔當起媽媽的夜間看護。我會在傍晚六點左右來到醫院，陪著她到早上，直到爸爸中午來換班。然後我才睜著惺忪睡眼，搭計程車橫跨漢南大橋回到南怡阿姨家，一頭倒在客房床上，設法補足熬夜損失的睡眠。

在醫院裡，只要媽媽醒著，我也時時刻刻保持清醒，當她的傳聲筒。一見她痛得喘氣，我就會按下呼叫鈴，每一次護理師姍姍來遲，我就會跑到有著日光燈照明的走廊上，指著病房大呼小叫，用不通順的韓語發出連珠炮似的懇切哀求。當護理師百尋不著媽媽的靜脈，注射針在媽媽的手臂上留下四散的針痕，我會毫不客氣地把人趕走。我會爬上病床抱著媽媽，等待止痛藥起作用，於黑暗中在她耳邊低語：「再一下下，再一下下，只要一下下，馬上就不痛了。沒事的，媽媽，沒事的。」

眾多症狀來勢洶洶，簡直像是災難電影的劇情發展，好不容易才化解一波攻勢，更要命的一波又會接著來襲。媽媽幾乎沒有進食，肚子卻像吹氣般鼓脹起來。水腫情況從她的腳掌開始蔓延至雙腿。皰疹徹底占據她的嘴唇和口腔內壁，她的舌頭表面覆滿凸起的白色水泡。醫生開給我們兩種草本配方的漱口水和一種擦嘴唇的藥膏，濃稠的綠色藥膏能舒緩瘡口的疼痛。我們兩人近乎虔誠地遵從醫囑服藥、擦藥，希望至少能治癒其中一種不適。每隔兩小時，我就會拿空杯子來給她吐掉唾液，再端水讓她漱口，然後用紙巾拭乾嘴唇，塗上那深綠色的漿糊。媽媽會張嘴讓我檢查，問我嘴裡的傷口有沒有好一點。她的舌頭看起來像一塊爛肉，像是被蜘蛛遺忘在灰色厚蛛網上、放了太久的一團腐肉。

「當然了。」我會告訴媽媽。「比起昨天已經好很多了！」

因為媽媽幾乎無法進食，醫院替她吊了一袋乳狀的點滴，維生所需的營養多半就靠點滴補充。等她連有人攙扶都無法起身如廁時，院方為她裝上了導尿管，我們也開始使用便盆，而清空便盆自然是我的責任。當她無法順利排泄，護理師就替她灌腸。院方也為她穿上了成人紙尿褲，每一次換尿褲時，液體就像泥水一樣從腰際和褲口邊緣滲漏出來。但現在，我們已經管不著丟不丟臉，只在乎媽媽能不能活下來，我們只是見招拆招。

*

天亮後，媽媽如果還沒醒來，我會套上醫院的拖鞋，搭電梯下樓到外面去透透氣。我會到周圍街坊走走，看能不能買點東西帶回去給媽媽，提醒她我們人在韓國。

醫院附近有一間巴黎貝甜（Paris Baguette），是韓國知名的連鎖麵包店，專賣法式烘焙點心，口味配合韓國人的喜好稍有調整。我好幾次買了光潤油亮的酥皮點心和色彩繽紛的果昔回去，希望能激起媽媽的食欲。菠蘿麵包的底部像柔軟的餐包，上層覆蓋酥皮和碎花生，我們以前回首爾常常一起分著吃。一個紅豆甜甜圈，一塊綿軟的蜜地瓜乳酪蛋糕。或是向路邊坐在紙箱上就做起生意的大嬸買幾根水煮玉米。媽媽和我會從玉米穗軸上把硬硬的玉米仁一粒一粒剝下來，和恩美阿姨一樣一絲不苟，邊剝邊想起恩美阿姨以前吃完玉米，只會留下一根完美的穗軸，上頭每一個方形的透明胚膜都挑得乾乾淨淨。我也去韓式中華餐館買過炸醬麵，回來後就著洗手間的水槽把泡菜沖洗乾淨，免得細碎的辣椒刺痛媽媽的舌頭。

「蜜雪兒，你說我還能期待什麼呢？」媽媽看到洗過之後萎軟發白的泡菜，眼淚直往上湧。「我連泡菜都不能吃了。」

「有啊，你的頭髮真的長回來了。」我設法轉移話題，伸手輕撫她的頭，手掌輕柔地順了順她頭上稀疏的白色細毛。「以一個病人來說，你看上去還是很年輕漂亮。」

「我有嗎？」她嘴上謙虛，其實可高興了。

「真的啊。」我說。「簡直就像那個……你有化妝？」

我現在才注意到，媽媽不知道什麼時候去紋了眉，看上去很自然，沒仔細看根本不會發覺。我想起媽媽的朋友永淑阿姨也去紋眉，但是美容師手藝不好，害她右邊的眉毛從此歪向一邊。

「我紋很久了啦。」媽媽說得雲淡風輕。她在病床上挪了個姿勢，先伸直了雙腿，再左右擺動身體，重新墊高背後的枕頭。「其實，在這裡的人應該是你爸才對。」

「我很樂意在這裡陪你。」

「我知道，但他是我丈夫。」她說。「他即使來了，也不懂得照顧我。我請他幫忙我漱口，他把漱口水遞給我就完事了，連杯子都沒給我。」

我躺回長椅上，呆望著我的腳，左腳勾著拖鞋上上下下拍打光裸的腳跟。兩年前，我們在橄欖園餐廳，媽媽曾經語帶保留地提起她和爸爸吵了一架。但實際上吵了些什麼，她說永遠不會告訴我，要是說了，會破壞我對爸爸的看法——就像盤子摔破了，就算黏回去還能繼續用，但從此之後，你眼裡只會看見裂痕。

「你覺得爸爸會再婚嗎？」

「我猜會，應該吧。」媽媽說。她滿臉的不在意，彷彿他們老早就討論過這種事。「他說不定會再娶一個亞洲女人。」我聽了渾身不自在，想到對方如果又是亞洲女性，更是令我心煩意亂。單是想像旁人會怎麼想，我就覺得顏面盡失。人家會說他隨便找個人就能代替媽媽，會說他對亞洲人有癖好。這種評價會貶低他們之間的羈絆，會讓我們的關係顯得廉價。

「我覺得我受不了。」我說。「我覺得我無法接受。太噁心了。」

我隱約可以想見一種危險卻難以啟齒的可能性，好像未來少了媽媽把我們凝聚在一起，我和爸爸可能會漸行漸遠。我知道對媽媽來說，我是不可或缺的存在，但我之於他就不是了。我能想像之後將有好一陣子，我和爸爸若想一起生活，免不了會很辛苦。我們有很大的機率會各過各的人生，我們這個家將會全盤瓦解。我等著媽媽斥責我，聲明他畢竟是我的父親，我的血親。我以為她會罵我嬌生慣養、自私自利，怎能這樣說賺錢供我們母女溫飽的男人。但媽媽只是用手輕輕按著我的背，不言自明地表示她懂我想說什麼，但她也無可奈何，只能接受事實。

「你盡到你的責任就是了。」

*

我們的悲慘假期邁入第三個星期的第三天，我來到醫院準備接班，發現爸爸人在走廊上，對著善永表哥和一名護理師叫罵不休，整個病棟都瞠目結舌地看著這個大塊頭美國人，大發他美國人的大老爺脾氣。

「那是我老婆！」他吼著。「給我說英語！」

「怎麼了？」我問。

爸爸指控善永表哥故意瞞著消息，不翻譯給他聽，不想讓他知道最壞情況。善永表哥沒有回嘴，只是默默點頭。他把雙手放在背後專心聽訓，任由我爸發洩怒氣，好像隨時準備鞠躬行禮。護理師則神色慌張，恨不得後退離開現場。媽媽躺在病房內不省人事，嘴上套著氧氣罩，管線連接到一台乍看像高科技吸塵器的儀器。南怡阿姨站在病床邊，拳頭緊握抵著嘴唇。她一定打從最初就料到會有這一天了。

善永表哥和我爸回到病房後，我們年輕漂亮的主治醫師跟在後頭走進來。我很驚訝韓國的醫生肯花這麼多時間與家屬溝通。反觀在俄勒岡的時候，我真不記得有哪一次醫生不是待不到一分鐘又匆匆趕往下一個病房，剩下的全部交由護理師負責。在這裡，醫生看來是真心誠意想幫助我們；我們剛入院時，醫生甚至握住媽媽的手安慰她。感覺醫生的英語其實挺好的，但她總是再三為自己不流利的英語致歉。她告訴我們，媽媽發生敗血性休克，目前血壓低到有生命危險，可能必須接上呼吸器才能維生。

生與死的界線，我向來以為涇渭分明。我和媽媽一向有共識，我們寧可結束生命，也不想變成植物人苟延殘喘。但現在生死關頭當前，對身體僅存無多的自主權每一天都被撕扯得愈加破碎，生與死的分界也愈加模糊。她臥床不起，沒人攙扶就無法走路，腸胃不再運作，只能透過注入手臂的點滴袋攝取營養。現在就連呼吸也得依賴機器的話，每一天都愈來愈難宣稱這樣算是活著。

*

和爸爸搭電梯下樓時，我看著電梯的樓層燈號從五跳到三，跳過不存在的四樓，因為數字四的發音與韓語的「死」字相近，民間認為觸霉頭。爸爸和我沒有說話。我們決定先出去透透氣，再回來面對這個決定：假如真的演變到那個地步，我們該讓媽媽插管續命多久。外頭天色已黑。夏末夜裡的飛蟲將路燈團團包圍，我們在昏黃街燈的映照下晃過了幾條街，最後鑽進附近一間酒吧。我們點了兩瓶Kloud啤酒，拿上屋頂去喝。屋頂上空蕩無人，我們找了一張野餐桌面對面坐下，爸爸向我伸出手，用他粗硬結繭的大手握住了我的手。

「所以，這一天真的到了。」他說。

他瞇眼盯著野餐桌的桌面，空出的那隻手用食指摳著木桌上突起的節瘤，接著大聲吸了一下鼻子，手掌往桌面一掃，像要撣掉桌上的灰塵。他喝了一小口啤酒，回頭望向市街，似乎想請教這座城市有何看法。

「呼。」他嘆了一聲，放開我的手。

一陣涼風吹來，我感覺到一股寒意。我身上穿的還是同一套棉質夏日洋裝和醫院的拖鞋，從我們來到這裡以後，我幾乎每天都穿著這身衣服。機車的引擎聲在下方路面呼嘯而過。我想起五歲多的時候，爸爸曾經騎機車載我出遊。他會把我放在他的兩腿之間，手就抓著油箱維持重心。有時路途迢迢，隆隆的引擎聲和座下油箱的熱度令我昏昏欲睡。等我醒過來，我們已經回到家門前了。我好希望可以回到那個時候，回到那個對於世間種種不幸還渾然不知的時候。

我們不顧醫生反對，冒險飛來了韓國。我們努力計劃了一趟值得為此奮鬥的旅程，誰知道處境卻一天比一天淒涼。我們不想等死，所以選擇努力生活，結果這竟成了要命的錯誤。我和爸爸又喝了一輪啤酒，以為用酒精就可以沖淡悲傷。

＊

我們外出頂多不超過兩小時，但回到醫院時，媽媽已經坐直身子，眼睛睜得大大的，目光警醒，像個小孩湊巧走進房間，意外打斷了大人的嚴肅對話卻還滿頭霧水的樣子。

「你們吃過東西了吧？」她問。

我們把這當成一個預兆。爸爸開始安排醫療後送途徑，要帶媽媽回尤金。我們必須與一名有執照的護理師同行，而且飛機一抵達尤金，就要立刻住回河岸醫院。我走出病房打電話給彼得，希望回去以後，至少有些事可以期待。

我走到走廊盡頭，悄悄推開門溜上了逃生梯，水泥階梯的邊緣圍上了鍛鐵欄杆。我在其中一階坐下來，把腳舒展到下一級階梯上。彼得這個週末隨家人去瑪莎葡萄園度假，那裡現在應該是清晨。

「我們現在就得結婚。」我說。

老實說，我對結婚沒有太多想法。雖然從少女時期開始，我一直很享受戀愛、交往的滋味，但我的未來展望大多繞著樂團打轉，只想著如何能和我的樂團一起成名。單是為了這個夢，就用去了我整整十年。我不曉得各種樣式的婚紗領口或腰身剪裁叫什麼名字，不懂花卉的品種，也不了解鑽石的切工。婚禮上要梳什麼髮型、要鋪什麼顏色的桌布，我從未在腦中任何一個角落動過一絲模糊的念頭。我只確定一件事：到時候聽媽媽的話就是了，對於怎麼打點我們兩個，她早就有充分的主張。事實上，我從來只知道一件事，那就是假如我真的要結婚了，媽媽一定會確保婚禮面面俱到。要是沒有她，我肯定會整天揣測她的想法。餐桌布置是不是很廉價，花束設計是不是很庸俗，我的妝會不會太濃，禮服夠不夠亮眼。沒有她的認可，我很難說出漂亮二字。她要是不在場，我知道我一定是個悶悶不樂的新娘。

「如果你能想像自己五年內會動念結婚，那我們不如現在就結，不然到時候，我恐怕很難原諒你。」我說。

電話另一頭是一陣意味深長的停頓，而我這才猛然想到，我連瑪莎葡萄園在哪裡都不知道。那其實是一座島嶼的名稱。但當時我還以為他們全家真的去了哪一座葡萄園，看塵土飛揚的果樹叢。正是這種東岸人和西岸人之間的新奇差異，三不五時會電到我，好比他會把海灘稱作海岸，或是看不出各種螢火蟲長得有何不同，卻也不以為意。

「好。」

「好？」我又問了一次。

「對，好！」他說。「我們就結婚吧。」

我三步併作兩步，奔向消毒無菌、燈光慘白的走廊，胸口撲通撲通狂跳。一路經過其他病房，有的布幔沒有拉上，幽暗中能看見病患的心律監測器閃著亮光，綠色線條起伏跳動。我一回到媽媽的病房，馬上叫她一定要好起來。她要平安回家，回尤金去，親眼見證她獨生女兒的婚禮。

*

隔天，我立刻上網找好了婚禮顧問。我在媽媽的病房外來回踱步，向顧問公司說明我的處境，終於找到一家公司願意在三週內策劃執行。對方一小時內就寄來了一份清單供我對照辦理。

善永表哥載我去店裡試穿婚紗。我用手機把試穿了各種款式的馬甲和紗裙的照片都傳給媽媽看。最後我們選定一件四百美元的露肩禮服，下擺是簡單的及踝紗裙。裁縫師量好我的身型尺寸，兩天後就將婚紗送到了媽媽的病房，我當面試穿給她看。

南怡阿姨和善永表哥都覺得我瘋了，我知道。萬一媽媽在婚禮前一天嚥氣呢？或是病重到站都站不住呢？我知道情況已經夠混亂了，再帶給她壓力只是徒添風險，但我總覺得，想要照亮至黑至暗的景況，這豈不是最好的辦法嗎？與其每天衡量抗凝血劑和止痛藥的劑量，我們可以討論宴客要用哪一種椅子、招待哪一家的馬卡龍點心、穿哪一款婚鞋。我們不用再聊褥瘡和導尿管，話題可以換成婚禮配色、新娘髮型、鮮蝦雞尾酒盅。一件值得奮鬥的事，一場值得期待的慶典。

六天後，媽媽終於獲准出院。我們推著她的輪椅正要去搭電梯時，醫生在走廊上喊住我們，表示臨別前想送媽媽一樣禮物。「我看到這個就想到您。」醫生說著，然後拉起媽媽的手。那是一尊小巧的手工木雕，刻的是一家人——父親、母親和女兒相互擁抱。人偶沒有臉孔，只是緊緊依偎，似乎是同一塊木頭削出來的，三人密不可分。

11 何其狂暴之美為汝所有

What Procellous Awesomeness Does Not in You Abound?

我在二十三歲時認識了彼得。二月的一個晚上，戴文在練團結束後邀大家去一間酒吧坐坐。他的童年玩伴在紐約讀完研究所後，最近剛搬回來，那天正好要在「十二階下」（12 Steps Down）酒吧慶祝二十五歲生日。酒吧位在費城南區，顧名思義要走十二級階梯下樓才能進到店裡，而店內可以抽菸。當時我們全團每個人都是菸槍，大冷天能待在室內抽菸，就足以吸引我們光顧了。大家坐下來、甚至啤酒都還沒來得及點，就都先把菸點起來了。

那天，酒吧舉辦歡唱之夜，我們魚貫走進店裡時，彼得正在台上唱歌，唱的是比利・喬（Billy Joel）的一首歌，叫〈義大利餐廳即景〉（*Scenes from an Italian Restaurant*）。我沒聽過這首歌，但第一眼就對舞台上的人印象深刻，因為其他人無不趕流行選唱威瑟樂團（Weezer）或眨眼一八二樂團（Blink 182）的當紅歌曲，這個男生卻在這種場合，挑戰這種地方媽媽愛聽的搖滾專輯裡的歌？何況那首歌還有長達四十八小節、純樂器演奏的間奏。他戴著細金屬框的飛行員眼鏡，鏡片大到幾乎占去半張臉，上半身穿著一件白色棉T，領口低到開成了深V字形，露出一大片捲捲的棕色胸毛，看得讓人忍不住想笑。他拿麥克風的姿勢，活像把麥克風當成了高腳杯，只用手指尖優雅地輕捏杯頸，然後怪裡怪氣地在台上邊走邊唱，頭上下擺動，好像脖子被砍斷了一半，且頭掛在還連著的地方晃呀晃的，然後每四拍就會用對應的一腳點地、打拍子，就像跳起方塊舞的米克．傑格（Mick Jagger）。

彼得在台上唱了整整六分半鐘，總算放下了麥克風，酒吧裡過半數都是等著上台唱歌的人，個個被他惹得不耐煩，氣得牙癢癢。他走過來和戴文拍肩擁抱，戴文講了幾句俏皮話，但音樂嘈雜聽不清楚，我只聽見彼得的笑聲，像是高亢的鴨叫聲，活像布偶笑聲混合五歲小女孩的嗓音。那瞬間我就知道——我戀愛了。

彼得倒是過了好一陣子才找到自己對我的愛意——或者更準確來說，是我費了好久才在他心中種下愛苗。他的條件比我好太多了，起碼客觀來看，他遠比我還要有魅力。他帥氣的外型甚至在我們這一群老土的死黨間不停被拿來開玩笑。他完全能勝任當個吉他手，但他的興趣落在更成熟的事情上，比方說彙編拼貼詩，或是翻譯中篇小說，雖然每次都只翻譯了四分之三就沒了下文。他有碩士學位，法語說得流利，《追憶似水年華》全七冊他竟然都讀過了。

但我心意已決。往後六個月，我煞費苦心地追求他，幾乎做到無微不至。他去的每一場派對聚會，我也一定必到。最後我在自己打工的墨西哥餐廳成功引介他也到店裡兼差以後，我們總算有了每週固定見面的機會。不過，雖然當上了同事、在餐飲業並肩作戰了近三個月，雖然我們會在點餐檯內玩拼字遊戲聯絡感情，會一起擦杯子折餐巾，也一起遇過收銀機都結完帳、要打烊了，卻又衝向櫃檯接最後的訂單，但我依舊只被當作朋友，戀人未滿。

十月是餐廳一年中最忙的季節，我們卯足了勁為餐廳週做準備。每年秋天，郊區家庭慣例會大舉湧入像我們餐廳這樣的「高檔」墨西哥餐廳，用三十三美元的優惠價格享用三道菜組成的套餐。大廚們此時個個忙得滿頭大汗，嘴上咒罵著淋不完的酸檸汁，手上還是得把又一匙酸檸汁淋到下一盤醃生魚上，同時把好幾百盤拆好的墨西哥粽和迷你三奶蛋糕大力推向出餐口，拚了命要填飽這一群撿到便宜的饕客們那彷如無底洞的胃袋。

偏偏那一年的餐廳週從一星期又延長成數星期，參與的餐廳業主有錢可賺，樂得是眉開眼笑，但在人手嚴重不足的餐廳，員工可就只能苦笑了。例如我們店裡就是，大家不只一天假都不能休，還得做完平常三倍量的工作。

我和彼得都排在晚班。那一天，我下午三點半準時到店裡為開店做準備，卻意外發現亞當也在，他是管理我們的經理，禿頭、愛記仇，常常威脅我們玻璃杯摔了一個就得賠一個。他異乎尋常地靜靜坐在吧檯內，呆望著手機。

「彼得發生意外了。」他說。

說他發生「意外」其實不太貼切，雖然往後幾個月，我發現自己也常常用「事故」來指稱這件事，彷彿我們潛意識裡不願承認它本質上並不是意外。事實是，彼得被人襲擊了。亞當起身給我看他手機裡的照片。照片裡，彼得坐直在病床上，病患服的前襟敞開，胸前貼著好幾個圓片。他的臉腫脹到認不出來，整張臉的左上四分之一都瘀血發紫，還歪向一邊。

原來前一晚，彼得和友人尚恩在派對後走路回家。他們轉進彼得住處所在的巷子，才要走向公寓前門，忽然有人從背後叫住他們，想要借火點菸。他們回頭正要答應，陌生人的同夥冷不防地揮出磚頭，當場把兩人都敲暈了。等他們醒轉過來，歹徒早就跑得不見人影。尚恩掉了好幾顆牙齒，急得在昏暗的巷子裡滿地找牙。彼得的眼眶骨，就是眼窩那塊骨頭，被打碎了。奇怪的是，兩人的財物都沒被偷。彼得的室友在樓梯間找到滿身是血的他們，連忙送兩人就醫。哈內曼大學醫院將彼得留院觀察了幾天，監測他的腦內出血狀況。

當天晚上，我一個人在兩層樓的餐廳跑上跑下送菜，心裡忍不住一直想著彼得。萬一歹徒對磚頭再多施了一點力，會發生什麼事？萬一斷骨多偏了一根指頭的距離，刺到他的腦呢？我愈去想這些事，愈是清楚意識到自己有多喜歡他。隔天一早，我把我的書架上看來最有深度的書塞進背包，買了一束向日葵和兩顆迷你小南瓜，跨上單車騎去了醫院。

除了彼得，他的父母也在，我在餐廳裡見過他們一次。彼得本人看起來比照片裡還慘。他因為麻醉藥效未退，全身昏沉無力，但是看到護理師翻出用來接導尿管的尿壺裝我帶來的花束，他還是有力氣噗哧發笑，我見狀也鬆了一口氣。

出院後，彼得回到位於賓州巴克斯縣的父母家休養了幾週。等他終於回來上班時，我原以為他會留下後遺症，可能稍有風吹草動就會受到驚嚇，晚上不敢再一個人上街，下班後恐怕也不會願意和我們去酒吧小酌了。沒想到唯一有所變化的，似乎只有他對我多了好感。朋友間流傳的笑話，從此變成揶揄我一定是花錢請人來把彼得揍一揍，看看他會不會開竅。

*

對婚禮的期待發揮了奇效。除了與美國運輸安全管理局為了一塊熱敷墊小有爭執外，媽媽的醫療後送進行得很順利。保險公司出錢讓我們搭乘商務艙，隨同的護理師也願意睜一隻眼閉一隻眼，讓媽媽淺酌幾口香檳慶祝喜事。返美後在河床醫院又休養了一星期，媽媽總算可以回家了。

這種感覺就像一把扯開簾幕，讓屋內頓時注滿新的亮光。媽媽多了一件值得奮鬥的事，而我們也趁勢利用她的這股動力，鼓勵她活動和進食。她忽然又有力氣戴上老花眼鏡，上下滑著手機，搜尋一只她記得在好市多見過的訂婚戒指。她舉起手機給我看螢幕。是一枚簡約的銀戒，鑲著幾粒碎鑽。「跟彼得說，買這枚戒指給你。」她說。

我把連結傳給彼得。我們在電話上配合他的工作行程安排好了旅行計畫。他會先找一個週末飛來求婚，順便陪我去婚禮顧問推薦的婚禮道具出租賣場逛逛，然後過兩個星期，再偕同家人一起回來舉辦婚禮。

「要是反悔了，我們隨時可以離婚。」電話上我對他說。「我們可以當那種很年輕就離過婚的潮人。」

「我們不會離婚的。」彼得說。

「我知道，但是萬一嘛。你不覺得向人介紹『我的第一任丈夫』，讓我聽起來很成熟又神祕嗎？」

*

到了約定的日子，我到波特蘭機場去接彼得。距離我們上次見面，相隔將近有一個月了；雖然基本上算是我逼著他求婚，而且連戒指也是我挑的，但在他身邊，我還是感覺頭暈目眩，有一種嶄新的雀躍和悸動。我們開車進市區，找了個車位停好車後，徒步走向一家餐廳。就在珍珠區一條無名的街上，他單膝跪了下來。

第二天，我們驅車前往婚禮賣場，拍下多種款式的餐椅和餐巾照片傳給媽媽。我們商量後，覺得最簡單也最沒有金錢壓力的選項，就是在我爸媽家的後院舉辦小小的婚禮。

後院的空間足夠容納百人，而且媽媽要是中途不舒服，隨時可以先回房休息。

回到東岸後，彼得為喜帖擬好了稿，用快遞寄出。他也動手做了座位牌，自己填好所有賓客的名字，還自行發揮創意，為每一桌的座位牌設計了獨特的紋章和稱號。例如，其中一個牌子寫著德語「Kunst, Macht, Kunst」，意思是「藝術、力量、藝術」，底下畫上他用我們的姓名首字母設計的紋飾，造型像個盾徽。或像另一個牌子，他寫上了拉丁語「Cervus Non Servus」，意思是「不被奴役的雄鹿」。

我在一家生鮮超市預訂蛋糕，下訂之前先帶了幾款試吃品回家給媽媽嘗過。我問And And樂團的友人，當天能不能來當我們的婚禮樂手；至於侍酒師、攝影師和司儀，也都分別找好了人。我和媽媽一起躺在床上研究賓客名單，商量怎麼安排座位。我想到如果還有時間，也許能請婚禮顧問協助我們做幾次彩排，只要媽媽精神狀態良好，只要疼始康定和吩坦尼的藥效沒有害她昏沉暈眩，不必瞇著眼睛勉強保持清醒。

*

還有一些須處理的事就沒那麼讓人高興了。爸爸與安寧照護安排了見面。「輔助性自殺」在俄勒岡州是合法選項，但醫師一再強調，他的職責是確保她不受痛症折磨。

彼得離開後沒多久，凱伊就從喬治亞州跑回來，還從教會召來了一群韓國婦女，聚在媽媽的病榻，說服她皈依基督教。我不好意思進去，只在房門邊默默偷看。她們一群人動作一致地翻著聖經，用韓語吟唱聖歌，媽媽幾乎沒什麼參與，偶爾點頭打起瞌睡，偶爾又驚醒過來。

我知道媽媽是感念凱伊一片好心，不忍心打壞她的興致，才配合她們做戲。但媽媽在精神面上拒絕從眾，向來是我引以為傲的事，如今見她終究還是屈服了，我覺得很難過。媽媽一生不曾信教，哪怕會因此和小鎮上本來就勢單力薄的韓國人族群更加疏離。哪怕她的親妹妹在臨終前懇求她，她都沒有讓步。我愛她不畏懼上帝。我愛她相信輪迴轉世之說，這一生終了後，下一世可以重新來過。我問過她，下一世她想投胎成什麼，她總是回答，來世她情願當一棵樹。很奇特的答案，卻也莫名令人寬慰。比起雄偉崇高的生命，我的媽媽更希望來世化作一種謙遜沉靜的存在。

「你心中真的接受耶穌了嗎？」後來我問她。

「嗯，應該吧。」她說。

＊

我走入房間來到媽媽床邊，原想爬上床躺在她身旁，但媽媽率先開口要我替她把珠寶盒拿來。櫻桃木製的小木盒，底部有兩格抽屜可向外拉開，上層是附鏡子的上掀式隔層。每層抽屜又分成九格，內裡鋪著深藍色絨布。這些珠寶首飾的年代都不是特別久遠，媽媽沒從娘家那邊繼承到什麼珍寶，這些都是她這輩子一件一件買來的，多數是她買給自己的禮物。她之所以寶貝它們，單純是因為她有能力珍惜而已。

「我打算這星期把一些首飾捐贈出去。」她說。「但我想先給你挑你喜歡的。」

媽媽的這個舉動，我感覺比什麼都還能表現她的精神追求。對我媽媽來說，女人的首飾比什麼都神聖。我用手指撫過她的一串串項鍊和耳環，心裡自私地想要全部留下，儘管我很清楚自己多半都不會戴。

我對珠寶一竅不通。我不知道為什麼某一款比另一款貴，也分辨不出是銀或鈦鋼、鑽石或玻璃，看不出珍珠是真的還是塑膠仿製的。我眼中最有紀念價值的首飾都不怎麼值錢，只是能喚起與某人有關的特別回憶——與其稱為珍貴珠寶，說是大富翁的棋子可能還比較像。一個火柴人形狀的小吊墜，肚子鑲著我的誕生石，手腳側邊懸吊著假金鍊。

一串便宜的玻璃珠手鍊，是媽媽到墨西哥度假時向海邊的小販買的。蘇格蘭犬胸針，有一年我們在沙發上等爸爸如廁完、載我們去朗恩伯伯家過感恩節，媽媽衣領上就別著這枚胸針。豔麗的蝴蝶戒指，那一次全家出外吃晚飯慶祝節日，我還笑媽媽戴了俗氣。最重要的是，恩美阿姨的項鍊，和我有的這條，一模一樣。

*

婚禮前，媽媽每天都會和我繞著屋子散步。她下定決心要在婚禮上和女婿跳一支慢舞，所以我們努力協助她增加肌力。時節進入九月下旬，松針開始轉黃掉落，早晨的空氣變得凜冽清新。我和她會手挽著手，從客廳的拉門出發，走下門廊的三階木頭臺階，然後慢慢穿過草坪，經過一旁的樹皮覆土，那上面長著媽媽多年前種下的杜鵑花。茱莉亞會緊緊跟在我們後頭，一心盼望媽媽摸摸牠、抱抱牠，對牠表露關愛，但我們怕狗兒身上有細菌，總會緊張地阻止媽媽。媽媽偶爾會停下腳步、拔一拔雜草，我們沿著柏油路車道繞完一圈後，才會凱旋而歸一般滿意地回屋內休息。

洛杉磯的金太太在婚禮前一週飛來，她的頭髮剪成俐落的短髮，指甲上裝飾著細碎的水晶。她和媽媽在房間裡敘舊的時候，凱伊總會像個滿腹牢騷的修女，想要管控她們的一舉一動。相比凱伊的冷淡和距離感，金太太溫暖又熱情。我向來很喜歡她，現在更是迫切希望有另一個人站在我這一邊，一個能和凱伊對抗又能予我寶貴建議的韓國女人。而且，她的廚藝也經常受到媽媽讚美。

第二天早上，金太太沒有輸給凱伊，同樣一大清早就起床替媽媽準備鍋巴粥。她把白飯在鍋底壓實，烤出金黃色澤，再注入熱水煮成清淡的粥，然後偷偷放了點水煮雞肉進去，為媽媽額外補充一點點蛋白質。

「噢，雞的味道，太濃了。」媽媽說。

「你幹嘛多此一舉。」凱伊逮住機會，翻了個白眼斥責一句，隨即把湯碗端走。

從爐灶邊被攆走，金太太只好改而把心力放在其他事情上。她逐一檢查廚房櫥櫃，把媽媽積存在櫃子裡的過期罐頭全扔進垃圾桶裡，並且主動提議為我的婚禮準備烤牛小排，我最喜歡的一道韓國節慶料理。

我還在念大學的時候，媽媽有一次透過電話指導我做菜。她雜亂無章地數著需要的食材，念起玉米糖漿和大麥芽糖漿的牌子，或是描述家裡用的芝麻油的包裝時，速度快得像連珠炮，完全不管我在超市裡像無頭蒼蠅一樣繞來繞去，拼命想跟上她的節奏。回家後我重新打給她，請她一步一步教我做，但同時又覺得很洩氣——媽媽的指示老是不清不楚，聽得我一頭霧水，就連洗米這種基本步驟也不例外。

「什麼意思啊？你說手按著米，然後加水到蓋過手？」

「就是加水到蓋過手啊！」

「蓋過手？蓋到哪裡？」

「剛好蓋過你的手背！」

我用肩膀夾著電話，左手浸入水裡，手掌平貼白米表面。

「這樣是幾杯水？」

「寶貝，我不知道。媽咪做飯不用量杯的！」

我聚精會神地看著金太太做菜。她不是拿刀剁碎食材，而是把水梨、蒜頭和洋蔥一起放入食物調理機，打成濃稠的牛小排醃醬。她的做法全靠水果提供天然的甜味，媽媽則習慣用玉米糖漿和一罐七喜汽水。我盛了一小碟醃醬給媽媽嘗味道，她用手指蘸了點醬，舔了一口後說：「我覺得麻油還要再多一點。」

＊

彼得和他的父母親法蘭和喬伊，以及弟弟史蒂芬，在婚禮的兩天前抵達。我原先很擔心，我這樣趕鴨子上架，和他們的兒子草草辦了一場婚禮，親家會不會心有不滿。但他們一走進我家大門，我的擔心立刻消失得無影無蹤。

法蘭是終極的媽咪型媽媽，是兒子跌倒喊痛時會一把將他抱起來，耶誕節送她不中用的小破爛，也會驚呼「好漂亮！」的那種媽媽。兩個兒子還小的時候，她在自家經營日間托育，孩子們生日舉辦派對時，她會裝扮成小丑一起同樂。她自己做什錦果仁燕麥和取名叫「泥巴好朋友」的巧克力脆穀片，會自己熬煮雞湯，還會把茅屋起司的容器當成保鮮盒，讓你打包剩菜帶回家。她渾身散發出一種母愛滋育的氣息，讓你覺得自己怎樣都不至於給她添麻煩。

「好久不見，親愛的。」她敞開雙臂將我摟入懷中。我在她的擁抱中幾乎能感覺到，我的煩惱也是她的煩惱，我心裡的痛苦也是她的痛苦。

「真高興見到你，普蘭。」媽媽的韓式英語把「法」字發成了「普」的音。

「可不是嗎，終於見面了！好漂亮的家！」法蘭說。她們擁抱、打過招呼，我和彼得彷彿看見我們身屬的世界剎那間碰撞在一塊兒。我們真的要結婚了。

*

所有的花在隔天送抵家裡，對媽媽來說，這是最不可少的環節。桃紅色玫瑰花和白色繡球花用來妝點餐桌；含苞待放的百合花，有奶油白的、淡黃綠的，用來點綴我們在婚禮上會從底下經過的木拱門。復古的牛奶木箱裡，擺著用鼠尾草科的軟葉纏繞的單朵玫瑰，是給男士配戴的胸花，淺灰色緞帶紮成的花束，則是我和伴娘要拿的捧花。

傍晚時，一輛大貨車駛到家門口前停下，下來一群男人在後院草坪上架起了白色大帳蓬，下方排滿我們挑選的餐桌和餐椅。我看到爸爸媽媽一起走出帳蓬，在陡坡前站了一會兒，眺望遠處的風景。夕陽正緩緩西沉，天空一片緋紅。

他們是在凝望他們擁有的這片地，緬懷他們在這片土地上辛苦勞作的無數個夏天。他們積攢了一輩子終於走到現在，到了這個年歲，他們本該能夠閒坐下來，開始一起享受清福。記得小時候有一次全家開車去波特蘭，我在後座看著爸媽，他們在中控台上手牽著手，就這麼你一言我一語，單純閒聊了兩個鐘頭。我那時心想，這一定就是婚姻該有的模樣。

爸爸從不隱瞞他和媽媽很少有親密行為。我雖然私下知道他的祕密，但也始終深信他是真的愛著媽媽，只能說人生有時不外乎如此。

爸爸回屋裡的時候，雀躍得像個小男孩，一副樂不可支的樣子。

「你們聊什麼？」我問。

「你媽媽剛才抓了我的老二。」他說著哈哈一笑。「她誇我還是很行的嘛。」

*

婚禮當天，我從一大早就坐立不安。我的朋友們在中午時分趕來，上樓協助我更衣。泰勒替我把頭髮編成美麗的頭冠，鬆鬆盤起、固定在頭頂。卡莉替我撲粉化妝。柯蕾和妮可，我的摯友兼伴娘，為我拉上婚紗背後的拉鍊。

「真不敢相信，你真的要結婚了。」柯蕾淚眼婆娑地看著我，不敢置信地說，彷彿昨天我們還只有十二歲，還在為要替網球取什麼名字傷腦筋。

樓下，凱伊和金太太都在主臥房協助媽媽做準備。我沒和媽媽待在一起，感覺格外不對勁，少了媽媽的監督，我舉手投足都不自在。化好妝、換好衣服後，我緊張地走下樓，期待聽到她的讚許。

媽媽坐在床尾的一張小藤椅上，身上已經穿好南怡阿姨上星期寄來、色彩鮮麗的韓服。襖裙是亮紅色的綢緞材質，領口有深藍和金黃色滾邊，配上一條亮藍色腰繫，凱伊已經將它打成正確的結。白色袖口繡有紅花，長裙則是粉姬木花的淡雅黃色。媽媽頭戴一頂深棕色、帶有瀏海的長假髮，梳成簡單的低馬尾，看上去一點也不像病人。就算只有片刻也無所謂，能假裝她沒有生病真好。假裝沒有任何不祥之事，今天只是個美麗的一天，我們正要舉辦一場美麗的婚禮。

「你覺得怎麼樣？」我站在媽媽面前，緊張地問。

她沉默了半晌，仔細端詳著我。

「很美。」終於，她綻放笑容，眼眶湧現淚光。我在她身旁跪下來，伸長了手放在她的裙襬上。

「髮型呢，髮型也好看嗎？」我又問。她沒有感想，我反而擔心。

「也很漂亮。」

「我的妝呢？會不會太濃？你看我的眉毛，不會畫得太粗嗎？」

「不會呀，我覺得不會。這樣子拍照好看。」

這世上沒有別人像我媽媽一樣，對我百般挑剔，讓我自慚形穢，但也沒有別人能同她此刻一般，讓我自覺無比美麗，這是連彼得也做不到的。我內心深處始終相信她。我相信除了她，再也沒人會對我實話實說，和我說我的頭髮是不是很邋遢，妝是不是化過頭了。我一直在等她糾正我沒看見的盲點，但媽媽一句批評的話也沒說，只是溫柔地笑著，意識半朦朧、半清醒，也許藥的效力已經強到她也看不出差別了。又或許，她的心底知道怎樣才完美，只是那些細瑣的挑剔於今已不值一提。

＊

婚宴上總共來了一百人。有一桌坐滿爸爸的公司同事，有一桌全是媽媽的韓國朋友，另一桌則全由我在費城的朋友組成。主桌距離我們臨時搭建的祭壇最近，坐著我們雙方的父母親、陪著媽媽的凱伊和金太太，還有爸爸的姊姊蓋兒和姊夫狄克，他們專程從佛羅里達飛來參加。走道對桌是新娘的友人，柯蕾和妮可各自帶了男朋友，彼得的弟弟和摯友尚恩也坐在這桌。海蒂——媽媽孤伶伶生活在德國那幾年唯一交到的朋友——從亞利桑那州趕來了。媽媽這幾年在美術班漸漸熟識的兩個年輕韓國女生，也帶著家人同來，盼望能見見好幾個月不見的朋友。媽媽一直沒對外透露她生病的事，這場婚禮正好可以兼作為她的生命慶祝，順帶免去了一一告訴他人的額外壓力。一切皆如計畫順利進行，所有來自她生命不同階段的人，全部都聚在了同一個地方。

彼得首先偕同他的母親走上中間的通道，我挽著爸爸的手跟隨在後。我穿著白色的素面高跟鞋，踏在綿軟的草地上難免下陷。我努力維持優雅的儀態走在草地走道上，但每走一步，鞋跟都會陷進泥裡。

彼得準備的誓詞起碼有十頁之長。「我發誓會好好愛你，以下所言就是我愛你的表現。」他開始宣讀誓詞，手拿麥克風的姿勢和我初見他的那個晚上一模一樣，僅用三根手指，貴氣優雅地輕輕捏著。他大聲誦念的內容有點難懂，就我所知應該是十條承諾，但裡面很多單字我聽都沒聽過。接近末段的地方，他甚至吟誦出「何其狂暴之美為汝所有」這樣的句子，我聽了忍不住噗哧一聲笑了出來。賓客也沒錯過這個機會，紛紛爆出笑聲。等他念完了，也輪到我宣讀自己寫的誓詞。

「其實，我從沒想過我會結婚。」我說。「但這六個月來，我親眼見證了『不論病痛，相依相伴』這句誓言的意義，於是我站在了這裡，心中充滿領悟。」

我談到愛是行動，是直覺，是面臨意料之外的重大時刻，當下油然而生的反應和那些隱微的表示，是為了對方甘願忍受不便。我提到我最深刻感受到愛，是他凌晨兩點下班後還驅車趕來紐約，只為了在布魯克林的倉庫裡抱著我，安慰剛剛得知媽媽生病的我。這幾個月來，每當我需要他，他就會飛上四千多公里趕來，從不計較次數頻繁。從六月開始，我一天打五通電話給他，他也總是耐心傾聽。我也希望在更理想的情境下展開我們的婚姻，但正是這些考驗和磨難讓我確定，想要勇敢面對未來，而他就是我所需要的一切。帳篷下，每個人都濕了眼眶。

我們吃生菜包肉、醃牛小排、軟乳酪、酥麵包、水煮蝦、酸泡菜，以及綿密的魔鬼蛋。飲料有瑪格麗特和尼格羅尼調酒、香檳和紅酒，也有瓶裝啤酒；酒量好的賓客也可以用本地產的火口湖琴酒乾杯，爸爸每喝一口，對產地的好品質都偏頗地愈加自豪。我和彼得的第一支舞，背景音樂是木匠兄妹樂團（The Carpenters）的〈星期一與下雨天〉（*Rainy Days and Mondays*），這是我們兩人開車去納什維爾旅行時，在路上不斷重聽的歌。爸爸看我們共舞，看得自己也坐不住，進歌才十五秒就迫不及待地上場接手和我跳舞。彼得攬著媽媽的腰支撐著她，隨著旋律慢慢前後搖晃。他穿著簇新的西裝，看起來格外帥氣。媽媽的左手搭在他的右肩，另一手握著彼得的手，看上去簡直他倆才是一對。那瞬間我清楚意識到，彼得是第一個也會是最後一個獲得她認可的人。

跳完第一支舞，媽媽便上樓回房休息。凱伊和爸爸扶著她離開的時候，我看得出她在拭淚。我不確定她是喜極而泣，還是因為沮喪，因為無法享受今晚直到落幕而難過。我仰頭喝乾又一杯香檳。我鬆了一口氣，婚禮很順利地照計畫進行了，也因為媽媽的病沒有在這個關頭發作，我們不用半途對整場婚禮喊停，我終於放下了心。我默許自己暫時把煩惱拋開。我脫下高跟鞋，光著腳在草地上走，白紗的裙擺至少有十公分都沾染了泥巴。我用手拿蛋糕餵茱莉亞吃，跟朋友一起大唱卡拉ＯＫ，還仗著沒人敢在我的婚禮上把我這個新娘子攆下來，直接在帳篷的橫樑上就吊起單槓來了。原本會有一輛加長禮車來接我們去飯店過夜，但禮車在家門口準備迴轉時，車身卡在碎石子車道上動彈不得，於是我們一行總共十個人，全部擠進了And And And樂團喇叭手的休旅車後座，搭便車到鎮上去。抵達飯店才十五分鐘，其他房客就被吵得報警，我們逼不得已轉移陣地，湧進市區的酒吧裡，結果一半的人被保全擋在外面，另一半的人進去後狼吞虎嚥，大嚼炸熱狗，芥末醬噴得滿身都是，完全不顧身上還穿著西裝和洋裝。最後一輪續攤也散場後，我和彼得終於回到飯店床上，兩個人都醉到懶得再碰對方，肩靠著肩如同天底下的尋常夫妻，就這麼酣然入睡。

12 法網遊龍

Law and Order

婚禮過後，日子又恢復平靜。準備婚禮幾乎讓人感覺，若不是婚禮會奇蹟般地治癒媽媽的病，不然就是媽媽會像顆氣球，愈飄愈遠，最後徹底消失在天際。但婚宴過後，一切又回到了原樣：仍舊是一樣的癌症、一樣的症狀、一樣的藥物，一樣悄寂無聲的房子。

爸爸著手為我們三人規劃了一趟旅行，去葡萄酒名產區納帕谷巡禮品酒——名義上佯裝是旅行，但可想而知是為了維持支撐下去的動力。只要一直有事可以期待，我們是不是就能瞞過病魔。癌症，現在還不行，我們有婚禮要舉行！之後要去納帕谷品酒！再來還有紀念日，還有生日。你等我們不忙了再來吧。

但這些分散注意力的活動漸漸顯得不切實際。絕大半數時間裡，我只是靜靜躺在媽媽身旁，握著她的手一起看電視。我們不再繞著屋子散步。她的體力與日俱減，其他能做的事也不多了，她每天睡得愈來愈多，話則愈來愈少。安寧照護員搬來一張醫院病床擺在主臥室裡，但我們始終沒把媽媽移到病床上。那樣看起來實在太悲傷了。

婚禮後過了一星期，凱伊終於願意放個假，借了媽媽的車，開車去高地酒館賭博。爸爸在廚房用電腦。我和媽媽在床上看電視播出訪談節目《演員內心話》（*Inside the Actors Studio*）。該集來賓是電視劇《法網遊龍》（*Law and Order*）的女演員瑪莉斯卡・哈吉泰（Mariska Hargitay）。主持人詹姆士・利普頓（James Lipton）問及她母親意外早逝一事，我和媽媽看著螢幕裡這個成年女性美麗又堅毅，但她一聽到主持人的話仍泫然欲泣。即使已經過了近四十年，單單提起母親，對她還是能產生這樣的效果。我想像自己遭遇那一刻之後，多年過去，又得面臨相同的情緒。我的餘生裡將永遠有一根刺，從媽媽死去那一刻起就扎在我的生命裡，直到有一天隨我一起下葬。眼淚不由自主地流下我的臉頰，我回頭偷看，發現媽媽也在哭。我們摟住彼此，互相把頭埋進對方的上衣裡啜泣。我和媽媽都沒看過《法網遊龍》，甚至不曉得這個女演員是誰，但我們彷彿在電視上看見了我的未來，看見我將一輩子背負心痛。

「你小時候啊，老是喜歡抓著我的衣角，不管去哪裡都是。」媽媽在我耳邊努力地吐出字句。「現在你長大了，可是你看——還是抓著我的衣角不放。」

我和媽媽再也顧不得什麼，任由眼淚嘩啦啦地流出來，浸溼對方的上衣。我們彼此輕輕抓著對方，這二十五年來我們一直都是這樣的。電視傳來陣陣掌聲，在那之間，我聽見車輪輾過門口車道的碎石子，隨後是車庫大門轟隆升起發出的噪音。凱伊走進屋裡，隨手將車鑰匙扔在廚房流理臺上。

我和媽媽放開彼此，抹去臉上的眼淚，凱伊正好也在這時雀躍地走進了房間。爸爸跟在她身後，到門框邊就停下了腳步。

「我贏了一台電視！」她歡呼道，然後挨著媽媽，一屁股坐到床上。她喝多了。

「凱伊，你是不是該去睡了。」爸爸說。「你一定也累了。」

她沒理他，自顧自地握住媽媽的手，身體傾向媽媽的枕頭。從我在的方向只看得見她們的頭頂，凱伊黑白參半的頭髮已經長出兩公分多，媽媽的光頭則正好轉向另一邊，擋住了我的視線，讓我看不見她們的表情。媽媽用韓語悄聲對凱伊說了些話。

「她說什麼？」爸爸問。

凱伊停在媽媽上方沒動。我坐直身子，好看清楚她們的臉。凱伊的表情凝結在她那嘴唇平平拉開到一半就戛然而止的笑容。她低頭看了媽媽好幾眼，媽媽只是報以微笑。

「她說什麼？」爸爸又問了一次。

凱伊不耐煩地閉上眼睛，皺起眉頭。

「你們兩個太自私了！」她突然大吼，旋即氣沖沖地走出房間。爸爸跟到了廚房去。

我待在媽媽身旁，她的表情依然在微笑，眼睛朦朧而平靜地闔著。

「不要這樣。」我聽見爸爸說。「她現在隨時會走，你明明也知道。」

我聽到他們又重重踩著腳步上樓去到凱伊的房間，她打定主意要走，而爸爸正在想辦法說服她留下。他們又回到走廊上，我靜靜聽著頭頂上的地板吱嘎作響，爸爸茫然失措，腳步沉重地踱來踱去。他的聲音低沉，隔著天花板悶聲隆隆，她的聲音則尖銳且堅決，接著只聽到爸爸一步兩階地衝下樓梯。

他上氣不接下氣地回到臥房，臉上驚恐得面無血色，彷彿剛剛犯下了可怕的過錯。他要我上樓去跟凱伊談一談。我雖不情願，但還是去了，心臟撲通直跳。我一點也不想懇求她留下來。我恨不得她走。

我來到客房時，凱伊已經把行李箱攤開在床上，她正飛快且暴力地把物品摔進去。

「凱伊，你為什麼要這樣？」

「我該走了。」凱伊說。她聽起來沒有發火，只是冰冷堅定，聽不出情緒。她拉上拉鏈，一把將行李箱拖下床，然後提到了樓下。

「拜託不要用這種方式離開。」我跟在她身後說。「至少不要氣沖沖地走。明天再走吧。爸可以載你去機場。」

「我很抱歉，親愛的。但我現在就得走。」

她拖著行李坐在外頭門廊的長凳上，我猜是要等計程車。天已經有點冷了，我在婚禮上通過的木拱門還立在外面，能聽見風嗚嗚吹響木拱門邊上的鈴鐺。那一瞬間，我忽然想到，凱伊是不是知道了媽媽的什麼事，是我不知道的。又想到這麼晚了，哪裡還有司機會來接她。已經過了半夜，她不等到天亮，不會有飛往喬治亞州的班機。

我回到爸媽的臥房，爸爸見狀又走出去，繼續想辦法勸說凱伊。

「媽，凱伊要走了。」我回到床邊對媽媽說。我怕她不曉得發生什麼事，怕我們惹凱伊生氣會害她難過，又怕她會要我追上去說服凱伊留下。沒想到媽媽只是抬頭看我，臉上洋溢著柔和且夢幻的笑意。

「她應該是盡興了。」媽媽說。

13 手上的重量

A Heavy Hand

凱伊離開了兩天後，媽媽忽然因為一陣不同於以往的劇烈疼痛，猛然坐直了身子。她好幾天沒坐起來了，但不管現在突破防線的是什麼，絕對是某種前所未見的東西。她膨脹的肚子裡一定有什麼在日漸壯大且移動了位置，推擠著她的其他內臟，引起的疼痛激烈到像有枚子彈射穿了麻醉藥布下的濃雲密霧。她驚恐地睜大了雙眼，目光卻聚焦在很遠的地方，眼中好像看不見我們。她捧著腹部用韓語大喊：「痛！好痛！」

痛。

爸爸和我手忙腳亂地在她的舌下塞入氫可酮止痛液，抱著她，一句又一句地安慰她很快就不痛了，短短幾分鐘就像幾小時一樣漫長。終於，她放鬆下來陷入沉睡。和爸爸一起躺在媽媽的左右兩側，我感受到了一股難以承受的悲傷。醫生騙人。他還說媽媽不需要忍受疼痛。他還說，確保這點是他的責任。他看著媽媽的眼睛答應的事，操他的根本騙人。媽媽嘴裡最後吐出的字，竟然是**痛**。

我們很害怕腹痛又再復發，決定借助藥物讓她徹底保持在鎮靜狀態。每隔約一個鐘頭，我們就將塑膠滴管伸入她的唇縫間，讓她服下劑量多到說不定能麻倒一匹馬的鴉片類止痛劑。安寧照護員一天會來確認兩次，同時依照需求帶來更多藥物。照護員安慰我們，說這是正確的作法，並且留給我們一本冊子，裡頭列著那一刻來臨時可撥打的電話號碼，以及後續應該如何處理。我們能做的不多了，頂多三不五時替她翻身，每個小時用枕頭支撐她坐起來，以免躺太久生出褥瘡，然後偶爾用海綿沾水拍拍她的嘴唇以防乾裂。我們能為她做的也只剩下這樣了。

幾天過去，媽媽一步也不曾離開過床。因為身體不再受到控制，她不斷尿濕在床上。我和爸爸一天得換兩次床單，她的睡褲和內褲也要一併脫掉換洗。我們想過把她移到照護病床上，但怎麼也狠不下心。

隨著媽媽喪失行為能力，我和爸爸都發現自己忽然冒出一股衝動，開始想把家裡清空。我們拉開十幾年沒開過的抽屜，著魔似地把東西全部倒進黑色大垃圾袋。彷彿我們明知道結局必不可免，卻還是想要搶先一步。彷彿我們知道等到她真的不在以後，清掃家裡的過程只會更龐雜、更沉重。

屋裡頭一片死寂，唯獨能聽見她的呼吸聲，那是一種可怕的吸吮聲，像是殘餘的幾口咖啡在壺底搖晃噴濺。有時候，那個聲音會驟然停止，我和爸爸會止住動靜，等上足足四秒，猜想是不是到此為止了。但接著，她又會再倒抽一口氣，恢復呼吸。照護員留下的手冊上說，呼吸中止的間隔會慢慢愈拉愈長，直到她的呼吸完全停止。

我們等於在等她死去。最後的幾天冗長得令人煎熬。一直以來，我天天擔心她忽然就撒手人寰，然而現在我卻納悶，媽媽的心臟怎麼還有能力繼續跳動。她好幾天沒進食，也沒喝水了。我不敢去想她最後會不會是被餓死的，因為光是去想，我就心碎欲裂。

我和爸爸每天多半就只是靜靜躺在她的左右兩側，看著她的胸口一起一伏、用力呼吸，數著每一次吸吐間隔的秒數。

「有時候，我很想乾脆捏住她的鼻子。」他說。

他一陣陣地抽著鼻子，把臉埋向媽媽的胸口。聽到他這句心聲，我應該要很震驚才對，實際卻不然。我不怨他，也不怪他。我們好幾天來都不敢踏出家門，唯恐一出去可能就會錯過。我納悶他晚上怎麼有辦法睡得著。

「我知道，你希望寧可是我。我也希望是我。」

我伸手輕拍他的背，柔聲安慰他：「沒這回事。」不過，我確實曾如此醜陋地在心中這樣想過。

對，應該是他的。萬一媽媽比他先走，之後要怎麼做，我們對這種情境沒有任何規劃。我和媽媽倒是討論過，如果爸爸先走，她是該搬回韓國，還是改嫁再婚，要不要和我一起住。但我和爸爸從沒聊過媽媽要是先走了，我們會怎麼過日子，因為感覺那根本超出了現實。他才是那個有可能的人，他曾經有藥癮，在愛滋病危機的高峰期還在賓州紐霍普鎮和人共用針頭；他從九歲開始，就一天抽一包菸；當除蟲工人的那幾年，更等同於天天浸在已遭禁用的殺蟲劑裡。他每天晚上喝空兩瓶紅酒，老是酒醉駕車，還膽固醇過高。但媽媽不是呀，媽媽的筋骨柔軟到可以劈腿，去買酒還會被要求看證件。

換作是媽媽一定知道該怎麼做，而且待一切結束後，我們之間的羈絆會復原、變得更緊密，彼此更加親近。爸爸不一樣，他的慌張驚恐展露無遺，但他卻並不引以為恥。我多希望他不要讓我看見他的恐慌。他甘願用一切方法，只求逃離這種折磨人的苦痛，拋下我也不是不可能。

*

爸爸決定出門去安排喪葬事宜，我沒跟去，選擇了留在家裡。我希望聽到媽媽的遺言，希望她再說點什麼。

照護員說的確有這種可能。將死之人聽得見我們的聲音。她是有可能迴光返照，在臨終前恢復片刻清醒，看著我的眼睛，說出書末結語一般的話，某種臨行前的道別。我必須待在家裡才不會錯過。

「媽媽，你在嗎？」我在她耳邊呢喃。「聽得到我說話嗎？」

眼淚從我臉上滾落，落到了她的睡衣上。

「媽媽，拜託你醒一醒。」我拉高了音量，像是要大聲喚醒她。「我還沒準備好。求求你，媽媽。我還沒準備好。媽！媽媽！」

我這一生學會的第一個字。我用她的語言、我的母語，對著她嘶喊。希望她聽見寶貝女兒在呼喚她，然後她會回來找我，會像所有故事歌頌的母親那樣，忽然間湧生出超凡的力氣，徒手抬起汽車救出受困的孩子。她一定會暫時清醒過來，張開眼睛，向我告別。她會對我說些有智慧的話，什麼都好，幫助我繼續向前走，讓我知道痛苦終究會過去。

最重要的是，我打從心底悲切地盼望她的最後一句話不要是喊痛。什麼都好，除了那之外什麼都好。

媽！媽媽！

媽媽在她的母親去世時反覆呼喊同一個字。那種韓國人特有的啜泣，發自喉腔深處，深沉而又原始。同一種聲音，我在韓國電影和肥皂劇裡聽過無數遍，也是媽媽為她母親和妹妹哭泣時發出的聲音。哀痛的一聲顫音，裂成一連串四分音符的斷音，音調逐次下降，像是沿著一階又一階的岩層不斷往下墜落。

但她終究沒有睜開眼睛。她一動也不動，只是繼續呼吸，吸氣與吐氣的間隔每個鐘頭愈拉愈長，吸氣的聲音也漸漸愈飄愈遠。

*

彼得在週末之前趕來。我去機場接他，回家路上先帶他到一間小壽司店吃晚飯。我們兩人合點了一瓶清酒，但在餐廳裡，我的情緒再度潰堤，食不下嚥。我們在晚上九點回到家，走到主臥房門口，看到爸爸還躺在媽媽身旁。

「媽，彼得來了。」我也不知為何，就想跟她說一聲。「我今晚會睡樓上，我愛你。」我們在我小時候的床鋪上入睡。從結婚那天以來，我們一次愛都沒做過，在我迷迷糊糊睡著的同時，我甚至想到，往後我恐怕也做不到了。我無法想像自己再次感受喜悅或歡愉，或是短暫進入忘我的境地。可能因為我覺得那樣不對，好像背叛了媽媽。如果我真的愛她，我就沒有權利再感受到那些快樂。

我被爸爸的聲音驚醒，他在樓梯底下大聲喊我。

「蜜雪兒，時候到了。」他嗚咽著說。「她走了。」

*

我下樓走進主臥房，心臟跳得飛快。她的樣子仍和過去幾天一樣，仰躺著不動。爸爸躺在床上他平常睡的那一側，背對房門，面朝著媽媽。我繞過床尾，在媽媽的另一側躺下。時間是清晨五點，能聽到窗外的樹林裡，鳥兒已經開始啁啾鳴叫，新的一天馬上就要展開了。

「我們再陪她三十分鐘，然後再打電話好嗎？」爸爸說。

媽媽的身體已經僵硬冰冷，不知道在爸爸發現前，她維持這個樣子多久了。爸爸有沒有睡著？當下有聽見聲音嗎？他哭了，頭抵著她柔軟的灰色T恤在哭，床單隨著他抖動不停。我知道彼得正在走廊上徘徊，不確定自己該如何是好。

「你可以進來。」我說。

彼得緊挨著我在床緣躺下，我們誰也沒有作聲。我替他覺得難過。在這天之前，我從沒見過屍體，我在想這會不會也是他的第一次。我又想到，我這樣被夾在新婚的丈夫和去世的母親之間，可真表現了天道輪迴。我想像從空中俯瞰我們四個人的身體。右半邊，是一對新婚夫妻，人生正要開啟新的篇章；左半邊，是一名鰥夫和一具屍體，三十年的婚姻闔上了最終頁。某種程度上，我感覺那就是我的視角，彷彿我的靈魂已經出了竅，飛到半空中觀察這一切。我心想，不知道該在這裡躺多久才合適，而我在這段時間裡又想領悟些什麼呢？她的身體雖然早已有一陣子不為她所控、不算真正屬於她了，但想到要將她從家裡搬出去還是令人心涼。

「好了。」我終究開了口，雖然不是特別對誰說。我們三人緩緩坐起來，彼得先一步離開了房間。

「等等。」爸爸對我說，我在他身邊停下來，只見他端起媽媽的左手，慢慢轉下她的婚戒。「你拿去。」

他把戒指推上我右手的無名指，手一直在發顫。我全忘了還有這件事。從她手上摘下戒指總覺得不太對，但戒指隨她一起下葬顯然也不合邏輯。我張開手掌仔細端詳。銀色戒圈上嵌著多顆小鑽當作襯石，鑲有寶石的戒托圈住中央的主鑽。這是他們結婚約十五年後，她自己挑的戒指，用來換掉日久褪色的金戒指；那枚金戒指上只嵌有一枚小鑽，是他們在我這個年紀時，爸爸買給她的。

我自己也還在習慣左手上戴著的戒指。比起它的象徵意義，戒指實際占據一角的感覺，更讓我不適應。手指被戒指套著，感覺就像還在適應一副剛裝上的牙套或一件還沒穿習慣的精緻單品。現在，右手戴上了媽媽的戒指，我覺得自己像五歲的小孩子學大人化了滿臉的妝。我前後轉動戒指，想調整到一個舒適的位置。鑽石切面在破曉陽光下閃閃發光，戴在我沒有鑑賞力的手指上，既顯得格格不入，尺寸也太大了。我感覺沉甸甸的，每一次舉起手都會不自主地注意到，象徵失落的一股重量，時時刻刻拉扯著我。

*

不希望看到媽媽穿著睡衣被抬出去，爸爸要我替她選一套火化入殮時穿的衣服。我一個人在媽媽的更衣間裡和衣架搏鬥，走進小壁櫥裡，兩側各有兩排掛衣架，全掛滿了媽媽數不完的開襟毛衣和針織背心、斜紋棉褲和女裝長褲，外套還分成風衣外套、飛行員夾克、雙排釦外套和軍裝夾克。我挑了一件樣式簡單、有蕾絲裝飾的黑色及膝長裙，還有一條黑色內搭褲，用來遮住她如今骨瘦如柴的雙腿——我知道她肯定希望藏起來，雖然現在有人看到也無所謂了。灰色針織軟毛帽遮住她的頭，上身則是一件寬鬆的短衫，配一件合身的黑色西裝外套。

因為死後屍僵的關係，替她更衣非常困難。她的手臂僵硬到我給她套袖子的時候，好怕一不小心就會折斷。她的上半身很重，就在我要讓她的身體躺回床上時，她的頭往後一仰，倒在枕頭上，兩眼一彈睜開了眼皮。我發出一聲痛苦的悲鳴，彼得和爸爸都沒敢進來。我繼續動作，推拉著她毫無生氣的四肢，我自己也三番兩次癱倒在她身旁，對著床單痛苦扭動、哭喊、尖叫。悲慘的感覺將我淹沒，我不得不停下來沉澱情緒。我沒料到要做這件事。沒有人向我說過要做這件事。為什麼我非得經歷這些不可？為什麼要讓我留下這一段記憶？他們終究會把她裝進袋裡，像垃圾一樣抬出去。他們終究會把她燒掉。

*

一切都準備妥當後，我們三人在餐桌旁坐下來等。不久後，來了三個男人，從頭到腳穿著紙纖手術服。他們把媽媽抬出房間的時候，我雖然盡量別過頭不看，還是瞥到了一眼：他們用醫院的輪床推她出來，黑色屍袋的拉鍊已經拉上。只是短短半秒，但那畫面在我腦中至今縈繞不去。

「你們兩個出去走走吧。」爸爸說。

我不知道，剛目睹了死亡的人該去哪裡走走。彼得從車庫把媽媽的車倒車出來，也不確定為什麼，我請他開向德特林果園，那是位於鎮上另一頭的一座農場，小時候每到十月，爸爸總會帶我去玩。農場裡除了果園，還有各種蔬果花田。爸爸和我會在那裡採一整天的蘋果，採完後再回市集秤重，順便從田裡挑三顆南瓜抱回家。有一年，我大概七歲左右，爸爸拿了一顆爛掉的番茄丟我，從此我們每年的果園之旅都以番茄大戰作結。

那一天是十月十八日，當下我只想去這個地方。日後回想起來，我之所以不自覺地想去果園，可能是因為那裡沒什麼和媽媽有關的回憶。那裡是少數只屬於我和爸爸的地方，園裡零星的梨樹假如結了果，我們離開之前會摘一顆帶回家給她。我會想去果園，可能是因為到了那裡，我可以假裝媽媽還活著，還在家裡等我們回去。

我們在停車場靠邊停好，正逢人潮熱絡的時段，到處可見小夫妻用紅色手推車推著孩子走，小朋友則個個用填有本地特產蜂蜜的塑膠吸管，吮著免洗杯裝的蘋果汁。天氣晴朗和煦，秋天的寒意尚未來襲。誰也不會覺得，這是有人死去的一天。

陽光打在臉上，我瞇起了眼睛。我覺得渾渾噩噩，像嗑了藥似地。眼前的這些人沒有一個知道發生了什麼事，但我仍好奇，他們從我的表情看不看得出來。待我意識到大家可想而知看不出來時，又覺得怎麼能這樣。我跟誰講話都不對，知道她死了以後，再要我微笑、要我大笑，要我吃東西都感覺不對。

我們走在一堆堆的乾草捆之間。大門入口附近，有供遊客拍照的萬聖節主題立牌和幾種草地遊戲。再往裡走，有山羊的欄舍和一台小販賣機，投一枚二十五分硬幣，就可以體驗親手餵動物。我投入幾枚銅板，伸手接了一小把丸狀的乾飼料。彼得跟著我走到圍籬邊，從身後輕輕搭著我的肩膀。我才一把手伸過籬笆，兩頭山羊立刻飛奔過來。我感覺到山羊的嘴唇在我掌心啃著飼料，溼潤的舌頭舔到了媽媽的婚戒，向上斜吊的大眼珠子各自凝望不同的方向。

14 可愛的母親

Lovely

葬儀的各項環節大多由爸爸安排，不過他把墓地、墓碑、墓誌銘留給我決定。媽媽生前就言明，希望身後遺體火化，但至於希望舉行什麼樣的喪禮，她從來一字未提，我們當然也沒敢問。我不相信人死後有來世，但仍由衷希望照她的意思去做。我能想像她的靈魂活跳跳地斥責我給她穿了一套不好看的衣服、挑了一塊沒品味的墓碑。我盡我所能，挑了我眼中最有品味的一塊墓碑，是青銅製的，邊緣有著常春藤浮雕。我們請人在碑面刻上她的名字、生日和忌日，以及一句「可愛的母親、妻子兼摯友」。

可愛，是媽媽特別喜歡的形容詞。她曾經跟我說，要是非不得已只能用一個詞來形容我，她會選「可愛」。她覺得這個詞涵蓋了一種理想的美和熱情。用在她的墓誌銘裡感覺很合適。說某個人是慈愛的母親，稱頌的是她為他人的奉獻，但說某個人是可愛的母親，代表所有魅力都是她自身所擁有。

我在家裡往鎮上的路中挑選了一塊墓地，位於半山腰上，四周有長長的磚牆和一扇鑄鐵門圍繞。爸爸向我坦白，對於土葬，他的心裡有點小疙瘩。他覺得自己當除蟲工人那些年殺死的蟲子會回頭施加報應。但我很堅持媽媽的骨灰應該要葬在地裡。我想常常帶鮮花來給她，那就總得要有個地方獻花。我希望有一方土地，可以讓我跪坐在泥土上，仆倒在地上，將眼淚灑向不同時節的青草和塵埃，而不是直挺挺地站在陳列架前面，彷彿這裡是銀行或圖書館。

爸爸買下兩塊相鄰的墓位。他和一名牧師約定時間見面，安排基督教的喪禮，我雖然覺得有些做作，但也沒再多嘴。我知道這是最簡單的方法，而且能夠讓其他人滿意。追根究底，媽媽一定也希望照顧到別人的心情。

我小時候的房間裡有一張藍色L型書桌，中學時代的作業都是在那上面寫的，而我兩星期前也才在那上面寫出了結婚誓詞。如今，我坐在同一張書桌前寫著媽媽的悼詞，絞盡腦汁想找到合適的字語，好在短短一頁裡納入她的全貌。

想為我自以為無比熟悉的人寫點什麼，原來這麼困難。每個字句都覺得笨重冗贅、矯揉造作。我想寫出只有我有辦法揭露、某個她身上的特別之處。我想寫出她遠不只是一介家庭主婦，也不只是一名母親。她本身就是一個獨一無二的存在。但也或許，我只是依然站在道德高處，自以為是地貶低她其實最自傲的兩個角色，不願意承認那些由衷渴望哺育孩子、渴望去愛的人所獲得的成就感，可能並不亞於那些渴望爭取、渴望創造的人。她所愛之人身上存在的愛情，就是她創作的藝術。對這個世界來說，這份貢獻可能和一首歌或一本書同等重要。少了其中一個，也不會有另一個。也許我只是害怕，她這一生不可能不在這世界上留下一小片的自己，而我可能就是那個最接近的東西。

*

喪禮前一天，爸爸去機場接回南怡阿姨和善永表哥。從他們走進屋裡開始，南怡阿姨的動作就像一隻受到驚嚇的小鳥，舉止驚惶不定，從喉腔發出難以自抑的悲鳴，那個聲音如今的我再熟悉不過。

我從沒見過她這個樣子。南怡阿姨向來非常沉著自持。我們家的內部陳設處處出自媽媽之手，而今她不在了，痕跡依然縈繞在每一個角落，讓阿姨不自禁地陷入歇斯底里。

我暗自想像她該會有怎樣的心情，身為長姊，卻得看著自己兩個寶貝妹妹相繼在幾年內，因同樣的疾病殞命。世界上的人似乎全被分成了兩種人，一種是經受過這種痛的人，另一種還沒。阿姨和我們在同一邊。這種痛，她遇到太多次了。

善永表哥像樑柱一樣支撐著他的媽媽。他的臉上沒有表露感情，雖然他當年來美國學英語，曾在這個家裡住了一年。他必然有自己的悲傷要面對，只是他暫時強忍在心底。一個人垮下了，總有另一個人會出於本能代為擔起一切沉重。

*

喪禮當日，我穿上媽媽以前買給我的一件黑色洋裝，是她某次說要「改造我的打扮」，拉著我一起去購物時買的，而外面則搭一件黑色西裝外套，遮住她討厭的刺青。我戴上恩美阿姨去世後媽媽送給我的銀項鍊，然後拿著同款式的另一條下樓。

「這個是……恩美的……媽媽給我……」我用盡了我會的韓語，想要解釋清楚。絕望之下，我用求助的眼神望向善永表哥。

「恩美去世後，我媽媽買了這一條項鍊給我，這樣我們就有同樣的一對。但現在她也走了，我想把這另一條給你。」

善永表哥替我翻譯出來。南怡阿姨接過項鍊，將它握在掌心，然後貼緊在心口。她低下頭，臉上的肌肉抽動了一下。

「噢，蜜雪兒，」她張開手，把項鍊戴上。「謝謝你。」

*

喪禮的氣氛很是微妙，想必是因為我已經十多年沒上教會，沒想過這些宗教儀式看在無神論者眼裡會有多怪誕。首先，一名身穿華美長袍的老婦人出現，手裡舉著一根長棍子，棍子末端是一個巨大的十字架。牧師進行儀式的過程裡，她就一直跟在牧師左右，上下舉著十字架。接下來是感恩禱告，但聽起來不像適合在喪禮上誦讀的禱文，反而比較像某一捲史努比卡通錄影帶節慶特輯。

我看向南怡阿姨，她合握雙手，默默流著眼淚，隨著禱告嚴肅地點頭，那些語句她其實都聽不懂，但每一聲「阿們」她都能一拍不差地跟上。基督教是她能理解的語言。宗教於她是一種安慰。那一瞬間，我很慶幸有這些儀式與她同在。

輪到我上台宣讀悼詞。彼得擔心我情緒潰堤，也在旁待命。我很緊張，聲音不住顫抖，不過還是從頭到尾念完了我寫的內容。我自己都有些嚇到，我竟然有辦法撐過全程，沒有崩潰落淚。整場喪禮上，我甚至沒掉太多眼淚。

接著是一場小小的接待會。有人在桌上擺了幾盅椒鹽脆餅和什錦果仁，我忽然覺得很自責，沒有更積極參與喪禮規畫。我感到困窘不安，就像媽媽當時在恩美阿姨的喪禮上一樣，尷尬得手足無措。要表現得宜又要顧及他人，那種壓力和忍住噴嚏一樣難捱。

散會後，我把會場上所有的花束都收集起來，一朵花也不想遺漏。我有個自私又急切的衝動，想要在她的墓地上鋪滿花朵和燈泡，從來的路上遠遠就能看到。我想向世人昭告，媽媽是多麼地被人深深愛著。我希望每一個路過的人見了，都忍不住想問自己可曾擁有這樣的愛。

我們帶著她的骨灰來到墓地。送葬隊伍中都是要好的親友，總共只有兩車的人和我們同行。她的墓位正好在一棵樹下，座落在墓園斜坡的高處。我低頭看了看墓碑。

「爸，上面刻成『慈愛的……』」我低聲說。

「真是要瘋了。」他說。

＊

葬禮結束後，我只邀請了柯蕾與妮可和我們一家人一起在餐廳用晚餐，爸爸以前老是嫌這間法式餐廳太貴。我點了菜單上最貴的菜。修成完美小圓形的三分熟菲力牛排，牛骨髓原汁在表面閃閃發光，頂端放了一小匙洋薑泥。我一片接一片切下軟嫩多汁的牛肉，狼吞虎嚥吃進肚裡，奶油馬鈴薯泥也一匙一匙往嘴裡塞。感覺像是好幾年沒吃飽過。

餐後爸爸去結帳時，我靜靜坐在座位上，滿肚子佳餚美酒，終於允許所有的情緒接管我的理智。我憋了這麼多、這麼久。我一直餓著自己，不只是飲食上挨餓，我也欠自己一次情感上的清算。我一直努力表現得堅忍可靠。我一直努力對家人藏起眼淚，直到此刻，淚水終於汨汨湧出。我知道全餐廳都在看我抽噎顫抖，但我不在乎。釋放出來的感覺真好。

我們所有人起身正要去開車時，我感覺雙腿一軟，支撐不住身體。我那兩個至交好友趕忙過來扶住我，我也任由自己倒進她們的懷中。回家的整趟路上，我哭個不停，先是像漫畫一樣滑稽的斗大淚珠，等回到房間裡獨處的時候，變成小而滾燙的淚滴，直到在不知不覺中沉沉睡去。

＊

隔天，我一大早就醒過來，整張臉像是吸收了半座游泳池的水，雙眼浮腫得誇張。我筋疲力盡卻又坐立不安。我想到南怡阿姨和善永表哥睡在相隔兩扇門的客房裡。我羨慕他們母子倆在一起，彼此相連相依，我和爸爸卻得費盡心思維持牽絆。我想為他們做點什麼，讓他們覺得賓至如歸，媽媽一定也會這麼做。現在，換我是家裡的女主人了。

不如替他們做頓早餐吧。但要做什麼，讓我苦思良久，最後靈機一動想到了大醬湯，韓國最經典的暖心料理。媽媽以前也常煮大醬湯配我們其他的韓國菜，這道香濃、溫暖的湯品裡有很多蔬菜和豆腐。我沒有自己做過，但我知道基本食材和湯該有的味道。我在床上翻了個身，側躺著點開搜尋引擎，查詢韓國大醬湯的食譜。

出現的第一個連結，指引我來到一個暱稱「槌子姊」（Maangchi）的女性經營的網站。網頁最上方是一個YouTube影片播放器，底下是食譜步驟。影片晃動得很厲害，畫質也不是太好。燈光昏暗的廚房裡，一個看來和媽媽差不多年紀的韓國女性站在洗手槽旁。她穿著一件綠色的無袖背心，領口縫印著一圈亮片，頭上繫著一條橘黃色手帕作為裝飾，而她的頭髮就紮成鬆鬆的馬尾塞在手帕裡，露出耳朵上搖晃的長耳環。「這是韓國家庭的日常料理。我們會配著其他小菜和白飯一起吃。」她對著攝影機說。她的口音讓人備感安慰，她的用字令人充滿信心。看來我的直覺是對的。

我掃了一眼食材列表。中型馬鈴薯一顆、切碎的南瓜一杯、五瓣蒜頭、一根青辣椒、去掉魚頭和內臟的鯷魚七條、清水兩杯半、青蔥一根、豆腐適量、五湯匙發酵豆醬、四隻大蝦。材料都不難找。

我起床盥洗後，走到洗衣間查看媽媽的泡菜冰箱。這個設備經過特殊設計，能維持在理想的溫度，專門用於保存發酵食品，據說是模仿韓國冬季的土壤溫度。從前，韓國婦女會用陶甕醃漬白菜，埋進地裡過冬，春天再取出食用。我發現泡菜冰箱裡已經有一大罐豆醬。其他食材去日出超市就可以買到。

我套上媽媽的一雙涼鞋，披上薄外套，開車出發去鎮上。抵達的時候，超市正好開門。我買了需要的蔬菜和一塊板豆腐。至於海鮮，我決定改用醃製好的牛小排代替，因為我想起媽媽做這道菜時，用的就是牛肉。

回家後，我先用媽媽的電飯鍋煮白飯。接著將馬鈴薯削皮後，與南瓜和洋蔥一起切丁，然後剁碎蒜頭，把醃牛小排切成一口大小，再從媽媽的櫥櫃裡翻找出她的陶鍋。

陶鍋直接放上瓦斯爐，開中火熱油，然後倒入蔬菜和肉拌炒，再加入大醬和苦椒醬各一大匙，注水到滿鍋。我每隔幾分鐘會確認一下湯的味道，視情況加入更多醬料和芝麻油，直到嘗起來和記憶中媽媽熬的湯一樣味道。對湯頭滿意以後，放入豆腐塊再讓湯滾約一分鐘，最後撒上細切青蔥就完成了。我把在泡菜冰箱中找到的幾樣小菜盛入小盜碟——切塊白菜泡菜、蜜汁煮黑豆、拌了麻油和蔥蒜的爽口豆芽菜。接著，先在桌上擺好湯匙和筷子，然後拆開小包裝的海苔，循著媽媽從前的動線在廚房裡左右移動，我曾在這裡看著她準備過許許多多道我愛吃的菜。

善永表哥和南怡阿姨在十點鐘起床，他們下樓時，我正巧剛添好兩碗鬆軟的白飯。我拉著他們到餐桌旁坐下，再把盛進熱碗裡的豆腐大醬湯端到他們面前。

「這是你自己做的？」南怡阿姨滿臉的不敢置信。

「我也不知道好不好吃。」我說。

我拉了把椅子在一旁坐下，看著他們舀一口湯澆在飯上，再用湯匙邊緣切斷豆腐，熱騰騰的水蒸氣從嘴裡一絲絲冒出來。那個剎那，我很慶幸自己總算有點用處。他們兩人這些年來那麼照顧我，如今，我至少為他們做到了這件小事。

*

當天傍晚，爸爸載善永表哥和南怡阿姨去機場。我一個人在廚房收拾，忽然聽見前門有人敲門，但等我開門一看，外面一個人也沒有，只有一個小紙袋被留在門口的地墊上。袋子裡，有一盞用紙巾仔細包好的玉色瓷壺，壺身上繪有一對飛翔的仙鶴。我隱約有點印象，這好像是誰送給媽媽的禮物，她一直收著沒用，放在玻璃器皿展示櫃最上層。袋子裡還有一封信，寫的是英語，印在兩張紙上。我把茶壺放回袋子、拿進屋裡，在廚房中島旁坐下來讀信。

給正美，我可愛的學生兼朋友：

我一個人在畫室裡畫畫時，依然能在周圍聽見你的笑聲。那一天，你第一次走進我的畫室上課，穿著一件時髦的洋裝，配上花俏的墨鏡。我當時心想，哦，這個有錢太太在班上頂多待個兩個月吧。沒想到，你卻令我刮目相看，整整一年都沒缺席過一堂課。我看得出來，你對畫畫不光是感興趣，更是樂在其中。

你和我，我們兩位太太，一起在班上度過好多豐富而歡樂的時光。比起繪畫班，說是中年俱樂部還更像。因為大家都來自相同年齡層，我們有好多的共通點。我們會一起喝咖啡，配你每次都會帶來的甜麵包捲。我們會一起聽每個人分享的逗趣故事，聽得哈哈大笑。

好時光持續了一年，直到你忽然請假缺席。你說只是消化上有點毛病，不是大問題。我跟你說：「別擔心，好姊姊，慢慢休養。」

至今我仍無法相信，那竟然是你最後一次握起畫筆。我日日為你禱告，把你帶來的韓國茶壺給收著，你生病前才正要開始畫這只茶壺。

我開始相信會有奇蹟。本來你不再來上課以後，我就可以把茶壺還給你的，但我忍不住想，只要我還收著茶壺，你遲早一定會好起來，恢復你一直以來開朗女子的模樣。

現在時候終究到了，我不能再留著這只茶壺了。我知道你已經不用再受疼痛煎熬，在天堂獲得了平靜。我在畫室裡，時常想像你掛著開心爽朗的笑容走進來。但我必須認清，你已經不會再坐在你平常最愛的位置畫畫了。

正美，你是個美麗、善良、討人喜歡的女子，我非常愛你。

你的朋友，允妮
二〇一四年，十一月

她為什麼不等我應門？很顯然，媽媽的繪畫老師知道媽媽過世了，但這封信卻還是署名給她。而且，我不禁納悶，既然是要給媽媽的，怎麼不用韓語寫呢？難不成是特地為我翻譯成英語？有一部分的我總覺得，或者也可能只是如此盼望，媽媽去世後，我似乎以某種方式將她吸收入體內，她現在成了我的一部分。不知道她的畫畫老師是否也覺得，如果想讓心底的話傳達出去，透過我最能接近媽媽。

我把媽媽收存繪畫用具的袋子翻出來好奇地查看，那是一個有著黑色提把的帆布托特包，印著小艾菲爾鐵塔的圖案。我翻閱她的素描簿。比較小的一本都是她的初學之作。第二頁就是茱莉亞的鉛筆素描，像長了臉的粗短香腸那一幅。我還記得她拍了照片傳給我，她那時候剛開始上課，我為她備感驕傲，雖然剛起步時畫得都不太好，但至少她願意學習新事物了。

一頁一頁翻下去，能明顯看出她的進步。小的那本素描簿裡，全都是鉛筆素描家裡的各種靜物，媽媽這方天地裡的手工藝品。屋外的林子裡摘來的一顆松果。恩美阿姨還在荷蘭替荷蘭皇家航空工作時，當作紀念品寄來的一雙袖珍木鞋。她平常用來喝白酒、有著雛菊浮雕圖案的矮腳玻璃杯。芭蕾舞孃瓷偶，排列在第五尊的畫了一張，被我摔斷手指的第三尊也畫了一張，看起來確實還是斷了的樣子。她的其中一只瑪麗·恩格布雷特茶壺，雖然沒上色，我依然認出是她收藏的第一個壺，這只茶壺的造型我瞭若指掌，就算只看鉛筆線條，也彷彿能看見它黃色的壺身和紫色佩斯利花紋的壺蓋。最後一頁畫了三顆明暗完美的雞蛋。我還記得我們在電話上討論過怎麼畫，好幾年前了，當時這一整場夢魘還沒展開，而如何畫出雞蛋的弧度就是她最煩惱的事。

大的那本素描簿裡，因為媽媽開始練習水彩，畫作漸漸更令人驚豔。她的用色繽紛明麗，她一向很擅長把東西妝點得美美的。畫的題材從居家靜物逐漸演進到花卉水果等更經典的主題。她開始在作品角落簽上名字和日期，而且每次都會實驗不同的簽名方式，彷彿每一個都是自成一格的筆名。有一系列共三張畫了麵包和檸檬的炭筆畫，創作時間是二〇一三年五月到六月，她在畫上只簽了名字「Chongmi」。二〇一三年八月的另一幅畫中，三顆梨子散置在花瓶旁，花瓶裡插著粉橘色的菊花，她的簽名縮短成「Chong」。二〇一四年二月，在鉛筆素描一串香蕉的畫上，她簽的是韓文名字，但末尾加上了姓氏縮寫Z。二〇一四年三月，發現癌症的兩個月前，她畫了一張水彩畫，是剖半的橘色甜椒倒在一顆完整的青椒旁，角落用藍色原子筆簽下了「Chong Z」。

我知道媽媽去年上了一整年的繪畫課，也透過簡訊看過她幾張素描畫的照片，但這是我第一次看到這麼多幅她的作品。各種風格的簽名透露出她對藝術一知半解的可愛一面。如今她不在了，我開始把她當成陌生人來研究，四處翻看她的物品，想要發現她不為我所知的一面，想要用一切可行的方式讓她起死回生。悲傷之中，再微小的事物也被我不顧一切地解讀成某種跡象。

手裡握著她的作品，想像媽媽在後來那些疼痛與折磨發生在她身上之前，手上曾揮著畫筆放鬆心情，身旁圍繞著熟識要好的朋友，我不由得感到安慰。不知道創作藝術是不是曾經帶給她療癒，幫助她度過恩美阿姨去世後所面臨的生存恐懼。不知道她晚年遲發的創作熱忱，能不能解釋我身上的創作衝動。我的創造力是不是打從最初就得自於她。要是生在不同時空，要是她的成長環境有所不同，她說不定也會是個藝術家。

「現在這樣多好呀，我們其實挺喜歡和對方聊天的。」大學時代有一次放假回家時，我對媽媽說。我在青春期時鑄成的許多傷害已被時間撫平。

「是啊。」她說。「你知道我體會到什麼嗎？我只是沒遇過像你這樣的人。」

我只是沒遇過像你這樣的人。她這樣說，好像我是外地來的陌生人，或是派對上陪朋友來的古怪客人一樣。從生我養我的女人嘴裡聽到這句話，感覺可真奇怪，我和她在同一個屋簷底下生活了十八年，我身上有一半來自於她。媽媽一直努力想要了解我，就像我也一直努力想要了解她。世代上、文化上、語言上，我們被拋在一條線上的左右兩頭，沒有半個可參考的基準點，而我們一度迷了路、漸行漸遠，誰也無法理解對方的期望。

直到最近這幾年來，我們才開始破解謎團，開拓出足以容納彼此的心理空間，也才開始懂得欣賞彼此的差異，懂得把握彼此如照鏡子般像得嚇人的共通點。沒想到，幾年的豐收才正要結果，我們共處的時光就被無情地打斷，只剩下我一個人，沒了鑰匙，茫然解讀著身上繼承的祕密。

15 我心永恆

My Heart Will Go On

媽媽的喪禮過後，家裡彷彿也起了變化，處處與我們作對。這個家曾經令人安心地反映她的個人風格，如今卻化作我們集體失敗的象徵。每一件家具和裝飾品似乎都在嘲笑我們，不停逼迫我們想起媽媽還在世時，曾聽過不下百次的那些故事——那些癌症病患克服萬難活下來的故事。某某人的鄰居靠冥想和正念化解了落在自己身上的死刑。那個誰誰誰的癌症擴散到多處淋巴結，但他持續想像自己有一個嶄新無暇的膀胱，結果奇蹟真的發生了，現在他的症狀正在緩解當中。似乎你只要有樂觀的心態，一切都有可能。也許是我們努力得不夠、相信得不夠，也沒有強迫她吞下足夠的藍綠藻。也許上帝就是討厭我們。別的家庭與癌症對抗就贏了，我們對抗卻輸了——各種傷心欲絕、自然會出現的情緒，我們都料想到了，奇怪的是在此之外，我們竟然還感到羞愧。

我把她的衣服裝進垃圾袋裡，沒用完的QVC保養品也全扔了，照護設備和剩下的蛋白質補給飲品則捐贈出去。廚房裡，爸爸整個人癱靠在餐桌的玻璃桌面上，手裡端著斟滿紅酒的大塑膠杯，一間一間打電話給信用卡公司，請他們註銷她皮包裡的信用卡，每打一次都要向客服專員再重述一遍：我太太剛過世，不再需要貴行的服務了。

去遠方旅行，在當下看來是個好主意。暫時離開這棟似乎會將我們活活悶死的屋子，給心靈一個喘息空間。於是，某天早餐時分，爸爸一邊喝咖啡，一邊上網搜尋起合適的度假地點。哪裡的小島或許不錯，他提議，我們可以悠閒地躺在沙灘上放鬆。但一想到要一連數天呆望著蔚藍的海水，我忽然感到害怕。感覺太靜了，太多空閒時間讓人與腦中黑暗的想法糾纏。歐洲又會讓爸爸想起太多他們從前一起去過的地方。最後，我們鎖定東南亞，這個天涯一角向來很吸引我們。我們倆都沒去過越南，而且多虧美元幣值強勢，去那裡的花費相對也不貴。我們在心裡盤算著，到時候忙著欣賞彼此都沒看過的風景，即使片刻也好，應該能暫時忘卻我們的現實生活已然面目全非。

喪禮的兩週後，我們訂好了機票。預定住宿時，爸爸明智地選擇了兩間房間，好讓彼此都能有些私人空間。我們下榻的都是豪華飯店，有花灑蓮蓬頭和大陣仗的自助早餐吧。托盤上滿是異國水果和進口起司，有現點現做的歐姆蛋，也少不了典型的那幾樣越南地方小吃。在河內，我們坐在小船裡靜靜划越下龍灣。美麗的石灰岩礁突出於海面，我們從旁經過，心裡頭暗自掉淚，對彼此卻說不出一字安慰。我們訂了夜行特快車北上前往沙壩，列車名叫「番西邦號」（Fanxipan），結果我們不小心跑錯車站，爸爸著急地到處問當地人：「花內褲（fancy pants）在哪裡？」而我則乾脆在附近的路邊攤買了越南法國麵包。還好最後還是上了車，找到了我們的臥鋪。火車飛馳在僅有六十公分寬的鐵軌上，我們啃起法國麵包三明治，在佐料裡摻入零點五毫克爸爸的贊安諾錠，又一瓶接一瓶灌完一整袋玻璃瓶裝的333啤酒，精神總算恍惚到能在劇烈晃動的車廂內入睡。抵達沙壩後，我們租了摩托車，騎在蜿蜒多霧的山路上放眼望去，梯田綿延開展，彷彿沒有盡頭。但每一個遇見美景的瞬間，緊隨而來總有一種胃袋一沉的感覺，令我們一再憶起來到這裡的原因。

每一次飯店櫃檯人員問爸爸需不需要多留一把鑰匙給他的「朋友」，他都會紅著臉說：「不、不，這是我女兒。」「他是我爸啦！」我也對我們的苗族導遊尖聲澄清；她邀請我們到她家，端出一盤炸蟲蛹招待我們。「那媽咪呢？」她問起媽媽的時候，我正嘎吱咬下一個酥脆的球狀物。「她在家。」爸爸說。他抿著嘴唇、眼眶泛淚，不確定話該怎麼接下去。那個時候，是我們還覺得寧可說謊也好過討論這個話題的時候。那個時候，我們還害怕大聲說出口。「難得就爸爸和女兒出來玩。」我附和道。

絕大多數晚上，我們早早吃過晚餐後，就會各自回到飯店房間，而我倒頭就睡，一睡就是十四到十五小時。悲傷和憂鬱很像，讓人連日常生活中最簡單的事都很難做到。越南這個國家被我們浪費掉了。我們對美麗的景觀一概無感，情緒盡皆麻木，默默沉浸在悲痛之中；即便想幫助對方，也毫無頭緒。等我們抵達順化時，兩星期的旅程正好來到一半，半個月的旅程開始顯得野心太大，甚至漫長得令人心累。我只想回家。我渴望躲進房間，打開PlayStation遊戲機安慰自己，利用療癒的農場經營遊戲與情緒解離，而不是清晨六點趕早起床，搭小巴去參觀又一座寶塔和市集，然後看著爸爸為了大概也就兩塊錢美金，跟人討價還價半個小時。

不過，抵達順化那天，情況似乎有所好轉。天氣比在沙壩時好多了，這裡的氣氛也比河內祥和寧靜，讓我們的心情為之一振。大城市裡總有不絕於耳的機車喇叭聲，我們已經被迫習慣那是越南的第二母語，但在這裡不再時時刻刻響個沒完。生活在這裡踩著悠緩的步調。

我和爸爸一起吃了一份越南煎餅當作午餐——金黃油膩又酥脆的餅皮，包著蝦子和豆芽菜折起來，配著順化自產的冰涼Huda啤酒下肚。寬敞華美的飯店外，有同樣寬敞華美的泳池，我們在裡頭盡情游泳。我們還搭船遊香江，看船夫的太太把紀念衫穿在身上展示，一邊兜售雪花玻璃球和木製開瓶器，每次我們都只能搖頭婉拒，一再內疚地對她說：「不用了，謝謝。」

傍晚，我們搭計程車去順化皇城附近一間受到高度推崇的法越複合料理餐廳Les Jardins de la Carambole。餐廳外觀好似紐奧良法國區的豪宅，外牆漆成明亮的黃色。二樓面街處有三道大圓拱，其下各有自己的陽台，一樓的門廊內也設有餐桌，從建築物的外牆略向外延展出來，看上去氣氛幽雅。

我們先點了雞尾酒開胃，接著決定合點一瓶波爾多紅酒佐餐。我們點起菜毫不手軟。南瓜湯、蕉葉包牛肉、炸春捲、酥烤花枝、一碗牛肉河粉，再來一份服務生推薦的海鮮芒果沙拉。盡情點菜讓桌上有盡可能多的菜餚可以共享，興致高昂地點酒來喝，我和爸爸向來能指望在這兩方面心意相通。

「你知道嗎？」爸爸對著服務生說，像是要向她透露什麼祕密。他伸出手，指了指我。「她也做過喔——你這一行！」

「您的意思是？」

服務生是個相貌清秀的越南女子，年紀看來和我差不多，留著一頭黑色長髮，身穿紅色奧黛，這種開高衩的連身及踝長裙是越南的傳統服飾，底下配一條寬鬆的黑色長褲。她說起英語幾乎聽不出當地口音。只要手裡沒東西，她就會兩手交疊靜立在一旁，像一尊莊嚴的佛像。

「我女兒啦——她也做過服務生。很多年喔！」爸爸說。

多年來和媽媽娘家的親戚交談，爸爸和非英文母語人士說話時不經意養成了這種習慣——總是先拋出主詞，然後比著誇張的手勢，像是在和三歲小孩說話。

「我呢，很久以前，」他指指自己，然後把兩手張得老開。「端過盤子！」說著大手往桌上一揮，震得餐具和玻璃杯叮噹作響，兀自發出哈哈大笑。

「哦！」服務生回答。眼前這個美國人差點把桌子給翻了，神奇的是她依舊不慌不忙。

「我和我女兒喜歡美食。」他又說。「我們是你們說的饕客啦。」

我不確定是剛才搭船的關係，或是爸爸不僅用了饕客一詞，還特意逐字強調發音，讓我覺得有些噁心，總之我點的海鮮芒果沙拉，忽然沒有方才那麼誘人了。全世界我最厭惡的事情裡，一個大男人誇口說自己是饕客算得上名列前茅——更何況現在還是親生老爸拖我下水，把這個稱號一起冠在我頭上，明明沒幾分鐘前，他還問我有沒有聽過檸汁醃生魚。

「哦，是嗎？」服務生盡力用真心覺得有趣的語氣回答。她真是個了不起的服務生。倘若換作是我，絕對三十分鐘前就假裝在擦湯匙，沒空理他了。

我並沒有特別自豪當過服務生，但這份工作確實給了我一種榮譽感。我喜歡同事之間共患難的情誼，我們都很鄙視某些類型的客人——拿折價券來撿便宜的人、雞蛋裡挑骨頭的人、牛排要求全熟的人，以及問魚肉會不會「魚味」很重的人。每天拿時間交換金錢，然後在下班前的一個小時把錢揮霍一空，只因為可以在替客人端了一天的飲料之後，換成自己沉浸在盡情點飲料的榮光之中。這種生活不乏有些樂趣。不過缺點就是，這些經驗也把我變成神經質的顧客。我養成某些習慣，不做就感到難受，像是用餐後非要把餐盤疊整齊不可，像是即使餐廳的服務差強人意，我還是會留下二十五美分硬幣當小費。還有，除非那道菜真的徹底地搞砸了，不然我絕不會以不合口味為由，要求把某道菜退回去。所以，聽到爸爸問我怎麼沒吃沙拉的時候，我寧可吐進餐巾裡藏起來，也不想引起騷動。

「我可能有點暈船吧。」我說。「沒事啦。」

「不好意思。」爸爸喚來服務生。「她不喜歡。」他指著海鮮沙拉說，然後捏著鼻子揮了揮空氣，我猜是要表示有漁港那種腥味。「魚腥味太重了。」

「沒有，真的，不是沙拉的問題。」我說。「真的，沒事啦。真是的，爸，我都已經說沒事了。」

「蜜雪兒，你不喜歡就該說出來。」

沙拉的確有魚腥味。畢竟那是淋了魚露的海鮮沙拉，而魚露在這個國家是日常必不可少的食物。但我頓失胃口，老實說並不是服務生的錯。最大的原因是我爸非要用那個討厭的詞，洋洋得意地把我們說成某種遍嘗山珍海味的美食評論家，再來貶低人家的地方小吃。

「我如果不喜歡，我會自己把菜退回去。」我在座位上移了移重心。「我是成年人了，不需要別人代替我發表該死的言論。」

「你也不用說成這樣。」他回頭偷瞄了服務生一眼。「聲音小一點。」

「餐點需要我為您端走嗎？」服務生問。

「對，麻煩你。」爸爸說。服務生看起來不以為意，但我忍不住想像她被迫向經理解釋，問題不在於她，是這兩個美國「饕客」大驚小怪，竟然嫌海鮮沙拉吃起來真的有海鮮味。說不定她還會一邊模仿爸爸誇張的手勢。不知道越南語會怎麼稱呼**笨蛋觀光客**。

「真是的，受不了你。」我說。「你害她不高興了。萬一她得拿自己的工資來賠怎麼辦？」

「我不希望在陌生人面前被自己的女兒數落。」他慢慢開口，雙眼盯著他的紅酒杯，五指合攏握著杯柄，一字一字找尋適當的語速。「沒有人跟我說話是像你這樣的。」

「你整趟路中跟誰都要討價還價。計程車司機、導遊——現在又一副想免費拗一道菜的樣子。我覺得很丟臉。」

「你媽媽當年就警告過我，小心別讓你騎到我頭上。」

果然來了。他終究說出了不該說的話。他仗著人死無對證，借用一個死去女人的名義，說這些話來對付我。我感覺得到自己臉頰脹紅，血往腦門子衝。

「是嗎？相信我，關於你的事，媽媽也沒有少說過。」我說。「我現在能說的可多了，我只是選擇不說而已。」

她根本就不愛你，我很想說。她把你比喻成破盤子。媽媽對他說那句話還能是在什麼時候，所指的還能是什麼事？那幾個字在我腦中不停盤旋。沒錯，我是曾經把爸媽的栽培視為理所當然。我是曾經把脾氣發在最愛我的人身上，任由自己耽溺在我或許其實沒有資格耽溺的憂鬱之中。我曾經很難管教——但現在呢？這六個月來，我這麼努力當個完美的女兒，彌補我在青少女時期闖下的禍。但他說起那句話的語氣，彷彿那是媽媽擺脫道德束縛前傳授的最後一句智慧箴言：當心那個孩子，她遲早會騎到你頭上。媽媽難道會不知道，連續三個星期睡醫院行軍床陪她的是我，爸爸每天都能回家睡他的床。她難道會不知道，是我替她清洗便盆，因為若要爸爸去洗，他還會反胃作嘔。她難道會不知道，我努力嚥下所有情緒，他卻老是抱怨個沒完。

「老天，你實在很難相處。」他說。「我們三天兩頭聊到這件事。你怎麼能對我們這麼殘忍。」

「我要是沒來就好了！」我說。因為再也無話可說了，我一把推開椅子，趁他還來不及攔我，氣沖沖地掉頭就走。

我聽見爸爸在背後瘋狂喊我的聲音愈來愈小，但我仍逕自大步向前走，留他自己倉皇地為我們這氣氛緊繃、食不下嚥的一餐買單。我一個人拐過街角，全速走進黑夜之中。因為皇城就在附近，在市區裡找路還不算太難。我依稀記得我們是從哪個方向來的，順著香江走應該就能回到飯店。很遠的一段路，但我不確定身上的錢夠不夠搭計程車回去。

我想了想，覺得最好還是用走的，一路上又花了點時間估算有什麼辦法可以自己先回河內。我們原本計劃坐飛機去胡志明市，但我可以搭火車回河內，投宿便宜的旅館，往後一星期盡可能避開他。但到時候在回美國的班機上，我還是得見到他。不知道改機票提前回費城要花多少錢，不知道花多少錢能讓我再也不必跟他說話。

等到我總算走回飯店，爸爸已經等在飯店外通往大廳的寬階梯最上層了。我以為他會一副火冒三丈的樣子——來回踱步，等著理直氣壯地訓斥我怎麼可以直接走掉。沒想到，他看起來陰鬱又消沉。他的兩個手肘支在大理石欄杆上，一手托著下巴，茫然地望著潮濕的黑夜，臉上是只有心中納悶「我怎麼會在這裡？」的人才有的表情。

我一個箭步躲到建築物後面，免得他發現我。我看到他向後撥開日漸稀疏的黑髮，剎那間，我不覺得生氣也不覺得自己獲勝了，反而感到很難過、很難過。爸爸是他的兄弟之間唯一還有頭髮的人，但現在的髮量也已經稀疏到幾乎只剩媽媽生病前的三分之一。總覺得那又是一件他原該擁有卻被奪走的東西。仔細想想，他這一輩子本該擁有的東西確實一直被奪走，我不曾體會那種感覺，說不定也永遠無法理解。他被奪走童年，又被奪走父親，如今他又再度遭到剝奪，距離夫妻倆可以安享晚年明明沒剩幾年，他愛的女人又被死亡奪走。

不過，我還沒準備好原諒他。既然現在知道路怎麼走了，我決定找個地方喝一杯。我一度盤算找間有澳洲觀光客的店，要是錢花完了，或許還能找他們請我喝一輪，但這附近沒有觀光景點，而且萬一走得太遠，喝多了回來又會迷路。我原路折返，來到大街上一間叫「咖啡拉米」(Café L'ami）的地方酒吧。

我挑了戶外露臺的桌位，點了一瓶啤酒。大約喝完半瓶時，一名身材瘦長的服務生上前告訴我，店內要開始演奏音樂了，問我要不要進店裡去。酒吧內燈光昏暗，只點著一盞紫色的燈和一顆徐徐旋轉的迪斯可燈球。四處擺了幾張小圓桌，桌上的花瓶裡插著塑膠玫瑰花做裝飾。店裡空蕩蕩的沒幾個人，也沒有外國人，只有後方坐著一群本地人，隔幾張桌子則坐了一對情侶。

舞台上擺了一架卡西歐牌電子琴、一把木吉他，角落有一台接上筆電的小電視螢幕。看起來是老闆娘的女人拿起麥克風，清清喉嚨宣布了幾句話，兩名年輕人隨即走上台。戴眼鏡的那個走到電子琴後方就位，另一個人也拿起吉他彈奏起來，老闆娘則唱起一首越南語的歌。起初我還不大確定樂手是真的現場用樂器伴奏，或只是配合伴唱帶做做樣子。老闆娘意外是個出色的歌手，唱的是一首情感豐富令人動容的情歌，要是知道歌名多好，我想回去查查這首歌。

我又點了一瓶啤酒，忽然一個年輕的越南女孩憑空冒出來，在我身旁的座位坐下。「打擾了，你怎麼會來這裡？」她問我。她的英語口音很重，尤其又有音樂干擾，很難聽懂她說什麼。她自顧自地笑了。「抱歉，我只是沒在這裡見過觀光客，我每天都來。」

老闆娘一曲唱完，酒吧後方那群男生裡有個人起身走向舞台，拿起麥克風的同時仍頻頻回頭看向他的朋友尋求鼓勵。侍者端著一盞瓷器茶壺和一只茶杯走向我們這一桌，彎身把茶放在我的新同伴面前。

「我叫昆茵（Quing）。」那女孩說。她給自己斟了杯茶，然後用雙手手掌包住茶杯，手肘支在桌上，身子往我靠近了些，讓我能聽清楚她說話。「意思是花。」

「我叫蜜雪兒。」我說。「我只是來度假，住在附近的飯店。」

「蜜雪兒。」她複誦一遍。「有什麼含意嗎？」

「噢，其實沒什麼含意。」我回答。舞台上的男生開口唱歌了，我又一次為他的歌聲之好感到訝異，心裡納悶了一會兒。難道越南人天生音準都這麼好嗎？

「我傷心就來這裡。」女孩說。「我喜歡唱歌，每天都來。」

「我也很傷心。」我說，第二瓶啤酒讓我稍微放下了防備。「你為什麼傷心？」

「我想當歌手！」她說。「但爸媽老是要我乖乖上學。你為什麼傷心？」

我啜了一口啤酒，片刻後終於開口：「我媽媽過世了。」我意識到這好像是我第一次親口說出這幾個字。

昆茵放下茶杯，伸手按住我的手。「你應該上去唱首歌。」她又靠近了些，雙眼直直望著我的眼睛，似乎全心相信上台唱首歌就能消解我所有的煩惱。我對音樂也曾經是這麼想的，在這一切尚未發生之前。像個孩子一般單純相信歌曲能治癒人心。我也曾經抱有這樣的信念，直到我親身面臨如此痛徹心扉的失去，我最純粹的熱忱都為之動搖，我的野心、抱負都顯得輕佻又自大。我又灌了一口啤酒，然後推開椅子，起身走向舞台。

「你們有〈星期一與下雨天〉這首歌嗎？」我問老闆娘，她在YouTube的搜尋框鍵入歌名，點開一支MIDI音檔的伴唱影片，接著把麥克風遞給我。舞台對面，只見昆茵站著為我大聲喝采。音樂一下，她閉上眼睛，滿臉笑意，隨旋律左右搖擺。

「喃喃自語，覺得心已老去……時常想要放棄，凡事都不起勁……」我緩緩唱起，才驚覺麥克風的迴音效果開得極強，我的聲音聽起來飽滿又明亮——有這支麥克風加持，怎麼唱都不可能難聽。我閉上雙眼，全心投入旋律，全力唱出我心中最好的凱倫·卡本特——那個有著纖瘦、不幸身影的女子。那個身穿黃色洋裝忍飢挨餓的女子，為了在鏡頭前笑得開懷，自己在壓力下逐步崩潰，為了在現場轉播節目上展現完美，緩慢地殺死了自己。[8]

酒吧裡響起掌聲。昆茵拾起我們桌上的塑膠玫瑰花，煞有介事地獻花給我。輪到她上台時，她選的歌不出我所料，正是〈我心永恆〉（*My Heart Will Go On*）。這首歌於一九九七年隨電影《鐵達尼號》發行後，紅遍了全亞洲，將近二十年來儼如國歌，始終流行不輟。我想起媽媽模仿的席琳．狄翁，想起她誇張抖動的嘴唇。浸在水中一般的迴音效果，使整間酒吧都充盈著昆茵的歌聲，她放聲高唱：「是近！是遠！無論你在何方！」我也從周圍桌上收集了更多玫瑰花，擲向她的腳邊。

「昆茵！唱得好好聽！」

後來，其他客人輪番上台獻唱，我們仍繼續到處收集玫瑰拋向舞台，隨每一首歌搖擺起舞，並在他們演唱結束時發出全場最大聲的歡呼。她為我介紹了許多位越南有名的歌手，我們暢談彼此的夢想。等我喝乾了最後一瓶啤酒，我們擁抱道別，互相留下電子信箱，約好一定要保持聯繫，雖然我們再也不曾聯絡。

隔天早上，我和爸爸在飯店自助吧碰面吃早餐，誰也沒提起昨晚的爭吵，只是若無其事地繼續接下來的旅程。我們搭火車去了會安市，在那裡遊玩兩天。我們漫步在歷史古蹟匯聚的古鎮區，沿著運河兩岸拍了許多照片。街道兩旁有成排的攤販兜售繽紛多彩的燈籠和立體紙卡。我們在那座日本人修葺的著名古橋上停下腳步，欣賞當地人在小紙船上點亮了蠟燭推入水中，渾然不知「會安」的意思，就是**平安相會之處**。

8 譯注：木匠兄妹樂團由哥哥理查（Richard）和主唱妹妹凱倫・卡本特（Karen Carpenter）組成。凱倫長年患有厭食症，成名後在壓力下益發嚴重，身形日漸憔悴，三十二歲便因此驟逝。

16 松子粥

Jatjuk

我們到越南尋求治癒，希望父女倆在悲傷中和彼此更親近，然而回來以後，我們還是一樣心碎、一樣疏離。飛行了二十四小時後，我們在八點鐘到家，旅行和時差搞得我筋疲力盡，我倒頭便呼呼大睡。將近午夜時分，我接到爸爸的電話醒了過來。

「我出了車禍。」他說，但聲音很鎮定。「距離家裡大約一公里。我需要你來接我，蜜雪兒，也幫我帶罐漱口水。」

我嚇到了，不停用問題打斷他說話，但他只是反覆堅定地喚我的名字，之後便掛了電話。我來不及換掉睡衣，只披上一件外套，在慌亂中找到媽媽的車鑰匙，又從浴室櫃子裡抓了一瓶李施德林漱口水，隨即驅車出發。

等我抵達時，救護車已經到了。我一看現場便確信爸爸恐怕沒命了。他的車翻滾了幾圈、側面著地，倒在兩根電線桿中間，車窗玻璃悉數粉碎。

我把車停在事故殘骸遠處，下車奔向現場，才發現他好端端地坐在救護車的後車廂邊緣，正聽從救護人員指示吸氣吐氣。他脫去了上衣，一道很長的挫傷瘀青沿著鎖骨浮現，手臂和胸膛則散布著小割傷，像是被起司刨刀刨過了許多遍。警察團團包圍我們，個個都和我一樣驚訝他居然還活著。如果這時候把漱口水塞給他，很難不惹來注目。

「我正要去公司看看。」他說。「一定是開著開著睡著了。」爸爸的公司就在高地酒吧隔壁，他最愛的酒吧。「他們建議我去醫院，」他說，「但我覺得不必。」

「你不能不去。」我說。

「蜜雪兒，我真的沒事。」

「你也不看看你該死的車。」我冷冷地指著殘骸說。「我剛才來的時候，還以為我這下子沒父沒母了！我們去醫院。」

我開車跟著救護車前往河岸醫院，媽媽被第一次化療擊倒時住的同一家醫院，也是我們從變調的韓國之旅回來後，她入住的同一家醫院。醫院建築有部分令我聯想起電影

《鬼店》(*The Shining*)。大門入口處有木造遮雨門廊，進入大廳還有一座石造壁爐，飄散出鬧鬼旅社的氣氛。建築物的橫寬很長，入夜後透出暈黃的燈火——這樣的畫面，我實在不想再次面對。我找好車位、上樓來到病房時，已有兩名警察正在訊問爸爸。

「你為什麼說得吞吞吐吐？」

「我沒有吞溫……」爸爸說到一半打住。「好吧，現在有了，我愈想說反而說不順了。」他敷衍地笑了笑。漱口水在我外套口袋裡幾乎要燒出一個洞來。

「行行好吧。」我說。「我媽媽剛過世。」

我不確定我當下哭出來，是因為害怕萬一爸爸被判處酒駕，我會被困在尤金當他的私人司機，還是單純不勝感慨，命運似乎真的想擊垮我們。

「就這樣吧，我回去會稟報你在開車途中睡著。」警察仍狐疑地打量爸爸。我感覺到爸爸伸手摟著我的背，想讓我們說的話更有說服力。

不到兩個小時，我們便獲准出院。我開車載他回家，一路上都不想和他說話。現在知道他沒事了，擔憂他安危的情緒隨即消退，取而代之的是在心中不斷沸騰的怒火。

「我說真的，我只是睡著了。」他再三強調。

他一根骨頭都沒斷，屬實奇蹟，但他的身體仍不免無比疼痛。他服用醫生開的處方藥，其中不少和媽媽當初吃的是同一種。吃藥讓他的心情更抑鬱了。他大半天都在床上昏睡，整整三天幾乎沒有踏出房間。我心裡有些懷疑，他是不是故意衝出車道的，但多想這些只是讓自己更心煩。我不太特意費心去確認他的狀況。我想當個自私鬼。我不想再照顧任何人。

反而，我開始做菜。大多是可以細火慢燉或需要靜置的食物。是人在病榻上特別想吃的那種食物。我從擀麵糰開始做雞肉派——擀入奶油，揉出手工麵皮，填入烤雞肉、青豆、胡蘿蔔，注入滿到邊緣的濃厚高湯，再用層層酥皮裹住最頂層。我也自己烤牛排，佐上綿密滑順的馬鈴薯泥，或是焗烤馬鈴薯片，又或是烤馬鈴薯——馬鈴薯對半剖開，放上一公分厚的奶油塊，堆幾匙酸奶油上去，再送去烤即成。我還做了特大份的千層麵，一層一層厚厚蓋上手工熬煮肉醬，鋪上大把大把的莫札瑞拉乳酪絲。

感恩節前夕，我提前好幾星期上網蒐集食譜進行比較分析。我從好市多買回四點五公斤重的雞，自己填餡料、入烤箱烘烤，又做了蔓越莓冰炫風——冰淇淋拌鮮奶油和蔓越莓果凍，這是瑪歌姑姑當初教媽媽做的。我還做了棉花糖烤地瓜，淋上我自己熬製的肉汁。

另有一天晚餐，我買了龍蝦回來。在超市裡，我花了許多時間觀察水缸裡的龍蝦，仔細端詳裡頭哪一隻最有生命力。我照著爸爸教我的方法，請魚販用塑膠耙子一隻隻撈起來，我再輕彈龍蝦的尾巴，挑出拍尾最用力、掙扎最激烈的那幾隻。我把龍蝦全丟進一口大鍋裡煮，然後學媽媽準備幾個小碗，用來融化奶油。龍蝦煮透以後，爸爸先在大螯的中間剁兩刀，又在背上劃開一條長口。

每次吃龍蝦的時候，媽媽習慣給我和爸一人煮一隻，自己吃配菜的玉米、烤馬鈴薯，或是一小碗白飯配小菜和一碟醬燒秋刀魚，她就滿足了。不過，要是我們幸運發現龍蝦有卵，她倒是會喜孜孜地把橙黃飽滿的龍蝦卵舀進自己盤裡。

我們坐下來吃龍蝦，先扭轉蝦尾，讓尾巴與身體分開，然後把龍蝦翻過來，把蝦殼剝成兩半。

「沒有蛋。」爸爸遺憾地嘆了一聲，又繼續拆解手上的龍蝦軀殼，吸吮殼內黏稠的灰色湯汁。

「我的也沒有。」我一邊說著，一邊拿起鉗子把蝦螯一剪為二。

*

耶誕節前夕，彼得的課總算告一段落，他也搬來和我們同住。我和他一起去不遠外的農場挑了一棵耶誕樹回來。媽媽不在，總覺得我們像在玩扮家家酒。彼得扮演起我爸的角色，躺在樹下擰緊立架的螺絲，我則在旁學著用媽媽的眼光打量耶誕樹，在看起來正好的時候對彼得喊停。媽媽把家裡的耶誕裝飾都收在樓上走廊的壁櫥裡，墊著報紙，分類收進三個同款的帽盒裡，而燈具則被她用舊的《時代》雜誌裹起來、捲成一個個圓筒。

家裡有許多像這個壁櫥一樣的地方，媽媽賴以收納她在尤金生活多年來逐漸累積下來的高品質垃圾，數量多不勝數。一座裝飾用的木製鳥籠、好幾大碗彩色玻璃圓管和燈泡、膠紙都還沒拆開的蠟燭組合。每一個收納的角落都堆放著滿至邊緣的QVC電視購物紙箱，裡頭有數十罐尚未拆封的眼霜和精華液、筷架和餐巾環。

恩美阿姨去世難道都沒讓她有所領悟嗎？我不由得納悶。她為什麼還要堅持把家裡每一樣電器的保證書都留著？二十多年前汽車定期保養的收據，留著又能做什麼呢？

我在壁櫥深處，發現一個聖物匣般的箱子，滿滿裝著我童年的紀念物。我拿過的每一張成績單都收在一只牛皮紙信封裡。小學三年級做的科展海報板，她居然也還留著。還有我學寫字的時候，她強迫我寫的日記：「今天我和媽咪去公園餵小鳥。」

我正準備埋怨都是因為她的囤積症頭，留下一堆麻煩要我處理，忽然就瞥見了那東西：兩雙小嬰兒鞋，保存得極為良好。一雙是涼鞋，鞋身由三條擰成麻花、在腳踝處相扣的白色皮緞帶構成。另一雙是粉紅色套腳帆布鞋，有繽紛的格紋布內襯。這兩雙鞋小到可以並排在我的手掌上。我捧著一隻涼鞋，鼻頭一酸就哭了出來。我想到一個母親必須看得多遠，才會想到要保存這種東西。她寶貝女兒的鞋子，也許有一天能再給寶貝女兒的小寶貝穿。但那個小寶貝，她是永遠沒機會見到了。

媽媽為我未來的孩子還保留了許許多多東西。我發現整理它們，頗有奇妙的療癒效果。我花了至少一個星期，把小時候的摩比世界系列玩具湊出完整的套組。爸爸的書房平常大多沒有使用，我把混雜的配件全部倒在地上，依照類別分成數堆。首先數出八個玉米粒大小的青綠色茶杯，和其他熱狗攤位的配件團圓。又找到兩個火圈，放回馬戲團裡。我把維多利亞時代莊園的物品悉數攤開在米白色的地毯上，用手指把這些小小的塑膠玩具飛快翻揀了一遍，想找一頂迷你藍色軟帽——那是一個金髮男孩的帽子，他和一個有著棕色短髮、身穿粉紅上衣和白色褲子的女孩一起住在莊園裡。

媽媽若是看到我扔掉的東西，肯定會殺了我。發黃的學校作業和過期的保險證、我在韓國一齣兒童節目客串亮相的錄影帶、阿姨配音的卡通錄影帶。我們被熱潮沖昏頭買下的豆豆娃，其中的黛安娜王妃小熊娃娃，不只裝在塑膠盒裡，還套了標籤保護殼，我也全都轉手賣了。長棕髮的珊曼莎——我求了好久才擁有的美國女孩娃娃，被我連同隨盒附贈的衣服和媽媽後來趁著特價又多買的幾件衣服，一起刊登在分類網站上待售。那是一種近乎著魔的感覺，東西遭我任意處置，就如房屋著火般一發不可收拾。駕馭這比山高的動產，將之整頓成合理的蒐藏物，儼如刑責下的強制勞動，眼看快要完成，卻又遙遙無期，就像盼呀盼的，總盼不到刑滿出獄之日。

所有物品在她離開以後，彷彿都成了孤兒，又或者只是都恢復成為物品——只是物質，只是累贅。曾經有其用意的物件，如今化作一道又一道阻礙。專門盛放不同菜餚的碗盤，現在只是等著被分類整理的空盤子，擋在我離開的路上。被小時候的我想像成魔藥罈的燭臺，在曾經的幻想故事中是左右情節發展的關鍵，如今只不過是又一件該丟棄的東西。

我把媽媽的衣服用耐重袋裝成好幾大袋，全部搬上樓堆成一排，省得爸爸老是得撞見我這長達一星期的大工程。一袋是要捐出去的，一袋是我可能想留的，一袋是我確定會要的。把她的衣服在地上鋪開，看上去就像有好幾個版本的她，洩光了氣，消失無蹤。

我試穿了她的每一件外套，好多漂亮的皮夾克，可惜肩寬偏偏都令人心痛地大了一吋。我留下合腳的鞋子，不過她的增高老爹鞋，我倒是二話不說就扔了。我把她的手提包在桌上一字排開。橘色的軟皮包、閃亮的紅色蛇皮包，還有一只小到一支手機都快裝不下的精緻小提包，有一圈完美的柔軟黑皮草，配上細緻的銀扣環和黑色緞面內襯。全部看起來都嶄新如初，似乎從來沒用過。她有一個做工很好的經典黑色衍縫格紋款仿香奈兒包包，另外還有一個真品，依然裝在盒子裡。

我邀請妮可和柯蕾來家裡看看其他餘下的衣物。我領她們進房間，鼓勵她們試穿、試戴，喜歡的就帶走沒關係。起初是有點尷尬，但經過我多方堅持，她們終於從命。之後，我又邀請了媽媽的幾個朋友來挑選，最後才把剩下的分批開車跑了幾趟，送往鎮上的捐助站。

我的心變得愈來愈硬，我感覺得到——結痂硬化，長出硬皮，生成老繭。我刪掉了我在醫院與媽媽穿著同款睡衣，然後在床邊和她拍下的合照。刪掉了她剛剪成米亞．法羅短髮的那一天傳給我的照片，照片中的她害羞地擺著姿勢，彷彿最大難關已經度過。廚房電話旁的碗櫥我也動手整理，集中零散的電池，扔掉風景模糊的舊相片，未沖洗的舊底片則找地方收好——就在這時，我瞥見了那本用來記錄她的用藥量和攝取熱量的綠色螺圈筆記本。那些孤注一擲的數字加總、心存希望的清單列表，記錄了我們為了讓她撐下去，連哄帶騙地要她再啜一口水、再啄一口飯的悲哀努力。我扯下那些紙頁，拆壞金屬螺圈，一邊放聲尖叫的同時，也把我那些愚蠢又沒用的計算撕成了數之不盡的碎片。

＊

說不定是我撕毀了太多頁寫著松子粥的筆記，導致這個名詞在我腦中陰魂不散，總之過沒幾天，我發現自己忽然有股難以名狀的衝動，特別想吃這道粥。它是凱伊最常為媽媽準備的餐點，也是媽媽當時少數嚥得下的東西。

我上網查部落客槌子姊有沒有寫過松子粥的食譜，上次煮大醬湯，參考的就是她的食譜。我不是很有把握，因為比起家喻戶曉的大醬湯，松子粥遠遠沒那麼有名，但我沒猜錯，她的部落格上的確有。

網站上的說明寫著：「我敢說，松子粥絕對是粥中之后！……看起來很稀，但我建議要用湯匙舀，不要端起碗喝，因為我希望你細細品嘗它的餘香。吃一匙，停下來！然後像我在影片中做的一樣，閉上你的眼睛，靜心品嘗粥的味道。嗯——好香，好香。然後再吃一匙！嘻嘻。」

她的文章讓我想起媽媽的簡訊，媽媽也會這樣，鉅細靡遺地描述吃東西的感受。

我把筆電立在廚房流理臺邊，點開示範影片。槌子姊穿著棕色七分袖上衣，領口有蕾絲印花，長而直的黑髮垂落到肩膀下方。她站在砧板前，一旁有一台攪拌機。影片發布日期比我看的上一支新，製作品質提升不少。她的廚房也和之前不同了，風格比較現代，燈光也比較明亮。

「嗨，大家好！」她輕快地打招呼。「今天我們要來學習做松子粥！」

這道菜的材料很簡單，只需要松子、白米、鹽巴和水，全都是家裡現成有的食材。我遵照槌子姊的示範，三分之一杯的白米浸泡兩個小時。量取兩湯匙松子，摘掉蒂頭，把挑出的柔軟松子仁倒入攪拌機打碎。白米充分浸泡後，在水龍頭下以流水洗淨，加入松子和兩杯水。混合後的食材倒入攪拌機，蓋上蓋子，啟動高速攪拌，然後把打勻的液體倒進爐子上的小陶鍋。

「用到的材料不多，但如你所見，需要的是時間。所以松子粥才特別珍貴。比方說，當家裡有人生病了，你能做的事不多。我們去醫院探望病人，就常常會準備這一道松子粥，因為病人吃不了平常的食物。松子粥富含蛋白質和有益身體的脂肪，所以對康復中的病人來說，是很理想的食物。」槌子姊解釋道。

鍋中的液體呈現美麗的乳白色。我扭開中火，拿出木湯匙慢慢攪拌。起先，因為沒耐心等它煮到發稠，我一直擔心水是不是加太多了。然而，隨著它的黏稠度從脫脂奶變成花生醬，我又開始擔心水加得不夠。我轉成小火，繼續攪拌，希望我的粥會像槌子姊的一樣出水變稀。等到陶鍋發出嘶嘶聲了，我才關火放入鹽巴，然後把粥盛入小碗。

我把小蘿蔔泡菜切成小圓片，並在上面淋上些許醃泡菜的醬汁。粥入口綿密且滿溢堅果香，吞入喉中感覺柔滑而療癒。我又多喝了幾湯匙，才夾起幾片泡菜放進嘴裡咀嚼，用酸酸辣辣的滋味中斷粥的濃厚風味。其實也不難嘛，我心想，心裡很高興我終於征服了凱伊神祕兮兮不願透露的一道菜。

吃了這麼多天的熟成牛排和昂貴龍蝦，還有我揮霍食材，變換奶油、乳酪、鮮奶油比例，做出的百百種馬鈴薯也都吃過一輪後，我意識到，這個才是我滿心想吃的味道。這碗平淡的粥，讓我終於感覺到飽足。槌子姊一步一步提供給我松子粥的祕方，她就像一位我隨時能求助的數位天使，傳遞著分明是我與生俱來的權利、他人卻不願告訴我的知識。我閉上眼睛，把最後一口粥舀進嘴裡，想像柔軟的粥水包覆媽媽到處起水泡的舌頭，隨著溫暖的液體緩緩滑向胃袋，我也在嘴裡悉心品嘗它留下的餘香。

17 小斧頭

Little Axe

「蔬菜螺旋派剩最後兩片，我們吃掉囉。」其中一名女服務生繞過沙拉備料臺，扯著喉嚨說道。備料臺就像一個網路非軍事區，架設在互不信任的外場與內場之間。她停頓下來，嗅嗅空氣後擺了個鬼臉：「什麼東西烤焦了嗎？」

「沒·事·給·我·滾·出·去！」我大聲咆哮，半顆頭還在披薩烤窯裡，腳下踩著踏腳凳，努力維持重心。我瞇著眼睛，正奮力要從窯壁上把一坨頑固的烤焦起司給刮下來，窯裡有我剛才花了十分鐘嘔心瀝血做好的派，而滾滾黑煙正從派中央的裂縫冒出來。我費了好一番力氣保持冷靜，努力把問題擺平。這是我第一次在尖峰時段單獨於廚房輪值，我忽然明白了以前工作上遇過的廚師，為什麼全都痛恨外場員工。我動用了全身每一條肌肉，才忍住沒把披薩滾輪刀當成手裡劍擲出去。

節日過後，我在一間潮流披薩店應徵上內場廚師的工作。只需要在流水線上專心供餐，不必應付五花八門的客人，是這點吸引了我。我以為在披薩店工作會是一件療癒的事，以為我可以邊聽音樂，邊用手指按摩柔軟的麵團，好整以暇地度過工作時光——心理狀態介於禪定的忍者龜與電影《現代灰姑娘》（*Mystic Pizza*）裡身穿「一片天堂」（A Slice of Heaven）印字T恤的茱莉亞・蘿勃茲（Julia Roberts）之間。我犯了和多數人一樣的錯，以為在披薩店工作不費腦力，可以輕鬆賺得鈔票入袋，頂多臉頰沾上幾抹麵粉罷了。

「滋滋派」（Sizzle Pie）披薩店偏偏對我有其他打算。餐廳彷彿遵行著某種虐待新人的變態儀式，把週末的夜班扔給我，說是能鍛鍊新進員工。我晚間十點上班，到早晨六點才打卡下班。每到凌晨兩點，當市區所有酒吧都趕走客人、拉上鐵門，一大群醉醺醺的大學生就會湧入我們店裡吃披薩。我值班的這整個時段，就是不停慌亂地把披薩餅扔進窯裡，再不停抬起木製大鏟，在熱騰騰的窯口推進拉出，一路忙到凌晨四點，直到餐廳總算打烊。然後再過兩小時，把廚房各個縫隙堆積了一天的麵粉都掏洗乾淨以後，我終於被放出店外迎接黎明。

下班後，彼得會來接我。我值班的晚上，他會在家熬夜把法語文件翻譯成英語，那是他上分類廣告網找到的自由接案工作。我會不成人形地爬進副駕駛座，全身上下每根骨頭都隱隱作痛，手臂上到處是燒燙傷，隱形眼鏡上還沾著一公分長的麵粉痕。彼得會一邊咬著我留給他的一片義大利辣肉腸披薩，一邊勸我還是辭職算了。

「就那點錢，不值得你那麼辛苦。」他說。

我為的不是錢。我是想盡可能隨時有事情做。我想盡可能地勞動身體，這樣就不會有時間自艾自憐；我想在最後剩下的這幾個月，用一件例行公事把我釘在腳踏實地的日常裡，直到我和彼得永遠告別尤金。也說不定，我是在懲罰自己沒能當個稱職的照護者，又或者我只是害怕生活一旦放慢下來，不知道又會發生什麼事。

不用上班、也沒在家做菜或打掃的時候，家裡這片地的山坡下有一間小屋，我會去那裡寫歌。我寫到茱莉亞，寫她困惑地在媽媽的房門外徘徊嗅聞，也寫到白天去健身房踩跑步機、晚上睡醫院的行軍床，寫我戴上媽媽的婚戒，還有樹林裡的孤獨寂寥。這些歌，是我嘗試袒露過去六個月來的心事。我曾經以為我對自己的人生瞭如指掌，但一切我自恃確信的事，在這六個月期間全變了樣。

歌寫完後，我問尼克能不能替它們配些吉他旋律；他時常往返於尤金和波特蘭兩地，我們高中畢業後依舊是好朋友，他聽了很有意願協助我製作專輯。尼克引介我認識柯林，他是泛性戀者，從阿拉斯加移居過來，收藏了眾多步槍。柯林除了會打鼓，位於鎮上的家中還有一個房間改裝成錄音室，我們可以在他那裡錄專輯。貝斯交給彼得，我們四個人在兩週內錄完了一張九首歌的專輯，我取名為《精神盛宴》（*Psychopomp*）。

到了二月底，家裡絕大部分物品都已整理裝箱完畢。三月的到來，將代表這種囚居般的生活邁入第十個月，我們也是時候繼續過自己的人生了。我和彼得放眼紐約，打算在那裡安居下來，當一對朝九晚五的平凡上班族夫妻，終於願意擔起義務，步入正常成年人的生活。但在把自己交付給有限的年假、以交換公司的勞健保之前，我們會先和過往好好道別。我和彼得計劃拿結婚禮金去一趟韓國，當作遲來的蜜月旅行。走訪首爾和釜山之外，我們也會去一趟濟州島，彌補我們家未盡的那趟旅程，然後再回美國東岸找工作。

多虧谷歌翻譯的鼎力相助，我透過通訊軟體，盡我最大所能用英語短句和拼拼湊湊的韓語，把我和彼得的旅行計畫告訴南怡阿姨。南怡阿姨先用韓文寫好回覆，傳給善永表哥或姨丈的女兒艾絲翻譯成英語，再複製貼上回傳給我。她很堅持，說我們可以借住她家公寓的客房。

我很猶豫，不確定該不該接受她的提議。自從她離開尤金以後，我一直都想和南怡阿姨聯絡，但要跨越我們之間的語言鴻溝，著實是艱難考驗。我何其想要向她訴說心中那些細微的情感，但又覺得不可能傳達得了。更重要的是，我不想再打擾她的生活。過去四年來，南怡阿姨和姨丈家儼如一扇旋轉門，一再接進又送走垂死的客人。現在，媽媽也過世了，我最最不想當那個令他們又想起黑暗歲月的人，不想當一個南怡阿姨無可奈何、卻不得不扛起的負擔。

整理媽媽的遺物時，每每翻出了舊信件和舊照片，我就會想到她，為了是該瞞著她還是該與她分享而掙扎不已。這些照片讓我覺得與媽媽更親近了些。恩美阿姨去世後留給她的那些照片，都是我沒看過的。媽媽還是個孩子，剪了短髮、腳穿球鞋的模樣，令人目光為之一亮。泛黃的照片裡，還能看見她們姊妹三人年紀尚小，外公外婆都還年輕而迷人。

但我擔心南怡阿姨的感受會不會和我有所不同。有一張趁影中人不注意時拍下的彩色照片，地點似乎是某個宴會場合，照片中的三姊妹按年紀由大到小排成一列，穿的像是來參加喜宴，正和父母一起跳康加舞。背景牆上貼著圖案典雅的壁紙，牆邊垂掛著相同紋樣的布幔。外公打了一條白色領帶，配一襲時髦的淺褐色西裝，領在隊伍最前頭。外婆穿著一件桃紅色西裝外套，從後面扶著他的腰。南怡阿姨在畫面中央，閉著眼睛，抓著母親的髖部，半咧著嘴笑。她面向鏡頭，但沒察覺相機的存在，身穿一件亮藍綠色的洋裝，耳垂上掛著太大的珍珠耳環。媽媽跟在姊姊後頭，髮型是帶瀏海的蓬捲髮，身穿黑色燕尾服，看起來時尚極了。在隊伍最後壓陣的恩美阿姨，穿的比較素雅，是一件深藍色的碎花洋裝。所有人都望著正前方，在剎那間留下了身影。我只有在這張照片裡見過綻放笑容的外婆。

所有人現在全都不在人世了。唯獨剩下中間那一個。我試著站在南怡阿姨的立場去看這張照片，想像影中人的身體一個個在後製溶接效果下淡出消失，就像電影裡頭，有個人回到過去改變了某些事，使得此時此刻的情景不復存在。

媽媽曾經跟我說，南怡阿姨有一次去算命，算命師說她就像一棵許願樹，命裡注定要為人提供庇護和滋養，安安靜靜高聳挺立，為樹下的、不管是誰遮風擋雨。但她的樹根旁永遠會有一把小斧頭，慢慢砍著她的樹幹，慢慢損蝕她的元氣。

此際我只想到：我會不會就是那把小斧頭？南怡阿姨理應有自己的私人空間與祥和寧靜的家庭生活，我不想打擾她。但同時我也覺得，這世上現在唯一能真正理解我的感受的人，也只剩下她了。

*

三月下旬，就在我二十六歲生日的幾天前，爸爸開車送我和彼得去機場。我們擁抱話別，心裡百感交集。我們的啟程離開，為第一階段的服喪劃下了句點。我和爸爸雖然都很擔心彼此接下來該怎麼設法振作起來、能不能好好過生活，但能夠擺脫對方，我們也同樣都鬆了口氣。

這是彼得第一次走訪亞洲，我很期待帶他體驗我從小每兩年就會走一趟的朝聖之旅。媽媽和我向來都搭大韓航空飛往首爾。她會在空橋盡頭的報架上抓一份摺疊整齊的韓國報紙，扣好座位安全帶，迫不及待地翻開報紙，掃視那些她熟悉、平時在家幾乎接觸不到的文字。空服員清一色是黑長髮的韓國美女，皮膚如牛奶般光滑白皙。她們在走道上來回巡視完最後幾圈，接下來一點一滴地，就和前往聖地H Mart的途中一樣，我們短暫通過的那個空間，輪廓和色彩都漸漸鮮明起來——飛機還未降落，我們對目的地的印象早已形成，彷彿那是加壓機艙所生成的畫面。

我們已經置身於韓國，周圍座位此起彼落傳來韓語熟悉的韻律和輕快語調。空服員踩著儀態優美的步伐，身穿熨燙過的粉藍色西裝外套、相襯的領巾、卡其短裙、黑色高跟鞋。媽媽和我會共享一份拌飯，附來的苦椒醬裝在攜帶型、牙膏大小的迷你軟管裡，有的人肚子還餓，不時能聽見乘客續點杯裝辛拉麵來吃。

我和彼得才剛坐下，這些幻覺的初兆就再度閃現於眼前，韓語熟悉的字音蓋過渦輪引擎的嗡嗡低鳴，向我席捲而來。不同於高中時代學過的第二外語，有些韓語單字我從來沒學過字義，卻天生能明白意思，不必經過片刻停頓轉譯，就能從一個語言自然過渡到另一個。韓語有一部分似乎駐留在我的靈魂某處——植在我腦海裡的，是字詞最純粹的意思，而不是對應的英語詞彙。

仔細想想，在我出生後、人格形成的第一年，我聽見的韓語一定遠比英語多。爸爸出外工作時，家裡一屋子的女人會哼著搖籃曲哄我入睡，用「蜜雪兒呀」、「乖寶貝唷」之類的韓語短句，低聲溫柔地喚我。房間裡會開著電視——韓國的新聞節目、卡通、連續劇，用更多的語音文字充滿整個空間。在這一切之上，還有外婆的嗓音聲若洪鐘地響著，打斷每一個拉長的母音和哼唱的旋律。外婆說話常帶有韓國人想誇張強調某件事時，特有的一種發自喉嚨深處的低吼，很像貓哈氣威嚇，或是人在清痰的那種聲音。

我開口說的第一個字也是韓語：媽媽。縱然還是個小嬰兒，我也已經感覺到媽媽的重要。她是我最常看見的人，雖然意識尚在誕生，但在一片黑暗的邊緣，我已經知曉：

她是屬於我的。事實上，我的第一個字是她，第二個字也是。「媽媽」，先是韓語（Umma），然後是英語（Mom）。我用兩種語言呼喚她。即便還小，我必定已經知道世上不會再有人像她那麼愛我。

以前讓我滿懷期待的旅程，現在令我心中充滿了恐懼和擔憂，我想到這將是我第一次和南怡阿姨直接交談，沒有恩美阿姨、媽媽或善永表哥在旁翻譯。沒人能居中協助了，我們得自己想辦法溝通。

只憑三歲小孩的詞彙量，我還能指望和南怡阿姨維持感情嗎？我要怎麼充分表達我心底的矛盾感受？媽媽不在了，我還能聲稱自己屬於韓國、是她家族的一分子嗎？韓語的「小斧頭」，又要怎麼說？

小時候，阿姨們常常一起逗我，問我是兔子還是狐狸。

我會說：「兔子！我是兔子！」

她們聽了會說：「才不是，蜜雪兒是狐狸！」

哪有！不是，我會大力強調，我是兔子！

我們會你一言我一語地頂嘴，到最後她們不忍心了才笑著讓步。我是兔子，聰明又乖巧，才不是歪腦筋多又愛搗蛋的狐狸。

我在南怡阿姨眼裡，會不會還是那個她的妹妹每隔兩年帶來過暑假，嬌生慣養、動不動生悶氣的小女孩？帶去高貴的燒肉餐廳吃飯，卻大驚小怪地抱怨燒肉的煙燻到眼睛和喉嚨。強迫表哥在公寓樓梯間來回追著她跑，追得滿身大汗，就怕她自己一個人走丟。畢竟，「壞到國外都知道」這個封號，不就是南怡阿姨替我取的嗎？

*

「很累了！一定吧！」南怡阿姨嚷著零碎的英文片語。「好，好！放輕鬆！」「餓了嗎？會不會？」

她套著一件寬鬆的居家長洋裝，一頭整齊的鮑伯短髮，染成帶點紅棕色調的深咖啡色。我們踏出電梯才走進屋內，恩美阿姨遺下的玩具貴賓犬里昂，隨即在我們腳邊興奮地又吠又跳。南怡阿姨領我們到客房，告訴我們行李可以放哪裡，然後又領著彼得到陽台去；她在那裡擺了一個菸灰缸和一張溼紙巾，雖然她自己二十多年前就戒菸了。

「這裡抽菸。」她說。「沒問題！」

她一手扶在彼得的背後表示歡迎，一邊領著他到客廳的自動按摩椅去坐坐。高科技按摩椅體積巨大，簡直像一具變形金剛，有著光澤感的米白色塑膠外殼，側邊嵌有一排變色ＬＥＤ燈，椅面則是柔滑的棕色皮革。

「放輕鬆！」她按下遙控器上的按鈕。椅背逐漸往後斜躺，腳凳往上升高，抬起彼得的腿。座椅壓縮排氣，發出柔和而細微的嘶嘶聲，開始揉捏他的手臂和雙腿，皮革椅面下的機械裝置也開始按壓捶打他的脖子和後背。

「很舒服！」彼得基於禮貌發出驚嘆。

一身灰色西裝的姨丈剛從中醫診所回到家，立刻快步走上前來和彼得握手。

「彼得——幸會！」他咬字清晰地說，但話音方落，又陷入一種欲言又止的停頓，彷彿有人快速地輪番踩著油門和煞車。姨丈緩慢且有耐心地挑選著字眼，準確地發音。

「你痛嗎？痛——在哪裡？我——是醫生。」

姨丈三兩步又走出了視線外，南怡阿姨替我們在地上鋪好了毯子。我和彼得脫去上衣，俯趴在毯子上。姨丈回來時，換了一套上下半身都是卡通小狐狸圖案的藍色睡衣，他把幾個拔罐的罐子放在我們背上，然後連按貌似一把小塑膠槍的扳機，抽出罐中的空氣。再沿著我們的脖子和肩膀插上多根針灸針，動作熟練又靈敏。二十分鐘後，姨丈取下罐子和針，南怡阿姨也像護理師一樣協助他收拾器具。

因為時差作祟，我全身昏沉無力、眼皮沉重，趴在客廳地板上便昏昏睡去。半夢半醒間，感覺阿姨替我蓋上一條薄毯。我一路背負的焦慮在她母親般的關愛下消散無蹤。受人照顧的感覺真好。

*

隔天早上醒來，南怡阿姨已經起床在做早餐了。

「睡得好嗎？」我用韓語問。她原本背對我，彎腰顧著爐火，聽到我的聲音瞬間回過身來，眼睛瞪得老大，一手握著一雙尖端油膩膩的筷子，另一手按著胸口。

「不要嚇我！你說話和你媽媽一模一樣。」她說。

南怡阿姨為彼得準備了一份西式早餐，為我準備的是韓式早餐。給彼得的有炒蛋、烤奶油吐司切邊，以及一碗由切半小番茄、紫甘藍、結球萵苣拌成的沙拉。至於我的呢，她拿出幾個保鮮盒，重新煎了一些煎餅。我在她身後看著煎餅蛋糊底下的油脂在鍋中冒泡。蚵仔、小魚片、香腸片，全都和入麵粉與雞蛋，攪拌成麵糊，煎到酥脆後蘸醬油吃。阿姨將煎餅端來給我，順帶還附上一碗冒著熱氣的泡菜湯。她拆開獨立包裝的海苔，擺在我的飯碗旁，和媽媽的習慣如出一轍。

借宿阿姨家的第四天，迎來了我的生日。南怡阿姨為了這一天，特地做了海帶湯。暖呼呼的海帶湯富含營養，韓國人常鼓勵懷孕婦女在產後可以多喝，所以傳統上，韓國人過生日時，也會喝海帶湯來紀念母親懷胎的辛勞。而今喝起海帶湯，感覺又格外神聖，充滿新的意義。我滿懷感激地喝下熱湯，嚼著一片片柔滑黏軟的海帶，那味道讓人不禁想像海中古老的神靈被沖上岸邊、赤裸著身子，在海浪泡沫間大快朵頤。這個畫面令我莫名感到心安，彷彿回到了子宮裡，無拘無束地漂浮流盪。

＊

我渴望和南怡阿姨說話，但總是詞不達意。我們都盡了最大的力氣溝通，對話仍不時被冗長的停頓中斷，只見我們手忙腳亂地按著手機，尋求翻譯。

「阿姨，真的很謝謝你。」某一天晚上，我們在餐桌上就著啤酒和蛋糕，我用韓語對她說，然後在谷歌翻譯上鍵入：「我不想變成負擔。」我把手機遞給她看，她讀了之後連忙搖頭。

「不會！不會！」她先用英語說，接著對著她的翻譯軟體說了一句韓語。她舉起手機給我看。螢幕上大字寫著：「這是血緣。」上方附有韓文字母。「這是血緣。」機器人聲朗誦出來，語速完全錯了，該連音的地方唸得很慢，「血」和「緣」兩字卻唸得特別急促，不顧前一個字的音還沒發完，就接著發出下一個字的音。我有好多話想對南怡阿姨說。我想起媽媽送我去韓國學校學了那麼多年的韓語，我卻每個星期都哀求她讓我翹課，只因為週五晚上想和朋友出去玩。我浪費了多少金錢和時間。她提醒過我多少次，我不把上課當一回事，遲早有一天會後悔。

媽媽每一句話都說中了。我呆坐在南怡阿姨對面，覺得自己蠢得可以，恨不得一頭撞進牆壁。

「不哭啊，蜜雪兒。」淚水情不自禁湧出眼眶，滾下我的臉頰，阿姨用韓語安慰我別哭。

我用手掌根抹去眼淚。

「媽媽每次都說，眼淚收好，等你媽死了再哭吧。」我苦笑了一聲說。

「你外婆也都這麼說。」她說。「你和你媽媽真的很像。」

我啞口無言。這輩子到現在，我一直以為這無非是一句特別殘忍的口頭禪，出自媽媽獨特的教養方式。每一次我發脾氣、鬧性子，不管是因為擦傷膝蓋、扭傷腳踝、慘痛分手、搞砸機會，每當我被迫面對自己的平庸、自己的缺點、自己的失敗，她隨時會祭出這句箴言來教訓我。哪怕是職業拳擊手拿塑膠槌子擊中我的眼睛。哪怕是前男友比我先一步談起下一場戀愛。哪怕是樂團面對台下空空無人還演奏得像一坨屎。讓我好好感受可以嗎？我就是想放聲哭喊。為什麼就不能抱著我，讓我暫時沉浸在情緒裡。我心裡常想，以後要是有孩子，我絕對不會警告他們把眼淚收好。我深信每一個因此學會硬起心腸的人，長大以後都會像我一樣痛恨這些話。然而，現在我卻發現，我也有個叛逆的媽媽，她從小也一直被這句話責罵。

「我小時候她說過，她丟掉了一個寶寶。」我用韓語說，但不曉得「墮胎」這個詞的韓語怎麼說。「她有好多祕密。」

「我知道。」阿姨用英語回答我。「我想……你媽媽覺得……回來韓國，帶兩個寶寶太辛苦了。」

南怡阿姨比著手勢，做出左右手各抱一個嬰兒的動作。雖然媽媽多年前朝我扔下那句話，可我始終不曾真的相信媽媽是因為我才墮胎的，但我也從來沒能找到其他種解釋。一個小女娃，為了我的旅途舒適，被奪去了生存的機會。我從沒想過，這些回韓國的旅程對媽媽來說有多重要，這個國家如何是她不可或缺的一部分。

我忽然想到，對我們這三個最了解她的人——對爸爸、南怡阿姨和我，媽媽保留的那一成自己，會不會其實都不相同。若我們三人聚在一起，是不是就能重新拼湊出她隱瞞的不同部分。我很好奇，我這一生有沒有機會認識完整的她，她還留下了哪些線索可供我追循。

*

待在首爾的最後一夜，南怡阿姨和姨丈招待我們去三元花園，位於狎鷗亭洞的一家豪華精緻的燒肉餐廳，媽媽曾經形容這一區就像首爾的比佛利山莊。我們走進店外美麗的庭園，兩座人造瀑布從鄉村風的石橋傾瀉而下，注入錦鯉池中。用餐空間內有多張厚實的石桌，每桌都配有木炭爐。南怡阿姨塞給侍者兩萬韓圓，我們的桌上旋即被各色精緻小菜給填滿。甜南瓜沙拉、綠豆涼粉拌芝麻香蔥、蒸蛋，纖巧的小碗盛著蘿蔔片水泡菜，蔫軟的高麗菜和蘿蔔浸泡在胭脂色的鹽水裡。吃完主餐後，晚餐以朝鮮冷麵收尾，可以點和入苦椒醬的拌冷麵，也可以點浸在冷牛骨高湯裡的湯冷麵。我選了後者。

「我也是！我喜歡湯冷麵。」南怡阿姨說。「你媽媽也是。這是我們家族的風格。他就是拌麵派。」她指了指姨丈。麵送來時，她用湯匙輕輕敲了下她的鐵碗：「這是平壤的吃法，」接著又比了比姨丈的碗，「那是咸興的吃法。」

朝鮮冷麵是北韓的特色菜，當地氣候寒冷、地形多山，比較適合耕種蕎麥和根莖類蔬菜，不像朝鮮半島南端的原野河谷間盡是一畦畦的稻田。南怡阿姨說的是北韓的兩座大城市，平壤是北韓首都，和首爾相距不到三百二十公里，咸興則位在更北邊的東北海岸。因為韓戰期間，許多北方人帶著鍾愛的家鄉味逃向南方，這兩種吃法的冷麵遂在南韓也流行起來。兩韓領袖金正恩和文在寅，日後也在南北韓高峰會上共同分享一碗冷麵。那是自韓戰結束後，六十多年來首度有北韓領導人跨越北緯三十八度的分界線。這場歷史盛會也讓全國各地的冷麵餐廳外排起長龍——一碗冷麵被視為和平有望的象徵，激發了國民全體的食欲。

我一度想向南怡阿姨訴說，能和她一起吃飯、聽到這些故事，對我來說多麼意義重大。我想告訴她，我一直嘗試透過飲食找回與媽媽相關的記憶，也想告訴她，凱伊當初讓我覺得自己算不上是個韓國人。我想告訴她，我學習烹煮大醬湯和松子粥，想要尋找的是什麼。我想告訴她，我心中放不下的防衛，是我覺得自己是個失敗的照護者。我想告訴她，我沒有能力保存我繼承的文化，我曾經以為這個文化深植在我身上，可如今卻似乎有消失之虞。但我找不到對的字眼，句子總是太長、也太複雜，沒有哪一個手機軟體翻譯得了，所以我半途還是打消了念頭，只是伸出一手握住她的手，兩人埋頭繼續吸吮牛骨高湯裡冰涼微辣的麵條。

*

彼得和我繼續我們的蜜月旅行。我們去了廣藏市場，位於首爾一個古老的街區，巷弄間搭蓋了遮雨棚，人潮穿梭來去，儼如一座天然迷宮，在百年來的增生過程中自然而然地黏連分裂。我們在人群中推擠著前進，途中好幾次經過腰繫圍裙的市場大嬸，各個戴著橡膠手套，忙著把刀削麵扔進沸騰冒泡的大鍋裡，或是從食材滿溢的大碗裡抓起一大把什錦蔬菜做拌飯，還有的則站在咕嘟作響的熱油鍋旁，兩手各抄一把鐵鏟，俐落地將石磨豆漿做的煎餅煎酥翻面。鐵盤上盛放著滿滿的鹽漬海鮮，這一類小菜又被暱稱為「白飯小偷」，因為鹹香濃郁的滋味，會讓人特別想多扒幾口蓬軟的白飯來中和味道。抱卵的螃蟹腹部朝上漂在醬油裡，露出蟹殼下隆起的膏狀蟹卵；百萬多隻桃子色的小磷蝦，可用來醃泡菜或煮成湯飯；還有我們家最愛的明太子，一串串緋紅的鱈魚卵抹上辣椒粉燻製而成。

聞到那辛辣的香氣，頓時讓我想起從前陪媽媽和阿姨去明洞的百貨公司地下街逛高檔生鮮超市的經驗。繫著布頭巾和同色圍裙的大嬸會一邊喊歡迎光臨，一邊伸出手上的牙籤，上頭插著各色鹽漬海鮮供顧客試吃。她們姊妹三人會把每種都試吃一遍，交頭接耳討論一番，獲選的贏家會被店家裹上起碼五十層保鮮膜，包成接近足球大小讓我們運回家。媽媽曾經多買一口行李箱，就為了帶鹽漬海鮮回美國，之後每當她在家裡端出明太子配飯，上頭淋上了少許芝麻油，我閉上眼睛品嚐時，彷彿還能聽見阿姨她們當時慎重的討論。

揮別了首爾，我和彼得搭乘火車南下前往釜山，南韓的第二大都市。抵達飯店時，床上已經擺好一瓶香檳，附上一張錯字連篇但逗趣的字條，寫著：「致蜜雪兒先生及太太，慶賀新昏。」我們待在釜山期間，這裡一連下了三天的雨，但我們興致不減，依然登上飯店頂樓享受露天泳池——是南怡阿姨訂了這間豪華飯店給我們，當作新婚賀禮。我們浸泡在泳池裡眺望東海，冰涼的雨水落在水面、形成陣陣漣漪。

我們去逛札嘎其魚市場的那一天，雨依舊下著，滴滴打打地敲打著拼裝成市場頂棚的海灘傘和花布涼蓬。雨珠滑落下來，掉進紅色塑膠盆和亮藍色的濾盆內，盆裡無不裝滿豐富的海產，傾倒成堆的鳥蛤和扇貝依然緊閉著它們的條紋彩殼，木棧板直接擺放在濕漉漉的路面，細長銀色的白帶魚像領帶一樣軟趴趴地垂掛其上。

我們從魚市場買了生魚片回飯店，在飯店潔白的床單上把外帶容器一字擺開，用韓國人的吃法，吃起白肉魚刺身。新鮮宰切的魚片口感仍Q彈有嚼勁，拿一片紅葉萵苣包起來，蘸點包飯醬和醋調苦椒醬，再灌一口大瓶Kloud啤酒和小杯真露燒酒，把滿口佳餚一起沖下肚。

最後，我們飛往濟州島，健行登上天地淵瀑布，眺望流水奔騰注入下方清澈的石潭，激起千鈞水花。我們沿著烏黑的玄武岩山壁，走在陡斜的山徑上，偶爾從背包裡掏出新鮮柑橘來吃；然後也沿著海灘散步，可惜海水還太冷，沒得下水游泳。我們在島上吃了更多新鮮海產——炒小章魚、辣燜魚湯，還有濟州島特產黑豬肉，燒烤後包著芝麻葉吃。

熱烘烘的炭火上，一條條厚實的五花肉被烤得滋滋作響，頑固地攀著烤網不放，服務生大嬸見狀，拿了一把廚房剪刀來，把烤肉剪成容易入口的大小。我想起媽媽和她的露營用烤爐。想起她身穿肩上繫著細帶的藍色夏日洋裝，在能眺望我們家山坡地的木頭露臺上火烤豬腹肉、牛排或玉米。吃飽喝足後，爸爸習慣把我們啃完的玉米梗收集起來，開心又淘氣地一根接一根拋向圍欄外的草地上，媽媽這時會哀哀抱怨，悲嘆接下來一個月她得被迫看著玉米梗在山坡下慢慢腐爛。「這叫生物可分解性！」爸爸會大聲替自己辯護，然後望著地平線，看被陽光炙曬得焦褐的草地上，零星挺立著幾株樅木和松樹。

我走過的這些景點，都是媽媽臨終前希望到此一遊的地方，是我們最後的韓國之旅尚未變調、還沒被隔離在醫院病房之前，媽媽想帶我去走走的地方。是媽媽希望在最後與我共有的回憶，是我受她影響也喜愛的事物的根源。她希望我記住這些味道。她希望這些感受我永不忘記。

18 槌子姊與我

Maangchi and Me

每一次夢到出現糞便的夢，媽媽就會去買一張刮刮樂。

早上開車送我上學的途中，她會不發一語地停進7-11超商停車場，要我在車上等一會兒，沒有將車子熄火。

「你要做什麼？」

「你不用擔心。」她抓起扔在後座的皮包。

「你要去7-11買什麼？」

「待會再告訴你。」

不久，就見她手裡捏著一疊刮刮樂回來。我們繼續開向幾條街外的學校，她會趁空檔將刮刮樂墊在儀表板上，然後用硬幣刮開銀灰色的塗層。

「你又夢到便便了，對吧？」

「媽媽刮中十元！」她說。「剛才不能告訴你，因為說出來就不靈了！」

其他像是夢到豬、總統，或是在夢中和名人握手，也都是吉夢——但夢到糞便是最特別的，尤其如果還夢到摸了糞便的話，那就代表可以賭一把了。

每一次換我夢到糞便，我都等不及叫媽媽替我買一張刮刮樂。例如夢中不小心拉在褲子上，或是走進公共廁所看到特別長而盤繞的屎，假如早上從類似的夢裡醒來，媽媽載我上學途中，我會沉默地坐在副駕駛座，竭力按捺住衝動，直到下一個路口就是威拉米特街上的7-11超商。

「媽媽，停車。」我會說。「待會再告訴你為什麼。」

*

回到美國不久後，我開始反覆夢見媽媽。以前我也經歷過類似的事，那時我還是個滿腦子偏執幻想的小孩，近乎病態地擔心爸媽死掉。我反覆夢到爸爸開車載我們走渡輪街大橋，為了繞過前方的車陣，他把車開上路肩，穿過正在施工中的一道縫隙，打算從橋上飛躍到下方一座平臺上。他雙眼緊盯目標，身子貼近方向盤，踩下油門加速，但落地時還是差了好幾公尺。車子一頭栽進湍急的威拉米特河，這時我就會喘著大氣驚醒過來。

後來，步入了青少年時期，妮可跟我說了一個故事，是從她媽媽那裡聽來的。聽說有一個女人也每晚反覆做噩夢，場景都是同一場車禍。因為夢境太過鮮明，幾乎造成心理創傷，她於是求助心理諮商師，希望克服噩夢。「如果說，車禍發生後，你設法去另一個地方，」心理諮商師建議她，「比如想辦法去醫院或某個安全處，你的夢說不定會自然劃下句點。」此後，那個女人每晚在夢中都動用意志力要自己爬出車外，沿著高速公路的路肩往前再爬遠一點。但同一個夢仍舊不停出現。有一天，女人真的出了車禍，她視線矇朧、拖著身子在柏油路上想爬向某個地方，忽然驚覺自己分辨不了這是現實，還是她那清晰鮮明的夢。

*

夢見媽媽的夢，劇情大同小異，到頭來都差不多。媽媽出現時都還活著，但行動不便，被我們拋下、遺忘在某個地方。

有一次，夢裡的天氣溫暖晴朗，我一個人坐在修剪整齊的草坪上。遠處可以看見一棟陰暗不祥的玻璃屋，外觀很現代，外牆全是黑色玻璃窗，窗與窗之間有銀色不鏽鋼窗框相連。這棟屋子像一座莊園豪宅，占地廣闊，屋身分割成許多方塊，就像好幾個單色魔術方塊上下左右堆疊在一起。我從草地上起身，走向那座神祕的房子。推開沉重的大門走進去，屋內昏暗空蕩。我四處走動了一會兒才走向地下室，手扶牆壁慢慢走下階梯。地下室意外乾淨且安靜。我發現媽媽躺在正中央，雙眼緊閉，她的身體底下是個平臺，不太像桌子，但也不是床，比較像低矮的石臺，像卡通裡的白雪公主嚥下毒蘋果後，小矮人安放她的那種臺座。我伸手摸她，媽媽睜開眼睛對我微笑，彷彿一直在等我找到她。她頂著光頭，身體虛弱，病痛未癒，但是還活著。起先我只覺得愧疚——我們太快放棄她了，害她在這裡待了這麼久。我們怎麼搞的，怎麼會弄錯呢？但如釋重負的感覺隨即湧現。

「我們還以為你死了！」我說。

「我一直在這裡。」她回答我。

我側著頭、趴在她的胸口，她伸手輕撫我的頭。我聞得到她的氣味，撫摸得到她的肌膚，一切都顯得如此真實。雖然我知道她的病沒好，我們終究會再度失去她，但那一刻，我單純為發現她還活著感到快樂。我叫她等我，我得去叫爸爸過來！但才正要上樓找他，我就醒了。

另一個夢裡，她翩翩蒞臨一場屋頂晚宴，向大家宣布她其實一直住在隔壁那棟屋裡。又有一個夢裡，我在我們家周圍的林子裡散步，漫步走下山坡，踩著濕滑泥濘的泥巴走向人工池塘。我走進山腳下的原野，赫然發現媽媽一個人身穿睡袍躺在那裡，被茂盛的青草和野花包圍。我同樣鬆了一大口氣。我們真傻，居然以為你死了！我們到底哪根筋不對，這種天大的錯誤也會犯？你明明在這裡，你明明就在這裡呀！

她在每個夢裡都頂著光頭，身體虛弱，面容憔悴，得由我扶她進屋，喚爸爸來看她。但每當我彎下腰、張開雙手正要抱起她，我就會絕望地醒過來。我會立刻閉上眼睛，盼望能迅速入睡，回到方才的夢境，回到她身邊，再感受片刻有她在的時光，就算只有一下下也好。但我不是徹底清醒過來，就是墜入另一個迥然不同的夢。

難不成媽媽用這種方式回來看我？她是不是想對我說什麼？成天談玄論虛的，總覺得很荒唐，所以我沒告訴任何人，只是獨自分析這些夢可能帶有的意義。夢如果代表未竟的願望，為什麼我沒能依照我希望的樣子夢見媽媽？為什麼她每次出現在我的夢裡，總是一樣重病不癒，彷彿我再也不記得她生病前的容貌？我懷疑我的記憶是不是在某處卡住了，我的夢才總是停留在創傷發生的時候，媽媽的形象才總是困在我們向她告別時的樣子。我是不是忘了她美麗的時候？

＊

從蜜月旅行回來後，我和彼得在他位於巴克斯縣的父母家借住了一陣子，白天投遞履歷應徵工作，順便上網瀏覽租屋。對這些事，我無所忌憚地發動攻勢。過去一年，我基本上是個無薪的看護兼清潔工，在這之前的五年，則是個一事無成的樂手。我理當盡快投入某種正當的職業。

紐約市的每一個辦公室職缺，我都不假區分地投出了履歷，也發出消息給每一個我認識的人，尋找任何可能的機會。首週結束時，我已經在威廉斯堡區一間廣告公司應徵上行銷助理職務。這家公司在布魯克林和曼哈頓有近百面廣告牆供客戶長期租用，公司內部有美術部門，能和五〇年代一樣手繪壁畫廣告。我的工作是協助兩位主要業務代表，向潛在客戶推銷廣告牆。對方如果是瑜珈服飾公司，我就要製作地圖，把半徑五條街範圍內的每一間瑜珈教室和生機食品商店標示出來。推銷對象如果是滑板鞋公司，我則要繪製標出滑板公園和演唱會場地的地圖，以此推斷十八到三十歲之間的男性最有可能經過我們在布魯克林區的哪一面廣告牆。我的薪水是年薪四萬五千美元，外加福利津貼。我頓時覺得自己是個大富翁了。

我們在有「小波蘭」之稱的綠點社區，向一名波蘭老婦人租了鐵路旁的一間公寓；她和丈夫離婚時，得到他名下半數的不動產。新家的廚房很小，流理臺面也小，地面鋪的是自黏式棋盤格塑料地板。浴室沒有洗手槽，僅廚房裡有一口農莊風的大水槽，一物二用。

大抵而言，我適應得很不錯。周圍的一切都很新鮮——定居新的大城市，做起真正成年人的工作。我盡可能不再去多想那些不可改變的事，全副心力都投入於勞動生產，但三不五時閃現的回憶片段仍舊折磨著我。痛苦的記憶迴圈不定時復發，把我想壓抑的每一份記憶都喚回眼前，歷歷在目，無從迴避。媽媽乳白色的舌頭、泛紫的褥瘡，她沉重的頭從我手中滑落，眼睛突地彈開。我在心中尖叫——那聲響在我的胸腔內壁折射彈跳，縱將身體撕碎也找不到出口。

我試過心理治療。每星期一次，下班後搭乘地鐵L線到聯合廣場，設法向人解釋我的感受，雖然我的心思幾乎每次都很難從滴答的時鐘移開，直到半個小時過去，諮商時間已然結束。然後，我又搭著地鐵回貝德福大道，走半小時的路回家。我看不出療效何在，只覺得益發疲憊。何況諮商師說的每一個字，我早就對自己精神分析過上百萬遍。每節諮商，我要自付一百美元，讓我開始覺得，這些錢我乾脆拿去每週吃兩頓五十美元的大餐，心裡可能還滿足得多。我取消了剩下的諮商療程，改而自行探索其他形式的自我照護。

*

我決定投靠一個熟悉的朋友——槌子姊，這位曾經在我需要之時，教導我烹煮大醬湯和松子粥的YouTube頻道經營人。每天下班後，我就從她的食譜目錄中挑一道沒做過的菜出來做。有時遵照她的步驟，按部就班，仔細測量，不時暫停或倒帶重看，確定自己做得都對。也有的時候，我挑好要做的菜，複習過所需材料以後，就任由影片兀自播放，其餘皆憑印象，交給雙手和味蕾去做。

每煮一道菜，總會重新發掘一段回憶。每一種香氣和滋味，都會帶我回到某個我家尚未經歷摧殘的時刻。雞湯刀削麵帶我回到午間購物過後，到明洞餃子館吃午飯的時光；那兒總是大排長龍，不只排滿一層樓梯，還排出店門外，繞建築物一圈。麵條吸飽濃郁的牛骨高湯，Q軟黏滑，簡直像果凍一樣。媽媽續盤一次還不夠，兩次、三次請店員替我們把店內招牌、蒜味極重的泡菜補滿。阿姨會斥責她不應該在大庭廣眾下擤鼻子。

酥脆的韓式炸雞，喚起大學時代與恩美阿姨共度的單身之夜。咬一口香酥外皮，舔一舔手上的油脂，再喝一口生啤酒、配一塊白蘿蔔丁，還味蕾一個清新，同時有她一邊指導我寫韓語作業。黑豆麵則令我想起外婆與我其他韓國家人圍坐在客廳的矮桌旁，咂咂有聲地吮著外賣炸醬麵。

我在鑄鐵鍋裡倒空了整瓶油，把裹了麵粉、蛋液、麵包粉的豬排炸到酥脆——發源於日本的這一道炸豬排，媽媽以前常常做給我帶便當。我用上幾個小時，擠乾豆腐和燙豆芽菜的水分，用湯匙填進纖薄柔軟的餃子皮裡，再把餃子皮的上緣捏實，每捏一個，就與槌子姊手中完美一致的餃子又更像一分。

槌子姊拿一把大大的水果刀削水梨皮，刀口朝內的動作，和媽媽削水果的樣子如出一轍。以前我放學回家後，媽媽會在紅色的小砧板上削蘋果給我吃，最後再自己啃掉果核上剩下的果肉。槌子姊也和媽媽一樣，一手筷子，一手剪刀，發揮韓國人特有的神準靈巧，剪開烤肉和冷麵，右手饒富技巧地夾起食物，左手旋即將之剪成一口大小。廚房剪刀操在她們手中，猶如戰士揮舞著長戟。

*

沒多久，我開始開車去法拉盛區，採買蝦醬、辣椒渣和大醬。開車一小時的範圍內，我一共找到五間H Mart可供選擇。聯合街上那一間是我在盛夏時節發現的。它在停車場內設置了廣大的戶外展售區，展示著各種植栽和笨重的褐色陶甕——我一眼就認出那是甕，傳統用來醃泡菜和發酵醬料的容器，雖然媽媽在家裡不曾擺過一個。南怡阿姨跟我說過，古時候每戶人家的後院至少會擺上三口甕。我選了一個中型的陶甕，沉甸甸的，我得用兩手才抱得住。陶甕感覺好古老，而且禁得起操。我決定買一個回家，動手挑戰我的最終試煉，也是槌子姊點閱數最高的食譜——泡菜。

我打算做兩種泡菜：小蘿蔔泡菜和辣白菜泡菜。整顆大白菜，好大一個才一美元，幾乎正好放得進甕裡。馬尾蘿蔔三條一捆七十九美分，用藍色橡皮筋捆在一起。我買了六捆，頂端的蘿蔔葉就像綠色的馬尾，垂掛在我的購物袋外飄呀飄。其餘材料我也一併買齊，買了水磨糯米粉、苦椒醬、魚露、洋蔥、薑、青蔥、發酵蝦醬和一大桶蒜頭，滿載而歸。

我打開筆電並將之立在流理臺上，按下影片播放鍵。首先把大白菜對半切開，菜刀斬開像上過蠟一樣粗硬的根部，發出悅耳的吱嘎一聲。我剝開菜莖，照槌子姊的吩咐，動作「要溫柔又優雅」，菜葉像皺巴巴的面紙一樣，一張張很容易就剝落下來。剖半的大白菜露出內層美麗的漸層色。葉心和外殼純白無瑕，淡綠色的菜葉，色調往中心漸漸轉變成黃色。我家裡最大的碗，是法蘭送給我當結婚賀禮的烤火雞平底鍋。我在鍋裡注滿冷水，把剖半的白菜浸泡進去清洗乾淨。接著倒掉鍋裡的水，在菜葉之間均勻撒上四分之一杯鹽，然後連鍋帶菜靜置於流理臺，設定計時器，等半小時後翻面。

唯一讓我感到陌生的材料是糯米粉。食譜上說，我得用清水把粉化開，用糯米糊當作黏著劑。我在小鍋子裡舀了兩湯匙糯米粉，加入兩杯水，等粉糊開始冒泡結塊時，再加入兩湯匙糖。我調的糯米糊，看起來比槌子姊做的還要濃稠，乳白色、黏糊糊的質地，乍看之下和精液相去不遠。

一次挑戰做兩種泡菜，或許野心太大，但我盤算著，反正醃料是一樣的，調了正好能用在兩處。趁著幫大白菜翻面的計時器還沒響，我在平底鍋的另外半邊清洗蘿蔔。我拿著蔬菜刷，來回擦洗白蘿蔔髒兮兮的表面，但怎麼刷都刷不乾淨。因此，我決定替蘿蔔削皮，原本就不大的蘿蔔，削了皮更是足足少了一公分厚，但終於露出透亮的白色。計時器響起，我把剖半白菜翻個面，繼續浸泡在鍋底出現的鹽水汁液裡。菜葉已經開始發軟了。

我用攪拌器搗碎洋蔥和薑蒜，與金太太當初做牛小排醃醬的方法沒兩樣。接著，我把蘿蔔移進我最大的一口鍋子裡，把半邊平底鍋沖洗乾淨，然後在攪碎的香辛料裡加入魚露、蝦醬、辣椒渣、蔥花，再倒入稍早化開到現在終於放涼的糯米糊。拌勻之後的醃料色澤鮮紅、香氣撲鼻，讓我頓時口水直流。計時器最後一次響起後，我撈起所有的蔬菜，仔細沖洗乾淨——這時候就不得不慶幸我家雖然只有一個水槽，但真是大得可以。

公寓裡十分悶熱，即使所有窗戶都打開了，我還是滿身大汗。我於是把上半身脫得只剩一件運動內衣，順便也確保了泡菜不會沾到衣服上。因為流理臺臺面空間不夠，我把鍋碗全堆在廚房地上，也把盛裝了鮮紅醬料的平底鍋放在兩腳之間的地板上，再把洗淨的白菜放進去，然後照著槌子姊的指導，把醬料在菜葉間塗抹均勻，一邊深深吸氣，品味那股香氣。影片還在播放，我十根手指全都紅通通的，所以揚起下巴按暫停。我把泡菜摺成整齊的一束，塞入陶甕底部，再把蘿蔔覆蓋上去。

我們沒有洗碗機，所以我又花了半個小時，手動清洗平底鍋和攪拌器，再拿抹布擦掉地上頑固的泡菜醬漬。從製作到收拾，總共花費了三個多小時，但過程十足療癒，而且比我想像中簡單。

經過兩星期的發酵，成品完美之至，是每一頓飯的最佳良伴，天天肯定著我的能力和努力。親手製作泡菜的過程，讓我更懂得珍惜這道小菜。從小到大，每次吃飽飯後，盤子裡如果還剩了兩、三片泡菜，我只會漫不經心地扔掉，但現在自己從零做起以後，凡有沒吃完的泡菜，我都會一絲不苟地歸回我的甕裡。

我開始固定每月做一次泡菜，這是我療癒自己的新方法。新的一批當小菜下飯，舊的一批可以留下來煮湯鍋、煎餅或炒飯。做得多了吃不完，就分送給朋友。我的廚房開始被愈來愈多玻璃密封罐占據——個個裝滿不同種類、不同發酵階段的泡菜。流理臺上那個，是第四天的小蘿蔔，酸味才正要出現。冰箱裡的那個，是第一階段的白蘿蔔，正在釋出水分。砧板上，一顆大白菜剛被我切掉根部，還等著洗鹽巴浴。蔬菜在魚露、薑蒜、苦椒醬的豐富香氣中逐漸發酵的氣味，飄散在我綠點區公寓的小廚房裡。我不時想起媽媽以前老是提醒我，不要和不愛泡菜的人談戀愛。氣味滲進你的毛孔，他們時時刻刻都會在你身上聞到。媽媽無非是換個方式告訴我：「看你吃什麼，便知你是誰。」

19 泡菜冰箱

Kimchi Fridge

媽媽去世一年後，那年十月，爸爸把我們的房子刊登出售。他把銷售手冊寄給我看，上緣一角印著房屋仲介的照片，是一男一女，背對背站在綠幕前拍的照片，而綠幕經過後製，換上了從圖庫找來的威拉米特谷風景照。那張照片只有郵票大小，兩人小小的牙齒看上去格外像用畫出來的，像兩條筆直的白線。男的身穿粉紅色襯衫配紅領帶，女的穿一件紫色大圓領上衣，相片邊框非常好心地正好切在她的事業線上方。就是這兩個人，將要賣掉我童年的家。

下面刊登的實景照，看得我心惶惶然，放在廣告中，看起來如此熟悉卻也如此陌生。房仲建議爸爸，房子售出前先留著大部分家具；不過他們重新擺設了一番，好吸引新的買主。

我的房間裡原是橘色和綠色的牆壁，被重新漆成潔白無暇的蛋殼白，相片旁標註「臥房#3」。原本擺在客房的邊桌也被移進我房間，好讓室內看起來不那麼空蕩。邊桌上放著一座小鐘，還有單獨一隻豆豆娃，一定是我把它們全收集起來捐出去的時候，它不知如何躲過了。

每一張床上的枕頭，都還裝著媽媽的棉質枕頭套。餐桌玻璃墊下壓著的桌巾，是她當初挑的，桌角也還是那個在我五歲時，把我的頭殼撞凹的桌角。我爸媽的浴缸，也就是媽媽掉了一池頭髮的浴缸，還在原處；但讓她用去無數時間搔首弄姿、首次目睹自己掉了許多頭髮的全身鏡，已不知被移去哪裡。洗手台上，她瓶瓶罐罐的防曬乳、保濕霜都被清掉了，獨留一瓶藥瓶包裝的Dial牌洗手乳。她嚥氣的那張床仍大大方方擺在主臥室。我們家的後院，我和彼得結婚的地方，照片的對比被調得太高，草坪簡直都成了螢光綠色。「來這裡生活。」手冊上如此寫著，歡迎著某個無名的新家庭。

我們搬進這棟房子，是我十歲的時候。我還記得剛開始，每次發現前一戶人家住過留下的痕跡，我總是反感極了。例如客房的更衣間裡有一座沒上漆的書架，層板上不知被誰用藍色原子筆刻寫了多個運動隊伍的名字。後院山坡下的一棵大樹旁，立著一尊袖珍的修女木雕像；小孩子總是特別相信一些稀奇古怪的事，我深信這尊雕像會作祟，好幾次哀求媽媽把雕像清掉，媽媽都不肯。

不知道新住戶又會找到哪些屬於我們的痕跡。有沒有什麼被我們不小心遺留了下來。房仲會不會避談媽媽在其中一個房間裡過世的事。媽媽的魂魄會不會還有部分活在這裡。新入住的人家會不會覺得屋裡陰魂不散。

*

過去幾個月，爸爸都待在泰國，計劃一把房子賣掉，就搬去泰國定居。因為他人在國外，他的朋友吉姆．貝利代他安排，把幾件家具從尤金運到費城給我。其中有三件大型家具：一張加大尺寸雪橇床、一台山葉直立式鋼琴，還有媽媽的泡菜冰箱——我家公寓沒處擺這冰箱，所以會暫時先寄放在彼得父母郊區的家。

幾星期過去，我才總算親眼看到這台冰箱。那是感恩節，媽媽不在以後的第二次感恩節。我做了地瓜天婦羅，以前感恩節時，媽媽都準備這道料理帶去朗恩伯伯家。我記得開車去的路上，我把沉重的餐盤托在腿上，保鮮膜底下高高堆著裹了麵衣油炸的地瓜。

回程路上，餐盤已一掃而空，媽媽總會得意地自誇，說我那幾個美國的表兄弟姊妹有多愛她做的天婦羅。

我買來天婦羅粉和一大瓶芥花油，又買了六個日本甘藷，有著暗紫色外皮，切開來看的是白色的，比一般生鮮超市賣的地瓜要來得細長。我把甘藷洗淨，切成約零點五公分的圓片。將天婦羅粉加入冰水，調成稀薄的麵糊。地瓜片逐個蘸裹上麵衣後，一次一批放入熱油鍋中油炸——要小心別下太多，免得在油花四濺的鍋裡推擠沾黏。等到炸得香酥，呈現金黃色澤，就用筷子夾出來，放在紙巾上吸乾殘餘的油脂。我咬開一片剛起鍋的酥脆地瓜，舔了舔唇上的油，再用食指沾起從邊緣落下的麵衣脆屑。不知道為什麼，媽媽做的天婦羅不管從哪裡咬都完美酥脆，我做的卻好像麵衣沒裹均勻，不過已經夠像了，而且能維護我們家的小小傳統，也讓我備感開心。

來到巴克斯縣以後，我的天婦羅幾乎沒有人動，慢慢塌軟下去，變成一堆冷而濕軟的圓形。我試過加上一點自己的創意，用牛皮紙捲成圓錐形小紙筒裝天婦羅，看起來或許比較方便取食，但彼得的家人比較喜歡他們自己的傳統菜色，盤內清一色舀的是火雞餡料和青豆燉菜，只有彼得和他媽媽也添了些我帶來的天婦羅做做樣子。

「吃吃看呀，味道就像炸地瓜薯條！」彼得開口向他親戚推銷，令我驚恐萬分。

「這些是餅乾嗎?」彼得的叔叔問。

*

晚餐後,我下樓去彼得的祖父母住的獨立套房歸還幾個平底烤鍋。廚房遠處的角落,媽媽的泡菜冰箱就躺在那裡,和乞沙比克灣帆船擺飾、賓州煤鄉紀念文物擺在一起,顯得滑稽突梯。我差點都忘了它還借放在彼得父母家。

碩大灰色的泡菜冰箱,看上去就像一般冰箱橫躺下來,外殼是光滑的塑料。平放約有半身高,有著上掀式的冰箱門,可從上方俯望裡面儲藏的東西。在尤金的時候,我們把它擺在洗衣機旁,媽媽每次要甩平洗好的衣服,身體都得倚著冰箱扭成奇怪的姿勢。

泡菜冰箱內,每一格儲藏空間都有一個棕色方型塑膠盒,用於存放不同種類的泡菜。我湊進去深深吸氣,半是希望能聞到一絲媽媽多年來儲藏的小菜的氣味,半是希望沒遺漏什麼,得趕緊拿出彼得的爺爺奶奶家外扔掉。我敢發誓,冰箱內部聞起來雖然大多是乾淨的塑膠味,但我真的嗅到了很淡很淡的辣椒和洋蔥味。我探頭往內看,發現塑膠保鮮盒好像裝著東西,但絕不可能是剩下的泡菜。畢竟,我們把冰箱暫存在這裡好幾個月了，若真是泡菜，老早就臭酸腐敗了。我拉著棕色提把，提起一個保鮮盒，重量意外很沉。我放到廚房桌上，打開塑膠盒蓋四邊的壓釦。

不是蘿蔔泡菜和辣白菜泡菜，不是發泡冬沉水泡菜，也不是滋味樸實卻能補充精力的什錦野菜。媽媽珍惜地用來儲藏各色小菜和發酵醬料的盒子裡，放著數百張、我們一家人的舊照片。

這些照片雜亂無章，沒照時間或地點排序。有爸媽在我出生前的照片——爸爸站在一座雪雕前，在寒風中拱縮著身子，雙手插在口袋裡。他那時還很瘦，理了一頭黑色短髮，唇上蓄著黑鬍髭，身穿藍色牛仔褲和鞣革長外套。照片用的是富士ＨＲ彩色底片，成色有一種魔幻又懷舊的質感。

我嬰幼兒時期的照片也不少，很多的我都裸著身子——或在前院草坪，坐在紅色腳踏車的後座上；或在廚房中島旁，高踞在高腳椅裡；又或是倚靠門框，手裡拿了一盒彩色鉛筆，木琴的小槌子散落在我面前的地毯上。還有一張，我蹲在草地上，一隻手臂上套著零食起司球吃完後的塑膠空罐，像條野狗似地盯著相機瞧。

我知道鏡頭後面的人一定是媽媽。將我捕捉並保存下來。我單純的喜悅。我內心的小宇宙。有一張照片裡，客廳鋪著一條小被子，我躺在那上面，沐浴在面北的窗戶照進來的斑斑陽光下。我還記得，那時的我假裝漂浮在水面上，而散落在被子上的幾件雜物，是我在這艘幻想的小船上僅有的財產。另一張照片是站在遠處拍的，照片裡只見一個小娃兒獨自在車道上，坐在一條毛巾裡，那想必是一條被側風吹飛的魔毯吧。我在照片中也看見了媽媽。她不在景框裡，但我能看見她，站在最上層臺階，拋棄式相機抵在單邊眼前，自始至終一直在門口看顧著我。我能聽見她在兒童搖椅前指揮我屈起膝蓋，手上的米老鼠長襪捲成一圈，等著套上我的腳。我身上的黃洋裝也是她替我穿上的，脖子套進領口的同時，她會叫我「手舉高高」，拉著我的手臂穿進袖子裡。我在周圍的景物裡尋找她，彩繪荷蘭小屋、芭蕾舞孃瓷偶、水晶雕刻成的小動物。從我的種種表情裡，也能看出我總是在找她——或是抬頭尋求她的肯定，或是搗蛋被抓到，或是抱著她送我的禮物，一臉幸福。

我喚彼得來看，同時我自己翻看著照片，眼淚也不由自主落下。我把我的寶寶照遞給他的奶奶和媽媽。

「好可愛的韓國小娃。」彼得的奶奶把照片湊近眼前，瞇著眼睛稱讚道。

「天啊，瞧瞧這件洋裝。」法蘭從腿上的一小疊照片裡挑起一張，欣羨地驚呼。「看就知道，你媽媽一定很喜歡把你打扮得漂漂亮亮。」

＊

我們在彼得父母家的舊遊戲室過夜。彼得睡著以後，我拿出照片，又重新翻看了一遍。我最喜歡的是那些失誤的照片，是那些客觀來說，媽媽被拍醜了的照片。她沒察覺被拍，湊巧眨了眼睛，雙眼瞇成了一條線。這是為了把底片拍完，在尤金當地藥房隨興拍下的一張照片。在情人節裝飾立牌前，在投幣式兒童遊樂機旁，在陳列紅酒瓶的走道間，在展售椅子的草地上，她笑著擺出種種姿勢。有一張在車庫門旁突襲拍下的照片，她正要關上她那輛白色五十鈴休旅車的後車廂門。我彷彿就在現場，看著她從駕駛座那一側繞過車子，把買回來的雜貨拖進屋裡，臉上一如既往，戴著大大的太陽眼鏡，嘴巴微微張著，像是話說到了一半。我彷彿能聽見她叫我把相機放下。

乘其不備拍下的照片，照片中的她率真而無造作。例如，她坐在沙發上，我背對她，正在拆恩美阿姨送的禮物——照片中的她沒有察覺鏡頭，但我看得出她對我散發出的關愛。還有張照片，照片裡的她斜躺在椅子上，仰頭正要啜飲啤酒。或者又有張照片，她坐在我們舊家客廳地毯上，望向鏡頭外的某樣東西，睡袍滑落她的一邊肩頭，上臂可以看見接種疫苗的疤痕，乍看像是汽車點菸器燙出的疤。以前她一天到晚因此擔心，我會不會哪一天也留下傷疤。她自覺有責任保護我避開一切可能的遺憾。

她是我的榜樣，她是我的資料庫。她盡了無微不至的心思，保存我存在和成長的證據，用影像捕捉住我，收存與我相關的每一份文件和每一樣物品。關於我的一切，她全都瞭如指掌。我出生的時間，我未曾萌芽的夢想，我讀的第一本書。每一個性格的形成，每一個小病痛和每一個小成就。她一直細細觀察我，基於無人能比的興趣，以及永不疲倦的奉獻。

而今她不在了，再也沒人能讓我詢問這些事。所有沒被記錄下來的事，已隨她一起死去，剩下的只有文件和我的記憶。借助她留下的微小線索，現在，輪到我來了解自己了。一個做孩子的，追溯起母親的形象，就像一個被記錄的檔案，回頭記錄起保管它的人——有如一場輪迴，多麼苦澀而又甜美。

我曾經把發酵想成抑制死亡。一顆大白菜頭被留在角落，發霉腐爛，漸漸被細菌分解，不再能夠食用。但若浸泡在鹽水裡儲藏起來，它腐壞的進程就會被改變。醣類分解，生成乳酸，反過來抑制菜葉腐敗。釋出的二氧化碳使鹽水酸化。菜葉慢慢變老，顏色和質地發生變化，味道愈來愈酸、愈來愈辛辣。它變化了形體，進而存活下去。所以發酵其實不太算是抑制死亡，因為同時它也迎來了一個全新的生命。

我所保存的記憶，我不能任其潰爛。我不能讓創傷滲透、擴散，讓記憶腐化成無用之物。那些記憶，是我應當悉心照顧的時光。我們共有的文化，還在我的肺腑、我的基因裡持續作用，我應該把握它、滋育它，不能讓它葬送於我。如此一來，終有一天，我能將它傳承下去。她授予我的教誨、她活過的證明，都還活在我的身上，活在我的一舉一動、一言一行之中。我就是她的遺物。既然不能和媽媽一起活著，我可以成為她。

*

回紐約前，我開車去了一趟艾金斯公園。我想再去一次彼得和我爸媽初次見面那一天，我帶他們去的韓國浴場，給人搓搓背。我脫了鞋，放進入口的方格木櫃，走進女更衣室、找到分配給我的置物櫃後，脫下全身衣物。我盡量耐著性子，把物品收拾整潔，衣服也摺成整齊的一疊，我的身子自然地拱縮起來，想遮住重點部位。

小時候，外婆家附近有一間汗蒸幕，韓國婦女不分年齡老幼，在這裡都是全裸泡在不同溫度的池子裡，也一起在蒸氣室和三溫暖室裡蒸汗。媽媽每一年去，都會額外付錢請人替我們全身搓澡。先泡過半小時熱水浴後，我們兩人肩並肩躺在塑料包覆的按摩床上，兩個只穿了鋼圈胸罩和鬆垮內褲的浴場大嬸會跟著走進來，按部就班地替我們搓澡——憑一塊肥皂和一雙粗糙的絲瓜絡手套，就足以把我們搓成兩隻粉嫩嫩的新生幼鼠。過程會花上近一個小時，當你目睹身上的髒汙，化作捲曲的灰色黏屑，堆成令人作嘔的一團積在床緣，那就是搓澡的最高潮。接著，大嬸會端起一個大塑膠桶往你身上倒，用溫水沖淨髒汙，然後命令你翻身換面，繼續再來。等你全身每一面都翻過一遍，你會感覺自己頓時好像少了快一公斤重的死皮。

浴場裡，有幾個年長的婦女在泡澡，皮膚鬆弛，肚子鬆垮垮地垂著。我盡可能禮貌性地別過視線，雖然眼角餘光三不五時還是會瞥見她們。人若老了，身體都會變成這樣嗎？我忽然感到好奇，又想到我永遠沒機會觀察媽媽的皮膚會如何鬆弛或長出皺紋了。

我泡了約半小時的熱水澡後，一個穿著白色胸罩和成套內褲的大嬸過來叫我躺到她的塑料按摩床上。她奇怪地看了我一眼，似乎納悶一個小姑娘沒事怎會跑來這裡。但搓澡的途中，她什麼也沒說，頂多每幾分鐘會開口下令——

「轉身。」

「側躺。」

「趴著。」

我瞄到灰色黏屑不斷從我身上被刮下來、堆積在床緣。我真想問她，和其他客人相比，我的髒屑算是多或是少呢？就在我朝左側躺，即將翻完最後一面前，大嬸停下動作，似乎現在才注意到什麼。

「你是韓國人？」

「是，我在首爾出生。」我盡可能答得飛快。說起熟知的單字，我的舌頭放鬆又自在。我特意用韓語說，且盡量說得天衣無縫，像是要令她刮目相看，或者更實際的目的，是想遮掩我語言的弱點。嬰兒時期周圍全韓語的環境及日後去韓國學校上課的那些年，養成了我模仿讀寫的能力。但凡是我熟悉的字句，我可以照著圍繞在嬰兒時期的我身旁的那些女人們，用和她們一模一樣的發音咬字順口說出。不過，我的完美發音也只能到這裡而已，再下去我又變回笨拙的啞巴，為了一個基本的不定詞都得絞盡腦汁想上半天。

大嬸打量著我的臉，彷彿想在上面找到些什麼。我知道她在找什麼。以前學校裡的同學也會用這種眼神看我，接著就會開口問我是哪裡人，只是問的方向和現在顛倒過來。大嬸在我臉上，想找到一絲她指認不太出來的韓國人的特徵，某種和她相像的特徵。

「我媽媽是韓國人，爸爸美國人。」我又用韓語說。她閉起眼睛、張開嘴，邊點頭邊發出「哦——」一聲，然後又重新看著我。她仔細地端詳我，像是要把屬於韓國人的部分給挑出來。

還真是諷刺，我曾經那麼渴望自己能融入白人同儕，一心希望沒人會注意到我身上韓國人的特徵。可如今我卻十分擔心浴場裡的這個陌生人看不出我是韓國人。

「你媽媽是韓國人，爸爸是美國人啊。」她用韓語複誦了一遍，接著嘰哩呱啦又說了許多話，速度快到我再也跟不上。我假裝聽懂，模仿韓語咕噥應了幾聲，心裡迫切希望能這樣繼續裝下去，裝得夠久，或許還有機會逮到一、兩個我認得的字。但她終於還是問了一個我聽不懂的問題，剎那間她也意識到，她和我已經別無其他共鳴之處。我們可共享的事，只到此為止而已。

「你很漂亮。」她說。誇我臉小，長得美。

這句話我小時候聽過好幾遍，但如今感受很不一樣。我頭一次想到，她在我臉上尋找的東西，說不定正在消失。我身旁不再有一個夠資格的人可以解釋我的存在。不管是什麼輪廓或顏色界定了我那珍貴的一半血統，我擔心它都正逐漸淡去，彷彿少了媽媽，我的臉也不再有資格擁有那些特徵。

大嬸端來一個偌大的洗臉盆，舉到胸前往我身上一沖，讓溫水沖遍我的全身。她替我洗了頭、按摩了頭皮，然後用毛巾將濕頭髮俐落地包起來，固定在我頭頂；我剛才也學更衣間的老太太試過把頭髮包起來，但都不成功。大嬸讓我坐起身，握起拳頭替我搥背，最後大力拍了我一下：「好了！洗好了！」

我坐在塑膠凳上把身體沖洗乾淨，拿大毛巾擦乾身體後回到更衣室，換上寬鬆的三溫暖衣，是一件大尺碼的螢光色棉T，以及一條有著鬆緊褲頭、褲管寬大的粉紅色短褲。我移步到暖玉汗蒸房，這裡號稱對健康有些微療效。

裡頭沒有別人，只擺著兩個木枕頭，看起來像縮小版且少去上半截的枷鎖。我在牆邊躺下來，把脖子枕在枕頭凹處。這裡的燈光昏黃，泛著暖橘色調。我覺得舒暢、潔淨，煥然一新，彷彿脫去了無用的外殼，彷彿接受了洗禮。地板底下有暖氣加溫，屋內溫度暖和得恰到好處，像是進入健康之人的體內，像是回到子宮。我閉上雙眼，眼淚撲簌簌地流下臉頰，但我一聲也沒吭。

20 咖啡一杯

Coffee Hanjan

我和彼得搬到布魯克林約一年後，我在爸媽家山坡下的那間小屋裡寫的迷你專輯，意外開始受到不少的關注。好笑的是，當初發表這張專輯，用的是「日式早餐」(Japanese Breakfast）這個我多年前想到的藝名；某一天晚上，我夜深沒睡，無聊瀏覽著木托盤上整齊擺著炙燒完美的鮭魚肚、味噌湯和白飯的照片，腦中就浮現了這個名字。馬里蘭州霜堡市一間小廠牌，主動提議把專輯灌錄成黑膠唱片。唱片封套很榮幸地用了媽媽的照片，是她二十多歲在首爾拍的一張舊照：她身穿白西裝外套和皺領襯衫，和一位老朋友一起入鏡。我把媽媽的兩張水彩畫印到唱片中央的紙標上。我回憶她而寫下的歌，將繞著回憶的主人不停旋轉。

唱片於四月發行，同年夏天我便收到邀請，擔任創作歌手蜜絲琪（Mitski）的開場樂團，進行為期五週的全美巡演。同時，我前後花了幾星期，每晚下班後斷斷續續寫出的一篇文章，題為〈愛與失去，以及泡菜〉（Love, Loss, and Kimchi），獲《魅力》（*Glamour*）雜誌評選為年度散文，獎項包含作品將獲得雜誌刊登、與著作出版經紀人會面，以及五千美元獎金。我搬來紐約，原想擱下我的創作野心，專心把力氣拿來在職涯發展上奮鬥爬升，沒想到種種跡象都顯示，現在還不是我掛冠求去的時候。

我辭去廣告公司的工作，而《精神盛宴》專輯獲得的迴響持續發酵，允許我全心投入追求音樂事業，這還是成年以來的頭一遭。我組了個樂團，大夥兒驅車上路，開上九十五號州際公路沿東岸一路南下，轉進十號州際公路，橫貫路易斯安納州綿延的溼地，穿越德州西部和亞利桑那州空曠的沙漠。而後，我們再沿五號州際公路北向駛經太平洋岸巍峨的峭壁和山脈，回程經過俄勒岡州霧氣瀰漫的山谷；我順道在媽媽的墳上留下了鮮花，她的墓碑上刻的字已經改正過來，終於刻著「可愛的」母親、妻子兼摯友。我們在WOW會館的表演座無虛席；同年底，我們甚至在傳說中的水晶舞廳（Crystal Ballroom）登台演出，台下十六歲的少女咧著嘴對我笑，就像當年的我對著自己奉為偶像的樂手咧嘴傻笑。

那一年巡遊全美國的漫長路上，我們為愈來愈大牌的表演者擔任開場嘉賓，自己也慢慢地當上了主秀。

演出後，我們在場外販售紀念T恤和CD專輯，來買的往往也是混血兒和其他亞裔美國人；他們和我一樣，也苦於沒幾個歌手或藝人長得像他們。此外，還有很多人也是失去父母的孩子，他們會告訴我，這些歌如何幫助了他，我的故事對他們如何有意義。

當樂團逐漸有了足夠能力可以維持財務運作後，彼得也加入擔任主吉他手，加上克雷格擔任鼓手，戴文回歸擔任貝斯手，樂團的編制完整多了。我們在加州參與了科切拉音樂節（Coachella），在田納西州的波納羅音樂節（Bonnaroo）也登台亮相。我們巡演至倫敦、巴黎、柏林和格拉斯哥。住宿在假日飯店，出入有專車接送。經過一年北美的演出和三次歐洲巡演後，我們的演出經紀人來了一通電話，說有個機會讓我們前往亞洲巡演兩星期。可想而知，首爾會是最後一站。

我立刻傳訊息告訴南怡阿姨，我們十二月底會去韓國看她。

這一年來，我和她一直都有聯絡，但語言隔閡讓很多事難以細述清楚。大多數時候，我們只會簡單寫一句「愛你喔」和「想你喔」，附上各種表情貼圖和我努力做出的韓國料理的照片。我盡可能向她解釋，我的近況順利，樂團做出了一點成績。但我不確定她懂不懂意思，也不確定她會不會相信，直到我在訊息裡告訴她，我們將在首爾開一場演場會，時間預計是十二月的第二週。

訊息發出去才過一會兒，我就接到了電話。

「嗨，蜜雪兒，你好嗎？我是艾絲。」

艾絲是姨丈與前妻的女兒。她大我五歲，曾留學於紐約大學法學院。目前她和丈夫及一歲的女兒定居中國，現在正好回韓國探望家人。

「南怡剛才跟我說，你再過幾週會來韓國表演，是真的嗎？」

「是真的！我們會在全亞洲巡迴兩星期，最後一站是首爾。我和彼得打算演出結束後，租間公寓在韓國多待幾星期。可能會選弘大區吧。」

「哦，弘大區很好玩喔。聚集很多年輕藝術家，跟布魯克林一樣。」她停頓了一下，我聽見背景傳來南怡阿姨說話的聲音。「我們……我們只是不太懂，是有公司贊助什麼的嗎？」

「公司？」

「呃，就是……我們只是好奇，是誰付錢給你們？」

我笑了。我當然不是頭一次遇到這個問題，尤其多年來，經歷這麼多自費租用場地的自助式巡演後，我自己也常不敢相信現在的境遇。「簡單來說，就是會有主辦單位安排演出，我們演出者的薪水就從門票收入當中支出。」

「哦……我懂了。」她說，雖然我覺得她大概沒聽懂。「總之呢，我真的很想去看你的演唱會，可惜到時候我已經回中國了。南怡說她和我爸都很期待。」

*

亞洲巡迴始於香港，接著會依序前往台北、曼谷、北京、上海、東京、大阪，最後結束於首爾。每晚的表演約有三百到五百名觀眾。各地的主辦單位會到機場來接我們，帶我們遊覽城市，在前往場館的路上介紹風景、地標，把我們的需求透過翻譯轉達給當地舞台的工作人員。最重要的是，他們會帶我們去品嘗地方美食。

這與北美巡演相比簡直是天壤之別，我們在美國長途開車，路上常常只能靠加油站的零食和連鎖速食店充飢。在台北，我們去士林夜市吃了蚵仔煎和臭豆腐，還發現堪稱全世界最好吃的湯麵：台灣牛肉麵。彈牙的麵條，配上大塊厚實的燉牛腱，再佐上肉鮮味美的湯頭，湯底濃郁到幾乎能稱作肉汁了。在北京，我們在十五公分厚的積雪中艱辛跋涉了近兩公里路，終於吃了到麻辣鍋。對著咕嘟冒泡、浮滿辣椒和四川花椒的熱湯，盡情涮起薄片羊肉、爽脆蓮藕和帶土味的水芥菜莖。在上海，竹蒸籠堆成高塔，供我們大口吞吃湯包，咬破柔軟又有彈力的包子皮，隨即迸出滿口鹹香湯汁，滋味著實令人上癮。在日本，我們咻咻有聲地吸著那令人墮落的豚骨拉麵，小心翼翼啃著還冒著煙的章魚燒，上頭的柴魚片也隨著熱氣起舞；幾杯威士忌蘇打調酒下肚，回過神來大家已醉得東倒西歪。

巡演邁入尾聲。我們飛抵仁川機場，到特大尺寸行李提領區取回了我們的吉他。在入境大廳等待、迎接我們的，是我們在韓國的聯絡人喬恩（Jon）。喬恩為我們在首爾弘大區一間俱樂部安排演出，他在同一區經營一家小唱片行，店名取自他養的貓咪，叫飯捲唱片（Gimbab Records）。貓咪的名字源自於韓國傳統的海苔飯捲，是每當輪到為韓國學校準備晚餐時，媽媽總會固定做的一道菜。喬恩長得高高瘦瘦，頂著清爽俐落的短髮，衣著樸素而略顯保守，寬鬆的黑長褲配深藍色短呢外套，看上去比較像個平凡的上班族，不像是演唱會代理人兼黑膠唱片酷店老闆。

雖然抵達時間已晚，喬恩還是帶我們去吃晚餐，順便見見他的事業夥伴光希（Koki）。光希是個脾氣溫和的日本男生，臉上經常掛著傻呼呼的笑容，韓語和英語都說得很流利。他的個性真誠直率，正好與喬恩形成完美互補。我們在席間慶祝我重回故鄉，配著泡菜煎餅乾了好幾大杯Kloud啤酒，還是很難讀透喬恩的心思。

隔天，我們把設備搬進V Hall俱樂部，為當晚的演出做準備。這個場地可容納約四百餘人。團員休息室裡擺滿了我童年回憶裡的韓國零食，有蝦片和小張谷蜂蜜脆餅、地瓜薯條和香蕉米球，有切片的東亞甜瓜，甚至還有一小盒韓式炸雞。喬恩為南怡阿姨和姨丈在可以俯瞰舞台的包廂預留了座位。他們兩人帶著花束提早到場來看我。我們擁抱寒暄並一起合影留念。南怡阿姨告訴我們，現在最流行的姿勢是把食指和拇指垂直交叉，比出小小的愛心形狀。

上了舞台後，我花了片刻環顧這整個空間。即使處在事業的頂峰，我也沒想過自己能在媽媽的故鄉、在我出生的城市舉辦演唱會。我好希望媽媽能看到我，以我成為這樣的一個女人為傲，以我建立的事業為豪，她長久以來擔心我永遠做不到的事，現在真的實現了。我很明白，樂團的成功與她的逝去脫不了關係，我唱的這些歌無一不是在懷念她。儘管矛盾至極，但現在，比起任何東西，我更希望的是她在場。

我深吸一口氣。「안녕하세요，大家好嗎！」我對著麥克風大喊，樂團隨即奏出歌曲前奏。

大概從十歲起，我就不再相信神，祈禱的時候，心中總是想像自己在對電視裡的牧師羅傑斯先生禱告，但媽媽去世後這幾年，我彷彿被施加了祝福，人生順遂得令人懷疑。我從十六歲就開始玩樂團，幾乎一輩子都夢想能以一個創作人的身分，以一個美國人的身分，闖出名號。不顧媽媽把醜話說在前頭警告我，我認為自己有資格追求這件事，然而卻要到她死後，這些事才驟然發生，有若奇蹟。

假如神真的存在，看來一定是媽媽踩著脖子命令祂，讓好事發生在我身上。既然非要在我們正要迎來轉機、大小事才剛剛且真正有起色的時候將我們拆散，神至少能幫忙實現她女兒的幾個白日夢吧。

媽媽要是見到這兩年來，我竟然裝扮得漂漂亮亮接受時尚雜誌拍攝，竟然第一次有韓國導演抱回奧斯卡金像獎，YouTube上百萬人次觀看的頻道竟然主打十五步肌膚保養對策，她想必會呵呵笑個不停。雖然這感覺與我的信仰相違，但我不得不相信她在天上一定笑著。她一定很高興，我終於找到了我的歸屬。

唱最後一首歌之前，我抬頭望向阿姨和姨丈的包廂，感謝他們今晚前來。「阿姨，歡迎光臨我的公司。」我說著朝觀眾伸出手，這就是我的公司。樂團眾人轉身，擺出阿姨教我們的手指比心姿勢，和身後讓門票銷售一空的滿場觀眾大合影。許許多多的少年少女走出會場時，腋下都夾著唱片，散入城市的街道中，唱片封套上有媽媽的臉，她的手伸向鏡頭，彷彿剛剛放開了底下誰的手。

＊

演出結束後，喬恩和光希邀請全團去一間黑膠唱片酒吧慶功，店名取作「牛肚火鍋」（Gopchang Jeongol），但菜單上遍尋不著這道菜，倒是有各色下酒菜任君選擇。例如無可挑剔的辣拌海螺——海螺肉拌上辣椒和醋醬，放在冷麵上一起食用，也有泡菜豆腐和小魚乾花生。

酒吧內只點著耶誕燈泡和冷光ＬＥＤ燈，朦朧的光影在牆上跳動。圓拱形的天花板，磚塊裸露在外，給人一種地下倉庫的感覺。前方有一座舞台，台上有兩個唱片轉盤，一名ＤＪ站在三公尺高且塞滿黑膠的唱片架前，正在播放六〇年代韓國搖滾、流行歌和民歌。店內其他客人坐在木桌旁，不時會隨著某首熟悉的旋律跟著哼唱起來。

克雷格和戴文學到韓國人喝酒的禮節——不可以替自己倒酒，為長輩斟酒得用雙手。喬恩也教我們玩了幾個飲酒遊戲，例如一種叫「鐵達尼號」，會在盛滿啤酒的杯中放上一個小酒杯，大家輪流往小杯子倒燒酒，誰把小杯子弄沉了，就得乾掉整杯酒。這種燒酒

兌啤酒的致命組合稱為「燒啤」(소맥，somaek)，是讓韓國人宿醉常見的罪魁禍首。

我們用小玻璃杯喝冰涼的客思啤酒，綠色瓶裝的燒酒也倒光一瓶又一瓶，斟滿燒酒的小杯輪流傳給每個人，尤其最常推向喬恩面前，我們想藉此機會敲開他的心扉。步入深夜後，我們總算有了點進展，喬恩開始聊起音樂來了。

隨著話題帶到六〇年代的韓國搖滾樂界，我聽得更是聚精會神。媽媽很少聊起她都聽些什麼音樂長大。事實上，對於韓國音樂的整體發展，我的認識少之又少，只知道幾個在美國粉絲日增的K-pop樂團，還有一個叫「FIN.K.L」的少女團體，也是九〇年代末在善永表哥的耳濡目染下才知道的。

酒吧的客人陸續散去後，喬恩點播了一首申重鉉（Shin Jung-hyeon）的歌給我們聽，這個人有點像韓國版的菲爾．史佩克特（Phil Spector），為六〇年代的女子團體製作了不少甜蜜的歌詞和迷幻的樂句。喬恩點播的是為歌手金貞美（Kim Jung Mi）寫的一首歌，歌名叫〈陽光〉(햇님，*Haenim*)。這是一首綿延長達六分鐘的民歌，開頭始於手指撥木吉他弦，隨著歌曲推展慢慢添上憂傷的弦樂。我們靜靜地聽著，誰也聽不懂歌詞，但這首歌有一種迷人且歷久不衰的特質，我們為之沉醉、為之憂鬱，也為之感動。

＊

隔天，我和彼得醒來後，頭還隱隱作痛，與其他團員道別後，我們從下榻的飯店移動到出租公寓，往後幾個星期我們都會住在這裡。我們會用一些時間陪陪我阿姨和姨丈，我也打算寫幾篇與韓國文化和飲食相關的文章，描述飲食如何喚回我希望牢牢珍藏的那些關於媽媽的回憶。

南怡阿姨照例用只有她才知道的方式寵溺我們。她知道最好的一切要上哪裡去找——最新鮮的海產、最上等的肉品、最快送到家的炸雞、哪一家酒吧的現榨啤酒最冰、哪一家餐館的嫩豆腐煲最辣；哪裡的牙醫、驗光師、針灸師技術最好，問什麼都難不倒她。你說得出需求，她都有最佳人選。不管是豪華大樓頂樓的港式點心，還是某條巷弄裡的冷麵，乃至於某戶濕漉漉的院子裡，大嬸蹲在水泥地上對著排水孔親手沖洗的麵條，阿姨總是不忘預先塞給人家一點小費，確保我們能獲得最好的產品和最佳服務。

在明洞逛街累了，她帶我們去媽媽最喜歡的刀削麵館，店裡除了有牛骨湯刀削麵、菜肉蒸餃，還能吃到蒜味特重、「臭」名遠播的辛辣生泡菜，吃完之後嘴裡的蒜味遠至方圓一公尺外都還能聞到。

江南車站地下有一座地下購物商城，與這座首爾最大的地鐵站相連，我們一起在商城逛街，瀏覽各色商品。我不斷想起以前和媽媽一起購物的那些時光。媽媽會用她獨特的方式鼓勵我買東西，如今我一個人去購物時，總是異常想念。不知道店員們會不會以為南怡阿姨是我媽媽。不知道阿姨是否也想著同一件事。某種程度上，我們各自都在進行角色扮演，溫柔地充當彼此心中深盼能活過來的死者。每當我停下來細看某件商品，南怡阿姨就會堅持由她買給我。一件紅色繫帶的碎花圍裙，一雙腳趾頭上有小笑臉的居家拖鞋。她喚彼得過來幫忙提袋子。

「挑夫！」她說。我們聽了都哈哈大笑。阿姨三不五時會像這樣語出驚人，用上只有在BBC時代劇會聽見的詞彙，像是護衛啦、蠻族啦，這些老派過時的用語，八成是她幾十年前背誦生字表的時候不知不覺記住的，往後一直塵封在她腦海的角落。

「南怡，你知道申重鉉嗎？」彼得接過購物袋的同時，開口問道。

「申重鉉？你怎麼知道申重鉉？」阿姨疑惑地問。彼得向她解釋，是喬恩在酒吧和我們聊到的。

「你媽咪和我，我們很喜歡珍珠姊妹（Pearl Sisters）。這首歌就是申重鉉的！叫〈咖啡一杯〉（커피 한잔，*Coffee Hanjan*）！」

阿姨在YouTube搜尋到那首歌的影片，用她的手機播放給我們聽。專輯封面是亮黃色的，一對姊妹身穿同款綠色圓點的迷你裙洋裝，擺出妖嬈的姿勢。申重鉉在六〇年代末灌錄了這首歌，演唱交給藝名為「珍珠姊妹」的姊妹雙人組合。南怡阿姨說，這是她和媽媽從小最愛的一首歌。小時候，她和媽媽不只一次在爺爺舉辦的宴會上表演過。她們會穿上互相搭配的衣服，因為沒有搖擺舞靴，所以就用橡膠雨靴來頂替。

*

留在首爾的最後一天，姨丈開車載我們一行四個人去仁川港邊吃晚飯。阿姨塞給老闆娘一萬韓圜，點了海鮮刀削麵，鹹香開胃的湯裡，盛著滿滿的扇貝、蛤蜊和淡菜。一盤新鮮生魚片，淡粉色與白色的魚肉整齊劃一地切成適口大小，佐上店家自製的包飯醬、醃蒜頭、紅葉萵苣和芝麻葉一起吃。帶有海水鹹味的鮑魚，肉質結實，乍看像是小蘑菇切片，切盤後裝在它自身漂亮又立體的殼裡上桌。此外，還有活的蚌船蛤，看起來像洩了氣卻還在蠕動的陰莖。

「這個吃了壯陽補氣！」姨丈說。「對男人很好——有力量！」

「這個呢，這是什麼？」彼得問，對每一樣菜他都躍躍欲試。他的筷子中間夾著一點小菜，是一塊水煮馬鈴薯拌玉米美乃滋。

「只是馬鈴薯沙拉。」我笑著說。

吃完豐富的海產，彼得和姨丈鑽進隔壁的便利商店，出來時手上多了煙火，迫不及待地就在海灘上放了起來。我和阿姨在店裡看著他們，海風呼呼拍動他們的外套。這兩個星期來，天氣嚴寒無情，我特別買了長版羽絨外套，乍看說是睡袋都不為過，但即使裹上了外套，還是冷得發顫。

姨丈和彼得把剩下的煙火都放完以後，滿面潮紅地回到店裡來喝最後一杯啤酒，然後才打道回府。夕陽緩緩沉入黃海。灰濛的天空中，浮現一道鮮豔的橙黃條紋，而後顏色愈來愈淡，直到終於消失。

「我覺得你外婆和恩美，還有你媽媽，現在一定很快樂。」南怡阿姨說。她把我送她的愛心項鍊墜子翻回正面。「她們現在一起在天堂，玩花牌，喝燒酒，很開心又聚在一塊兒。」

我們在麻浦區下交流道，準備返回我們的公寓。路上經過弘益大學，姨丈不禁回憶起他的學生時代。他原本想當個建築師，但是身為家中長子，在那個年代有義務繼承家業。這一帶從當時到現在也改變了很多，街道上如今林立著美容護膚店和精品服飾店，許多小吃攤車兜售著魚糕和辣炒年糕、甜炸熱狗和炸蝦。路上熙來攘往，滿是年輕藝術家、學生和觀光客，街頭藝人帶著攜帶式擴音喇叭聚集在熱鬧處，對著行人現場獻唱。

姨丈靈機一動，提議我們何不去唱個卡拉OK再回家。他把車轉進一條巷子裡，不遠處就有個發光的招牌寫著「練歌房」（Noraebang）。走進包廂，只見迪斯可燈球徐徐旋轉，一格一格的光影在紫色調的昏暗包廂內團團打轉。

南怡阿姨上下滑動觸控式螢幕上的歌單，找到了〈咖啡一杯〉。歌曲在慢拍子、拉長音的銅鈸聲中開場，隨著音符堆疊，吉他隨興的撥弦聲漸漸淡出。當主旋律終於進場時，我發誓我真的在哪裡聽過這首歌。說不定是我小時候，她們在卡拉OK一起唱過。隨著長長的樂器前奏告一段落，歌詞慢慢淡入螢幕。阿姨把第二支無線麥克風遞給我，抓著我的手，把我也拉向螢幕，看著我的臉唱了起來。我隨著她前後搖擺，同時瞇起眼睛望向螢幕，努力跟上旋律發出我會的母音。我在記憶深處拼命搜索這首歌的旋律，雖然搞不好根本就沒有這段記憶，或者那其實是媽媽的記憶，只是不知怎地被我讀取到了。我感覺得到，阿姨在我身上尋找著什麼，而那也正是我過去這一星期以來在她身上尋找的東西。我找的不完全是媽媽，她找的不完全是妹妹，那一刻，我們都是彼此退而求其次的存在。

彼得和姨丈對著拍子敲打鈴鼓，每拍一下，七彩ＬＥＤ燈就會跟著亮起來。我盡可能地跟著唱。我希望用盡我所有的力量，幫助她重現記憶。螢幕上的韓文字逐一亮起，速度簡直和彈鋼珠一樣飛快。我努力追趕在後，故意讓歌詞每次飛出口中時都稍微落後一丁點兒，盼望我的母語會在前方為我帶路。

致謝

首先一定要感謝Daniel Torday，我人生中的重要恩師。大學時代，他被迫讀過我很多真的拙劣得可怕的文章，卻不知何故依然對我有信心。關於寫作，我所知道的一切都要歸功於你的教導。

謝謝Brettne Bloom，我最棒的經紀人、啦啦隊和朋友。你真的改變了我的人生，而且讓過程中充滿樂趣。

謝謝我的編輯Jordan Pavlin，是你聰慧的建議和貼心支持，讓這本書得以成形。

謝謝Robin Desser在Knopf出版社賜予這個故事一個家。你的睿智洞察把這本書打造得更好，只憑我自己是絕對做不到的。

謝謝Knopf出版社每個人的盛情歡迎，讓我感覺像是回到了家，而且家中個個是有頭有臉的人物。各位的熱情和鼓勵，我銘感在心。

謝謝Michael Agger和《紐約客》（*The New Yorker*）雜誌給予難能可貴的機會，大力推了這本書一把。

謝謝Ryan Matteson始終堅定相信我的價值。

謝謝槌子姊（Maangchi）與全世界分享你豐沛的知識。你是一盞明燈，指引了許許多多尋找關係連結和意義的人。衷心感激你的溫暖與慷慨。

謝謝Adam Schatz和Noah Yoo貢獻寶貴時間予我犀利的建言。

謝謝南怡（Nami）阿姨，即使對你來說，轉身別過頭去心裡可能比較好受，你卻仍總是張開雙臂接納我。這幾年來，能與你建立起緊密感情，即便根植於我們共同的悲傷，也當真是上天的恩典。你付出的一切沒有埋沒在我身上，我會永遠珍惜你與我分享的回憶。這就是血緣啊。

謝謝姨丈、艾絲（Esther）、善永（Seong Young）表哥，我在韓國僅剩的家人。謝謝法蘭・布萊德利和喬伊・布萊德利（Fran and Joe Bradley），我的新家人。

最後，最要感謝彼得・布萊德利（Peter Bradley）。為了這本書的誕生，你承受了我的種種脾氣，寫作過程中的我時而狂妄自大，時而徹底絕望，你都一樣寬宏包容著我。我何其有幸，能有你當我的第一個讀者和編輯，你是我最理想的伴侶。我究竟怎會這麼幸運，成功騙到你娶我？我愛關於你的每一件事。最感謝的莫過於你。

作者親選延伸歌單
Crying in H Mart Playlist

Fin.K.L，〈永遠的愛〉（영원한 사랑，*Eternal Love*）

小子大聯盟（Little Big League），〈暗物質〉（*Dark Matter*）

升級（LVL UP），〈*_*〉

幽浮一族樂團（Foo Fighters），〈很久很久〉（*Everlong*）

搖滾戰士樂團（Rock n Roll Soldiers），〈奇妙感覺〉（*Funny Little Feeling*）

謙遜耗子樂團（Modest Mouse），〈暈車藥〉（*Dramamine*）

Yeah Yeah Yeahs樂團（Yeah Yeah Yeahs），〈地圖〉（*Maps*）

超脫樂團（Nirvana），〈莫莉的唇〉（*Molly's Lip*）

白線條樂團（The White Stripes），〈我們會是朋友〉（*We're Going to Be Friends*）

地下絲絨樂團（The Velvet Underground），〈結束以後〉（*After Hours*）

瑪莉亞・泰勒（Maria Taylor），〈贊安諾〉（*Xanax*）

李奧納德・柯恩（Leonard Cohen），〈雀爾喜旅館之二〉（*Chelsea Hotel #2*）

芭芭拉・史翠珊與席琳・狄翁（Barbra Streisand & Céline Dion），〈向他告白〉（*Tell Him*）

比利・喬（Billy Joel），〈義大利餐廳即景〉（*Scenes from an Italian Restaurant*）

木匠兄妹樂團（Carpenters），〈星期一與下雨天〉（*Rainy Days And Mondays*）

席琳・狄翁（Céline Dion），〈我心永恆〉（*My Heart Will Go On*）

日式早餐（Japanese Breakfast），〈在天堂〉（*In Heaven*）

日式早餐（Japanese Breakfast），〈精神盛宴〉（*Psychopomp*）

金貞美（Kim Jung Mi），〈陽光〉（햇님，*Haenim*）

珍珠姊妹（Pearl Sisters），〈咖啡一杯〉（커피 한잔，*Coffee Hanjan*）

沒有媽媽的超市

Crying in H Mart: A Memoir

沒有媽媽的超市
蜜雪兒・桑娜（Michelle Zauner）著／韓絜光譯
一版／新北市／二十張出版／遠足文化事業股份有限公司／2022.06
譯自：Crying in H Mart: A Memoir
ISBN 978-626-95893-3-3（平裝）
一、桑娜（Zauner, Michelle）　二、回憶錄
785.28
111006771

作者　蜜雪兒・桑娜（Michelle Zauner）
譯者　韓絜光
封面插畫、設計　洪愛珠
副總編輯　洪源鴻
責任編輯　柯雅云
內文排版　宸遠彩藝
出版　二十張出版／遠足文化事業股份有限公司
發行　遠足文化事業股份有限公司（讀書共和國出版集團）
地址　新北市新店區民權路 108-3 號 3 樓
電話　〇二～二二一八～一四一七
傳真　〇二～二二一八～〇七二七
客服專線　〇八〇〇～二二一～〇二九
信箱　akker2022@gmail.com
臉書　facebook.com/akkerpublishing.tw
法律顧問　華洋法律事務所／蘇文生律師
印刷　前進彩藝有限公司
定價　四五〇元整
出版日期　二〇二二年六月（初版一刷）
二〇二四年三月（初版十刷）
ISBN　978-626-95893-3-3（平裝）
978-626-95893-6-4（ePub）
978-626-95893-5-7（PDF）